现代教育理念下
健美操课程设计与实施策略研究

王 丹 著

吉林文史出版社

图书在版编目（CIP）数据

现代教育理念下健美操课程设计与实施策略研究 /
王丹著．— 长春 ：吉林文史出版社，2025．1．— ISBN
978-7-5752-0900-7

Ⅰ．G831.3

中国国家版本馆 CIP 数据核字第 2025S3D791 号

现代教育理念下健美操课程设计与实施策略研究

XIANDAI JIAOYU LINIAN XIA JIANMEICAO KECHENG SHEJI YU SHISHI CELÜE YANJIU

著　　者：王　丹
责任编辑：李　鹰
出版发行：吉林文史出版社
电　　话：0431-81629359
地　　址：长春市福祉大路 5788 号
邮　　编：130117
网　　址：www.jlws.com.cn
印　　刷：定州启航印刷有限公司
开　　本：710mm×1000mm 1/16
印　　张：17
字　　数：230 千字
版　　次：2025 年 1 月第 1 版
印　　次：2025 年 1 月第 1 次印刷
书　　号：ISBN 978-7-5752-0900-7
定　　价：98.00 元

　　随着全球化的不断推进和社会经济的快速发展，现代教育理念不断革新，对健康与体育教育的关注日益增加。健美操作为体育与健康教育的重要组成部分，其课程设计与实施策略在现代教育体系中扮演着至关重要的角色。本书旨在深入探讨健美操课程在现代教育理念指导下的设计理论、教学模式及实施效果，力求为教育者和研究者提供一份详尽的理论与实践指南。

　　健美操不仅是一种体育活动，更是一种文化和精神的传播。在当今素质教育和全人教育的大背景下，健美操教学不仅要注重技能的传授和身体的锻炼，更应融入人文关怀和创新精神，以促进学生全面发展。本书围绕现代教育理念——素质教育、人文教育、创新教育以及体教融合，详细阐述了这些理念如何影响和指导健美操的课程设计与教学实施。

　　全书共有六章，系统地介绍了健美操课程设计与教学的多个方面。第一章细致解析现代教育理念，为整本书的理论基础和教学设计提供指导思想。第二章通过对理论与现实情况的分析，探讨健美操课程设计的理论基础及其改革内容。第三章和第四章重点讨论健美操教学的理论与操作程序，以及如何在教学模式上进行创新设计和实施。第五章详尽分析不同类型健美操技能的教学策略与指导方法。第六章聚焦于教学效果，分析其影响因素并提出提升教学效果的策略，特别是现代信息技术在健美操教学中的应用。

本书的特色在于理论与实践的紧密结合，不仅为健美操课程设计与实施提供了理论依据，也分享了丰富的实践案例和创新思路。在结构上，本书从宏观到微观、从理论到实践，层次分明，条理清晰，使读者能够系统地掌握和应用现代教育理念下的健美操教学策略。

本书适合健康与体育教育者、学者以及相关专业学生阅读和参考。在编写本书的过程中，笔者深感责任重大，在此感谢所有参与本书撰写和审阅的专家和教授，他们的丰富经验和宝贵意见使本书内容更具权威性和实用性。同时，我们也期待广大读者的反馈，以便我们在未来进一步完善和深化研究。

目　录

第一章　现代教育理念阐析

第一节　素质教育理念

一、素质教育的含义解析

（一）素质教育的基本含义

1997 年，国家教育委员会在《关于当前积极推进中小学实施素质教育的若干意见》中对素质教育的含义进行了明确解释："素质教育是以提高民族素质为宗旨的教育。它是依据《中华人民共和国教育法》规定的国家教育方针，着眼于受教育者及社会长远发展的要求，以面向全体学生、全面提高学生的基本素质为根本宗旨，以注重培养受教育者的态度、能力，促进他们在德智体等方面生动、活泼、主动地发展为基本特征的教育。"

（二）素质教育与全面发展教育

素质教育与全面发展教育在本质上共享同一个教育理念，旨在通过教育实践，促进每一位学生在智力、体力、道德、审美和情感等各方面均衡发展。这种教育模式强调不仅是学科知识的学习，更重要的是通过多元化的教育活动，激发学生的潜能，培养其多方面的兴趣和特长。全面发展教育的核心目标是打造一个能够自由发展的教育环境，使学生能够在自主和积极的氛围中成长。这种教育模式认为，每个学生都具有独特的个性和潜力，教育的任务是帮助他们认识自我，发掘内在能力，从而在各自的生活和未来的职业道路上实现个性化的成功。在这一教育框架下，素质教育作为全面发展教育的重要组成部分，不断强化对学生综合素质的培养。它超越了传统的应试教育模式，更加注重对学生创新能力和实际操作能力的培养。素质教育倡导通过项目学习、团队合作、实践活动等多样的教学方法，来增强学生的问题解决能力和社会实践能力。此外，素质教育还非常重视培养学生的道德情操和审美观念。通过文学、艺术、历史等学科的学习以及丰富的课外活动，学生能在欣赏美和理解人性的过程中培养良好的人文精神和社会责任感。

教育的终极目的是促进学生成长为既有能力也有责任感的公民。在这个过程中，素质教育和全面发展教育的理念不断交融和互补，形成了一个支持学生全面发展的教育体系。这种教育不仅关注学生的学术成就，更关注其作为一个多面向发展个体的成长，确保他们未来能够在多变的世界中以全面的能力和坚定的人格立足。

（三）素质教育的实质

素质教育作为一种全方位的教育理念，其核心宗旨是通过教育促进每个学生的多维度发展，不仅包括学术知识的提升，更涵盖道德、智力、体育和美学等各个层面。这种教育模式的实质是构建一个支持学生全面成长的学习环境，培养学生成为具备创新精神和实践能力的全面发展的个体，从而提升整个国民的教育水平。第一，素质教育致力于实现教育公平，强调面向全体学生，确保每个学生都能获得基本而全面的教育资源。这种普及性的教育不仅关注学生的学术成就，也关注他们的个人成长和社会适应能力。素质教育的普及有助于提升国家的整体教育质量，形成一个知识面广、技能全的社会。第二，素质教育注重在德、智、体、美等多方面的融合发展。这不能仅靠课堂学习来实现，更要通过多样化的课外活动和社会实践来加强。例如，通过参与体育活动、艺术表演和社会服务，学生可以在实际操作中学习如何解决问题、如何与人合作以及如何在社会中负起责任。第三，素质教育还特别强调学生的积极性和主动性。在教育过程中，教师和学校应该鼓励学生探索未知，激发他们的好奇心和探究心。这种教育方式能使学生在学习中保持生动活泼，从而更好地吸收知识和技能。第四，创新和实践能力的培养是素质教育的另一个重要方面。通过项目导向的学习和实验性的探索，学生能够开发自己的创造力，并提高实际操作能力，这对于他们未来的职业生涯是极为重要的。第五，素质教育的终极目标是为学生的终身发展奠定坚实的基础。这意味着教育不仅是学生学习特定知识的阶段，更是培养他们终身学习能力的过程。这种能力使得学生能在不断变化的世界中适应新的挑战，持续成长和发展。

素质教育实际上是通过全面和多维度的教育方法，培养学生成为具有广泛能力和深厚人文精神的人，为他们的全面发展和终身学习打下坚实的基础。

二、素质教育理念的主要内容

素质教育理念的内容包括多个核心方面（见图1-1），旨在全面提升学生的综合素质，并培养他们成为具备创新能力和社会责任感的个体。

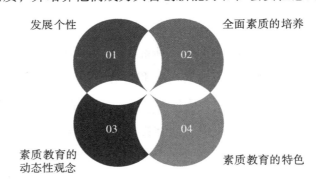

图1-1　素质教育理念的主要内容

（一）发展个性

素质教育理念重视每个学生的个性化发展，这种教育理念认为个性是人的核心特质，包括其心理倾向、需求、动机、兴趣、性格以及能力。这种教育形式旨在激发学生的活力与参与感，将学习过程置于以学生为中心的环境中，从而有效促进每位学生的全面成长。在素质教育实践中，认识到个体的全面发展和其个性之间存在着互补而非矛盾的关系是至关重要的。素质教育不仅着眼于学生的整体能力提升，而且强调尊重和响应学生的个别差异，认为每个学生的独特背景——包括天赋和环境因素——塑造了他们各自不同的素质结构。因此，教育策略应当根据每个学生的具体情况进行调整，以促进其最大限度的个性发展。同时，学生智力和创造力的开发是基于他们各自的特点和优势。素质教育鼓励教育工作者深入了解学生的个性特征，从而为每个学生量身定制教学计划。这种个性化的教育方法不仅能够提升学生在某一领域的特定技能，还可以通过这一领域的成功经验，激发他们在其他领域的兴趣和才能。在教学过程中，重视学生个性特点的挖掘同样重要。通过识别并支持学生的闪光点，教育者可以帮助学生在他们最擅长的领域实现突破，这种成功感能够激励学生在学习和个人发展的其他方面取得进步。

素质教育强调从每个学生的实际情况出发，关注其个性化需求，通过一系列灵活多变的教育策略，全方位培养学生的能力和人格。这种教育模式认为每个学生都是独一无二的个体，教育的目的应是帮助他们认识和发展自己的个性，以便他们能够在将来的学习和生活中展现自己最好的一面。

（二）全面素质的培养

在探讨素质教育的理念时，重要的是理解单一方面的素质提升并不能全面代表一个人的发展。评估一个个体的成长质量，应当基于其整体素质的提升。社会对个体的期待是全方位的，要求每个人都应具备基本的公民素质，涉及道德、智力、身体、美学和劳动能力等多个维度的均衡发展。从这个角度来看，个体的全面发展对于保证其顺利参与社会活动以及适应广泛的社会环境是必不可少的。此外，一个人在各个方面素质的均衡提升也为其在特定领域达到优异水平提供了坚实的基础。因此，任何过于侧重单一方面的教育方法都是不完整的，可能会忽略培养学生成为具备多元能力的人才这一更广阔的目标。在实施素质教育时，教育工作者应秉承全面考虑学生各方面素质的原则。这意味着教育的实践应涵盖学生的道德、认知、身体、审美和实际操作能力等多个层面，确保这些方面的能力能够互相支撑、共同成长。教师应当采用综合性的教学方法，设计涉及多个领域的课程和活动，以促进学生在多个维度上的发展。这种全面的教育观念要求教育者不仅关注学生的学术表现，更应关注其作为一个多面向个体的整体成长。通过这样的教育实践，可以更有效地帮助学生培养适应未来挑战的能力，同时为他们在社会中扮演多种角色做好准备。素质教育的目标是培养出既有扎实学术基础，又有良好人文精神和社会责任感的全面发展的个体，这是每位教育工作者应当追求的教育理念。

（三）素质教育的动态性观念

素质教育本质上是应对社会发展需求的一种教育响应，它体现了社会在特定历史阶段的基本需求。由于社会结构和需求不断演进，素质教育也展现出其本质的动态特性，即教育目标和内容需要随着社会的变迁而调整。这种教育的动态性意味着，对学生的素质要求与社会的进步息息相关。随着社会向前发展，新的技术、思想和工作角色的出现都会影响到教师对学生应有素质的看法。因此，素质教育不是一成不变的，而是应当与时俱进，以适应不断变化的外部环境。个体层面上，学生的需求、性格、兴趣等也会随着他们的成长而发生变化。因此，素质教育的实施也需根据学生的发展阶段和个性特点进行相应的调整。这要求教育者在设计教育计划时，不仅要考虑社会的宏观需求，也要关注学生个人的成长和发展需求。

在实际操作中，素质教育的策略应当是灵活的，能够根据不同情况作出适当的调整。教育的内容和方法应当能够反映出对当前社会需求的理解，同时也需预见到未来可能的发展方向。随着学生在某一领域的素质提升，之前的教育要求可能会被新的需求所替代，这就需要教育者持续更新教育目标和内容，以保证教育的实效性和前瞻性。素质教育的动态性是其核心特征之一。它要求教育者在实施教育过程中，不断地评估和调整教育目标和方法，以确保教育活动能够有效地应对社会的持续变化，并支持学生个人全面发展。

（四）素质教育的特色

素质教育的核心在于推动学生的全面和整体发展，这种教育理念强调教育的整体性与全面性。然而，这并不妨碍在具体实施过程中根据不同地区的社会发展情况、学校的具体条件和特色，采取多样化且具有特色的教育模式。素质教育的一个显著特征是在坚持教育普遍原则的基础上，注重因地制宜，充分利用地域和学校的独特优势，发展特色教育。在这种教育模式下，选择一个具体的学生素质领域作为突破点，通过提升全体学生在这一领域的能力，进而推动他们整体素质的全面提升，是实施素质教育的有效策略。这种方法不仅有助于学生在特定领域获得显著提高，还能激发其在其他相关领域的潜能，从而实现全面发展。强调学生素质的全面提升是素质教育的显著特色，它体现了教育过程中对学生各方面能力发展的高度重视。素质教育理念的正确理解和实施，在很大程度上决定了素质教育成效的高低。因此，具备正确的素质教育观念对于教育的成功至关重要。

当前，我国的素质教育应致力全面提升所有学生的综合素质，重视个性化和全面发展的教育目标。同时，学校需要根据自身的条件和社会需求，灵活调整教育策略，既要保持教育的统一性，又要发挥自身特色，从而有效实施素质教育。通过这种方式，学校不仅可以提高教育质量，还能够培养出具有独特优势和个性发展的学生，从而为社会培养出更多具备全面素质的人才。

三、素质教育的实施

（一）实施素质教育的重要意义

在当前全球化的背景下，将人才视为首要资源的理念日益深入人心。为了充分发挥中国在人力资源方面的潜力，教育扮演了不可替代的角色。遗憾的是，受传统文化中一些负面因素的影响以及其他现实条件的限制，我国的教育观念、内容及模式已显著滞后，无法满足国家经济和社会的快速发展以及人的全面发展的需求。鉴于这一现状，教育创新显得尤为迫切，全面实施素质教育成为关键。实施素质教育关乎国民整体素质和创新能力的提升。通过素质教育，系统培养创新思维和问题解决能力，这不仅能为国家提供人才支持，还能为经济发展奠定基础。同时，素质教育对将我国建设成为人才高地具有根本重要性。这种教育方式通过发掘和提升每个人的潜力，将我国建设为吸引和培养高级人才的优质环境，推动社会经济全面进步。面对全球化进程中国际教育竞争的加剧，提升我国教育体系的国际竞争力是素质教育的客观要求。改进教育内容和方法，与国际教育标准接轨，提升学生的全球竞争力，这些都是素质教育努力的方向。同时，素质教育关注个体的全方位发展，这不仅包括学术能力的提升，还涉及情感、社交、道德和身体等方面，从而培养更全面的社会人才。

总的来说，实施素质教育不仅是应对新时代挑战的策略，更是为中国未来的持续发展打下坚实基础的关键行动。

（二）素质教育的具体实施办法

素质教育已被广泛认为是一种科学的教育理念，这一点无可争议，其形成与社会进步及个体成长的自然规律紧密相关。然而，仅有这样的教育理念并不足以实现最终的目标，关键在于如何将这些理念转化为实际行动，这正是素质教育需要解决的实际操作问题。

长期以来，传统教育方式过于强调应试教育，忽视了教育应有的广阔意义。这种偏向导致了对学生个人能力和品德培养的忽视，教育内容和目标主要是为了应对考试，而非培养全面发展的人才。因此，推行素质教育成为教育改革的重要方向，也是当前教育改革的焦点。素质教育的推广需要教育者从根本上重新考虑教育的目的和内容，转变教育实践的重点，从单一的知识传授转向更全面地关注学生的多方面能力发展。这不仅涉及知识的学习，还包括品德、创造力、社会交往能力等多个维度的培养，确保学生在各个方面取得均衡发展。

实施素质教育涉及多个关键方面，需要从观念、教学方法、师资力量、课程内容到教育投资等多个层面进行综合改革和提升。

第一，教育观念的转变是素质教育成功的前提。这意味着教育的焦点应从传统的知识灌输转向更加注重学生能力和个性的全面发展。具体而言，教育应该同时关注学生的知识掌握和能力提升，尤其要重视学生个性的培养和素质的整体提高。

第二，在教学方法方面，应该强调对学生积极引导，帮助学生将接收到的信息内化为个人的心理资产，从而实现素质的提升。教师在这一过程中扮演着关键角色，他们需要善于观察并分析学生信息内化的过程，有效地支持学生的学习和成长。

第三，培养学生的创新能力和探索精神也应成为教育改革的核心内容。通过创造性的教学活动和鼓励学生自主学习，可以为学生提供自我教育和个人发展的良好环境。

第四，教育系统还需要培养一支高素质的教师队伍和教育领导集体。这些教育工作者应具备高水平的专业能力，对学生有深厚的爱心，并以身作则，具有强烈的事业心和责任感。

第五，为了适应素质教育的需求，现有的课程体系和教学方法也需进行相应的调整和创新。这包括更新教材内容，引入更多符合现代教育需求的课程，以及采用更加灵活多样的教学策略。

第六，为保障素质教育顺利推进，必须增加教育的投资。这涉及为学校提供更好的教学设施、更多的教学资源以及更广泛的技术支持，确保每一项教育活动都能得到充分的物质和财政支持。

通过这些综合措施，可以有效地推动素质教育从理论到实践的转变，真正实现教育的目的——培养出全面发展、能力出众的学生。这既是教育本身的需求，也是社会发展的必然要求。

第二节　人文教育理念

一、人文教育的概念界定

在当代教育理论中，"人文教育"的定义多种多样，展示了丰富的理解角度。以下是一些较为典型的见解。

第一，人文教育被视为一种人性化的教育方式，其核心在于通过人文学科的浸润和影响，教导个体如何成为更好的人。这种教育形式着重于人的内在发展和社会行为的塑造。

第二，人文教育也被认为是人文主义的教育实践。这种观点认为，人文教育与科学教育不是简单的对立或替代关系，而是两者在历史发展中呈现出复杂而交织的相互作用。它强调在教育思想和目的上，科学主义与人文主义应当相辅相成。

第三，人文教育是关于培养人文精神的教育，即通过教育弘扬人性的优秀品质，重视并强调人文精神的重要性。

第四，人文教育可以指向文学、历史学、哲学等基础学科的教育，以及语言学科和艺术学科的教育。这种定义强调了人文学科在教育过程中的核心地位和作用。

综合以上观点，人文教育的定义不仅包括对知识和科学的追求，也涵盖了对道德、理想、信念、人生、人格和社会等重大价值的探索与重视。这种教育方式特别注重对人的尊重和对个人生存意义及价值取向的深入反思。其核心原则是将对人的终极关怀与现实关怀相结合，基于实现人的完整性，促进个体的全面和自由发展。人文教育也被理解为一种培养人文精神的教育过程，它利用具有人性陶冶意义的文化和经验作为教育内容。通过知识的传递、环境的影响、实践的体验以及个人的修养等多种途径，达到提升人性、发展个性、塑造人格和培养人文精神的目标。其终极目的是培养出具有完整人格、独立个性、强烈责任感和创造力的新一代，实现"精神成人"的教育目标。

二、人文教育的内容

科学的人文教育内容为现代教育机构实施人文教育提供了关键的基础和指导方向。确立人文教育的具体内容时，应考虑学生的思想素质现状及其对学生未来可持续成长的益处。人文教育应涵盖的主要内容可以概括为以下三个方面（见图1-2）。

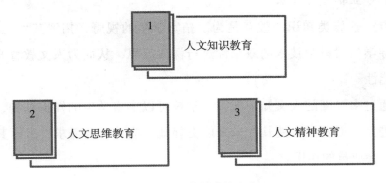

1 人文知识教育

2 人文思维教育

3 人文精神教育

图1-2 人文教育的内容

（一）人文知识教育

人文知识是人类智慧的核心部分之一，与自然知识和社会知识并行，承担着理解、体验、解释和表达人文世界的重任，主要通过语言和符号实现。在社会科学中，大多数知识类型实际上都可以归类为人文知识。学校在进行人文知识教育时，主要涵盖以下几个重要领域。

1. 思想政治类和法律类知识

思想政治类与法律类知识教育旨在塑造学生正确的世界观、人生观和价值观。通过这类教育，学生不仅能够培养良好的情操，还能形成对法律的知晓和遵守，增强其守法和遵纪的自觉性。

2. 伦理道德类知识

伦理道德教育着重于培养学生的社会道德规范和人际交往能力，同时也强调发展健康的心理素质。这类知识对学生作为社会成员的行为准则和心理发展具有指导意义。

3. 文学、历史、艺术、语言类知识

文学、历史、艺术和语言教育专注于提升学生的审美能力和创新思维。通过对这些领域的学习，学生既能鉴赏和理解各种文化艺术形式，又能深入了解并传承优秀传统文化。

4. 专业辅修类知识

专业辅修类知识的教育是为了拓宽学生的视野，拓展其思维方式，并引导学生对科学技术的双重性进行深入反思，从而为人文教育开辟新的可能性。

通过多维度的人文知识教育，学校可以丰富学生的知识结构，并有效促进其全面发展，使其在未来能更好地适应社会的需求，发挥其作为文明社会成员的作用。

（二）人文思维教育

人文思维通常被看作一种开放而形象的思维方式，它是创新思维的根基，包含直觉、顿悟和灵感，反映了人的灵性和深层次的认知能力。

在教育过程中，激发和培养学生的人文思维至关重要，因为它能开启学生的想象力、敏锐的洞察力和创新能力。当教授人文知识时，教育者需要积极引导学生深入理解并吸收人文知识中蕴含的思维方式。艺术教育是训练人文思维的有效途径之一。通过艺术学习和实践，学生不仅能够培养对技术之外问题的深入探索和解决能力，还能在实际操作如设备使用和产品开发中引入艺术的灵感，使技术应用更加人性化。这种思维训练使学生能够在现代市场经济的竞争环境中获得更高的视角和更远的洞察力。拥有人文思维的学生更能在竞争激烈的环境中占据优势，因为他们不仅技术娴熟，而且能将人性化和艺术性融入其技术实践中，从而创造出独到且具吸引力的产品和解决方案。这些能力和素质是他们在市场中脱颖而出的关键。

（三）人文精神教育

人文精神教育占据了人文教育体系的核心位置，其重要性不仅在于基础的知识传递，更在于其对深层次价值观的塑造和提升。这种教育追求对"为什么"这类根本性问题的深刻理解，涉及理想和实践的结合，不仅关注超验的探索，也包括实际行动中的体现，是道德原则的具体化，同样体现在每个人的权利与责任上。具体到教育实践中，人文精神的培育可以从以下三个方面着手。

1.培养实事求是的精神

培养实事求是的精神是人文精神教育的重要组成部分，它要求人们在教育和成长过程中，确立并维护一种坚定的现实主义态度。这种精神不仅关乎个人的认知和行为方式，还与社会的广泛价值观和理想密切相关。在当代中国，这通常涉及对中国特色社会主义的认同和推崇，强调既要有远大的志向，也要保持实际的行动。实事求是要求教育者在教育过程中教导学生独立思考，鼓励他们不盲目追随权威，不仅接受上级或书本上的观点，而且是要通过自己的分析和判断来形成见解。这种教育方式反对表面化和虚伪的行为，如说一套做一套、表面装饰等，强调言行一致的重要性。

此外，实事求是的精神还涉及对真理的坚持。在面对社会和科学的多种观点时，教育者要教会学生如何辨别真伪，勇于维护经得起考验的真理。这不仅是一种知识的追求，更是一种道德的承诺，反映了个体对社会负责和对知识尊重的态度。在具体教育实践中，培养实事求是的精神可以通过多种方式进行，如开展批判性思维训练、进行情境模拟和案例分析等，使学生在理解复杂社会现象和解决实际问题时，能够应用这一原则。

2. 培养人文关怀意识

在人文精神教育中，培养人文关怀意识是至关重要的。这种关怀反映了一种深刻的知行合一精神，强调在处理个体与他人、集体、社会以及自然之间关系的过程中必须寻求和谐。教育的核心应当放在人的价值上，即通过教育尊重和关照每个生命，帮助每个人发展成为具有健全人格和健康心理的个体。人文关怀意识的培养不仅是教育过程的一个方面，而且是其根本目的。这种关怀涵盖了对学生道德、情感、心理及社会行为的全面关注，意在引导学生理解并实践如何在现实生活中有效地与他人和环境互动。通过这样的教育，学生可以学习如何在尊重差异的基础上建立积极的人际关系，如何在集体中发挥作用，以及如何为构建和谐社会贡献自己的力量。

3. 培养创新精神

在当今快速变化的世界中，创新精神的培养是教育中不可或缺的一环。这种精神不仅推动技术和产品的发展，更使这些进步在实用性之外，还能体现美学和社会价值。具备创新意识的个体能够在常规的技术应用和产品设计中融入深层次的人文思考，赋予看似单调的技术操作以丰富的情感和细腻的人文关怀。培养创新精神意味着鼓励学生不仅追求功能性的解决方案，还要探索技术和产品如何与人的需求和社会责任相结合。

这要求教育者要引导学生思考技术背后的意义，探讨如何将科技进步用于增进公共福祉，并在设计过程中考虑到美感的重要性。通过这样的教育，学生可以认识到科技创新不仅是解决问题的手段，更是推动社会进步和提高生活质量的桥梁。

值得一提的是，人文教育的三个关键组成部分——实事求是精神、人文关怀意识和创新精神——不仅彼此互补，还共同构成了一个不可分割的整体。在教育实践中，这三个方面需同步发展，缺一不可。此外，人文教育不是一蹴而就的任务，而是需要长时间、反复努力的过程。从人文知识的学习到人文精神的深入内化，教育者需持续引导学生探索和实践，帮助他们逐步构建坚实的人文基础和丰富的内在世界。

三、人文教育的培养目标

人文教育的培养目标是全面而深远的，旨在培养学生的综合素质，提升他们的思维能力，丰富他们的情感和道德观。具体来说，人文教育的培养目标包括以下五点（见图1-3）。

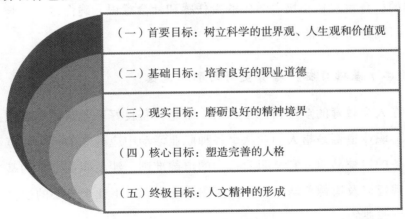

（一）首要目标：树立科学的世界观、人生观和价值观

（二）基础目标：培育良好的职业道德

（三）现实目标：磨砺良好的精神境界

（四）核心目标：塑造完善的人格

（五）终极目标：人文精神的形成

图1-3　人文教育的培养目标

（一）首要目标：树立科学的世界观、人生观和价值观

人文教育的核心任务在于塑造学生的基本人生观和价值观，这不仅关系到个人的发展方向，也是其作为社会成员所需具备的基础。所谓的科学世界观、人生观和价值观常简称为"三观"，即为学生提供了理解人生价值、辨识真善美和全面把握世界的视角。这些观念帮助学生形成对国家和民族的认同感，以及建设中国特色社会主义和全心全意为人民服务的坚定目标。在实际教育过程中，三观教育应具体而生动，贴近学生的日常生活，涵盖幸福观、金钱观、劳动观、荣辱观、爱情观等多个方面。这样的教育不仅目标高远，更富有形象性和实用性，使学生能在日常生活中实践这些理念。

通过这样的教育，学校旨在培养学生成为对社会、国家和他人有益的个体。这不仅是学校教育的首要目标，也是其办学的方向。这种教育的成功实施，能够确保学生在成长过程中形成正确的人生态度和价值判断，为其将来无论是在个人发展还是在服务社会方面提供坚实的基础。这样的教育重视从小培养学生的责任感和社会意识，确保他们成长为具备全面视野和深厚情感的现代公民。

（二）基础目标：培育良好的职业道德

在人文教育的众多目标中，培养学生具备良好职业道德是基础且关键的。职业道德是指人们在从事各种职业活动中应遵守的行为规范和所需具备的道德品质，它是职业行为的道德准则，涉及职业道德的基本原则、规范以及道德范畴。对于任何职业来说，以下几个核心的道德要求是不可或缺的。

1. 爱岗敬业

爱岗反映了个人对其职业的热情和满足感。这不仅意味着对当前工作的热爱，更包括对工作环境的适应和对工作内容的深入理解。一个真

正热爱自己工作的员工，会主动寻求提升自身技能和完善工作流程的机会，始终保持积极和专注的态度。这种态度使得个人能够在职业生涯中持续成长，同时为工作团队和组织带来正面的影响。敬业则是指对自己职责的全面承担，展现出对工作的专业性和责任感。敬业的员工在工作中会表现出极高的专注度和精确度，对每一项任务都严格要求，确保以最高标准完成。这种敬业精神不仅涵盖了对细节的关注，也体现在对工作结果负责任的态度上。

2. 诚实守信

诚实守信是个体人格的基石和职业成功的关键。这一原则强调个人必须言行一致，必须兑现承诺，确保每次交流和行动都基于真诚和信用。在职业道德的培养中，强化诚实守信的教育意味着教育学生要在所有事务中保持诚信，无论是在学术学习还是未来的工作实践中。

3. 严守纪律

在各行各业中，严格遵守行业规则和职业纪律是每位专业人士必须承担的责任。这些规则和纪律不仅确保了行业的正常运作，也维护了职业道德的标准。教育中对于严守纪律的强调旨在让学生理解并接受在任何职业环境中遵循既定规则的重要性。这种教育有助于学生形成良好的职业习惯，为其将来在任何职业角色中都能保持专业性和可靠性打下坚实基础。

4. 服务至上

在各种职业领域，将服务至上作为核心原则是至关重要的。这一理念强调对服务对象的深度理解和高度承诺，确保在提供服务时能满足并超越期望。通过人文教育，强化服务至上的价值观对于塑造学生的职业道德至关重要。这种教育不仅培养学生的专业能力，更教导他们如何在实际工作中优先考虑客户和服务对象的需求，从而在任何行业中建立起良好的职业信誉和客户满意度。

（三）现实目标：磨砺良好的精神境界

在当今社会的多重压力和复杂环境下，许多学生正面临着焦虑、自卑、抑郁、敏感等心理障碍。因此，教育的一个重要目标是帮助学生磨砺良好的精神境界，成为心智健全、心理健康的社会人才。为了达到这一目标，可以从以下几个方面着手。

第一，通过积极的引导，帮助学生逐步实现角色转变。角色定位从"天之骄子"转变为"普通劳动者"，是学生走向社会的必经之路。教育者应帮助学生树立正确的职业观念，理解社会角色的多样性和劳动的价值，从而消除角色转换带来的心理落差和困惑，使其能够更好地适应社会，积极投入工作和生活中。

第二，通过积极的引导，培养学生自我欣赏的能力。许多学生因与他人过度比较而产生自卑心理，因此教育者应引导学生发现和欣赏自己的优点和长处。通过鼓励和表扬，增强学生的自信心，使其能够乐观自信地面对生活中的挑战和困难。教育者也应帮助学生树立正确的自我评价标准，做到不卑不亢、不骄不躁，保持平和的心态。

第三，通过积极的引导，培养学生冷静理智的处事能力。在面对挫折和失败时，学生往往容易陷入情绪的困境。教育者应引导学生学会从多方面、多角度分析事物的利弊，权衡得失，培养其冷静理智的思维方式。通过心理健康教育和情感管理课程，帮助学生掌握情绪调节的方法，使其在面对压力时能够处变不惊，保持内心的平和与稳定。

第四，通过积极的引导，提高学生的社会适应能力。现代社会对个人的适应能力提出了更高的要求，教育者应通过实践活动和社会实践课程，增强学生的社会经验和交往能力。通过模拟社会情境和角色扮演，帮助学生提前适应社会生活中的各种挑战和变化，培养其良好的社会适应能力。

磨砺学生良好的精神境界是当前教育的重要任务。教育者应通过系统的、积极的引导，从角色定位、自我欣赏、处事能力和社会适应等多个方面入手，帮助学生建立健康的心理状态，培养其成为心智健全、心理健康的社会有用之才。通过这些努力，不仅可以提高学生的心理素质，还可以为社会输送更多全面发展的优秀人才，为社会的进步和发展做出贡献。

（四）核心目标：塑造完善的人格

塑造完善的人格是教育的永恒追求，也是培养全面发展的社会公民的关键。完善的人格不仅关乎个体的性格形成和人格魅力，更是决定一个人成长成才的基础。从根本上来说，完善的人格在于逻辑与直觉、理智与情感的相互协调，达到一种平衡的状态。

塑造完善的人格是教育的核心目标，是培养心智健全、积极进取、胸怀宽广、富有责任感的社会公民的重要任务。教育者应从多方面入手，通过理论教育与实践活动相结合，引导学生在逻辑与直觉、理智与情感之间找到平衡，树立远大理想，培养宽广胸怀，增强社会责任感，从而塑造完善的人格。这不仅有助于学生个人的发展，也为社会的进步和国家的繁荣提供了坚实的人才基础。

（五）终极目标：人文精神的形成

在人文教育领域，培养深厚的人文精神是教育的终极目标。人文精神通过知识传授、艺术素养培养、环境熏陶等方式，逐步内化为个体的人格、气质和修养，最终升华为一种相对稳定的内在品格。在这一过程中，坚持主体性教育原则尤为重要。主体性教育原则强调尊重受教育者的能动性、自主性和自觉性，使教育过程成为学生自我认识、自我选择、自我发展、自我完善的过程。

塑造人文精神，首先需要通过系统的人文知识传授和艺术教育，提升学生的文化素养和艺术修养。这不仅包括文学、历史、哲学等传统人文学科的学习，还涵盖音乐、美术、戏剧等艺术领域的熏陶。通过丰富多彩的课程和实践活动，使学生在知识的海洋中汲取养分，培养他们对真善美的追求和鉴赏能力。在这一过程中，教化示范和环境熏陶起到不可忽视的作用。教育者的言行举止、校园文化氛围以及各种文化艺术活动，都对学生有着潜移默化的影响。这种环境的熏陶有助于学生人文精神的形成，并增强他们的社会责任感和历史使命感。通过参与社会实践、志愿服务和文化交流活动，学生能够更深刻地理解人文精神的内涵，培养他们关爱他人、服务社会的优良品质。主体性教育原则在塑造人文精神方面占据核心地位。主体性教育不仅尊重学生的独特个性，还鼓励他们在学习过程中主动探索、自主选择和自觉反思。这样的教育方式使得学生在获取知识的同时，也在不断认识自我、完善自我。通过多样化的学习方式和个性化的教育手段，学生能够在自主学习中不断提升自我修养，逐步形成稳固的人文精神。人文精神的形成还需要关注学生的情感层面和修养层面。教育者应通过丰富的情感教育活动，培养学生的情感表达能力和情感管理能力，使其在与他人的交往中能够共情和理解。通过心理健康教育和情感体验活动，帮助学生在情感层面获得充分的发展和提升，从而在整体上完善其人格结构。

值得强调的是，人文教育的各个目标是相互协调、相互促进的。塑造人文精神不仅是一个循序渐进的过程，更是一个学生心灵逐渐净化和升华的过程。教育者应从全面发展的角度出发，综合考虑各方面的教育目标，使学生在知识、艺术、情感和人格等各方面均衡发展。

第三节　创新教育理念

一、创新教育的概念界定

尽管我国早已提出创新教育理念，但至今仍没有对其作出明确的定义。对创新教育的理解存在多种观点，其中较为典型的有以下几种。

在理论研究领域，对创新教育的讨论颇为广泛且有影响力的观点是"价值取向说"。这一观点认为，创新教育是在基础教育阶段，旨在培养学生的创新精神和创新能力，视其为基本价值取向的教育实践。这一观点在学术界和教育界都产生了广泛的影响。从教育哲学的角度来看，另一种对创新教育的理解是"教育转向说"。这一观点认为创新教育是从"守成性教育"和"维持性教育"向"创新性教育"的转变，即从注重文化传承的教育功能转向注重文化革新的教育功能。虽然严格来说，这一观点还不能作为创新教育的明确概念界定，但它在学术界同样具有相当的影响力。

创新教育实际上是一种创新素质教育，其核心是培养人的创新能力。这种教育以激发人的创造本性为基础，通过传授现代科学知识、训练创造性思维和学习创造技法，开发人的创造潜能。其主要目标是培养人的创新精神和实践能力，促进创造力的发展，从而提升个人的整体素质。这种新型教育模式旨在全方位地促进人的发展，使其具备更强的创新能力和素质。

从以上观点可以看出，创新教育是素质教育的关键组成部分，强调的是"以人为本"的教育理念，注重个性化教育。它既是人的个性发展所需，又是知识经济时代对人才的要求。创新教育的核心在于激发和挖掘个体的创新意识，其主要目的是培养和弘扬人的创新精神，形成并增强人的创新能力。通过全面提升人的创新素质，教育者致力于培养能够适应未来挑战的创新型人才。这一教育目标通过对传统教育模式的改革和创新实现，探索并构建适应新时代需求的教育新模式。

相较一般教育来说，创新教育有其自身的特殊性（见表1-1）。

表1-1 一般教育与创新教育对比

项目	一般教育	创新教育
目标	单纯的知识传授、积累	培养求知欲和开发创造能力
要求	以记忆显现型思维为主，拘泥于现成理论	学生不满足于现成的知识和结论，尽力扩大知识面，将专业知识学习与多学科知识学习相结合，开阔视野，丰富想象力，提倡学习的多维性、多元性和自主性，提倡课堂教学与社会实践、调查研究相结合
教学内容或方法	提倡统一性、规范化	在实践中由以传授知识为主的观念向以培养能力为主的观念转化，由单纯"以分取人"的考试制度向"以创造能力取人"的全面考核制度转化，由"满堂灌"的教学方法向"启发式"的教学方法转化

因此，创新教育可以被定义为：一种教育模式，其基础是个体的个性发展，通过教育过程中的启发式和诱导式教学方法，激发和扩展人们的创新意识。此教育注重提升个体的创新精神和能力，最终目的是增强人的整体素质。通过这种方式，创新教育旨在全方位实现创新型人才的培养，确保学生能够在未来的挑战中展现出色的创新和应对能力。这种教育实践不仅重视技能的提升，更强调通过教育激发每个人的潜能，以培养能够引领变革的未来领袖和创新者。

二、创新教育的特征

创新教育的特征是其与传统教育相比所具备的独有特征，创新教育的特征具体介绍如下。

（一）主体性

主体性在创新教育中的体现，突出了教育活动中学生的主体作用和自主性。创新不仅是一种行为的外化过程，更是一种从内到外的自我表达和实现，依赖于学生的内在动力和创造潜力的自发性。

在创新教育中，主体性的核心在于尊重并促进学生的主体意识与主动精神的发展。这种教育模式鼓励学生将自身的创新精神作为发展的内核，自觉培养和形成一个健全且独立的个性。在这一教育过程中，学生被视为创新的主体，他们的内在动机和创新能力被赋予极高的价值。从具体操作层面来看，创新教育的主体性可以从两个方面着手：首先，教育者需要激发学生的主体意识，帮助他们在心理上为创新行为做好准备。这包括培养学生对自我能力的认识和信心，以及对创新过程中可能遇到的挑战的心理准备。其次，创新教育要促进学生创新精神的发挥，将这种精神转化为实际创新行为，这需要教育者提供持续的支持和鼓励，帮助学生在实践中不断尝试和修正。在这一教育模式下，教师的角色更像是一个"催化剂"，而非传统意义上的知识传递者。教师的主要职责是创造一个有利于学生自主学习和创新的环境，通过启发式教学引导学生探索未知，发现问题并寻求解决方案。这种教育方式强调学生的自主性和创造性，鼓励他们在学习的过程中发挥主导作用，真正成为自己学习和成长道路上的主人。

（二）全体性

在知识经济时代，教育的基础性地位决定了创新教育的全体性特征至关重要。知识创新作为推动经济增长的关键因素，依靠高素质创新人才的持续活动。因此，学校教育必须承担起培养这种人才的责任，确保每位学生都能获得创新的机会和能力。创新教育应广泛覆盖所有学生，这不仅是为了培养具有创新精神、意识和能力的个体，而且是为了适应社会对创新动力的广泛需求。全体性的创新教育确保所有学生都能在其学习过程中体验创新的核心价值，这对于形成一个持续创新的社会和经济环境是必不可少的。实施全体性的创新教育意味着要在教学方法、课程内容及学习环境上进行创新，使教育不仅是知识的传递，更是创新能力的培养。这种教育方式强调包容性，确保每个学生无论起点如何都能通过教育获得提升和成长的机会。因此，全体性的创新教育是现代社会发展中一个重要教育方向。

（三）共融性

创新教育的共融性强调在教育过程中实现智力与情感的和谐发展，目的是培养具有理想化特质的全面发展的人格。这与传统教育方法有所不同，创新教育更注重人格发展的整体性和个性的融合。在创新教育的框架下，智商（IQ）与情商（EQ）的共融不仅是平衡发展的目标，而且是通过这种平衡促进个体成为更完整的人。这种教育方式追求的是个体的全面性，即在发展逻辑思维和解决问题能力的同时，也充分培养学生的情感理解和人际交往能力。通过这种全面的发展，创新教育旨在塑造出能够在复杂世界中优雅航行的人格。

共融性的核心是实现人的多方面能力的统一与发展，使得教育不仅仅关注学术成就，更关注个体如何将智慧和情感融入日常生活和社会交往中，成为一个多维度发展的人。这种教育理念认为，只有当一个人在智力和情感上都得到平衡发展时，他们才能真正实现自我价值，成为"宇宙的精华、万物的灵长"，在社会中发挥其独特的影响力。通过共融性的培养，创新教育致力于打造出能够独立思考、情感丰富并具备创新能力的个体。

（四）全面性

创新教育的全面性特质指的是其教育内容的全面性和系统性。这一特质是由创新活动本身的规律性和特性所决定的。换句话说，创新教育在本质上是一种基于素质教育的全面性教育，它的实施必须覆盖所有学科领域，确保在德育、智育、体育、美育等各方面的教育都能融入创新教育的元素。在具体操作上，创新教育的全面性要求教育内容不仅要全面，还要注重其结构的整体性。这意味着，在设计教育课程和活动时，需要系统地整合不同学科的知识点，以促进学生全面发展。创新教育的目标是培养学生具备多方面的创新素质，包括创新意识、创新精神、创新动机、创新兴趣、创新人格和创新能力等各个维度。另外，创新教育还强调在内容安排上的整体性。教育者需要确保教育内容的连贯性和一体性，以便学生能在不断的学习和实践中，形成对创新的全面理解和深入掌握。这种教育方式促使学生在各个学科间建立联系，增强其跨学科思考能力，这对于培养能够在复杂环境中进行有效创新的人才是至关重要的。

创新教育的全面性是其核心特征之一，既要求教育内容的广泛覆盖，又要求教育内容的深入整合和系统实施。通过这种全面且系统的教育方法，创新教育旨在培养学生的全方位创新能力，使其能在未来的学习和工作中展现卓越的创新素质和能力。这种教育策略最终的目的是为社会培养出能够应对未来挑战的创新型人才。

（五）环境宽松性

创新教育的成功实施极大地依赖于创设一个宽松且支持性的环境，这一点对于激发学生的创新潜力至关重要。环境宽松性体现了教育系统对学生创造性成长的理解和支持，强调为学生营造一个自由、开放和包容的学习氛围。

在这种教育环境中，学生被鼓励进行自由讨论，表达多样化的观点，这不仅有助于他们在思维上的开放性，也促进了他们在各个领域的知识探索。此外，一个宽松的教育环境支持学生在行为上解放自我，大胆尝试和探索新的想法和方法，这是创新教育中不可或缺的元素。具体到创新教育的实施上，这要求学校、家庭乃至整个社会共同创造一个有利于学生创新意识、创新精神和创新能力培养的环境。在这种环境中，学生可以无拘无束地探索新知，挑战既有的思维模式，从而培养能够自由思考和行动的创新人才。环境宽松性还意味着在教育实践中，教育者需要为学生提供足够的空间和资源，使他们能够自主地探索和实践他们的创意。这种环境不应受到过多的约束和限制，而应充满鼓励和支持，让学生感受到任何创新尝试都是被赞赏和欢迎的。此外，宽松的教育环境也应该是多元和包容的，尊重和鼓励不同的思想和文化背景，因为多样性本身就是创新的重要源泉。教育者应当致力于建立这样一个环境，让所有学生都能够在尊重和理解中成长，发展出适应未来社会需要的创新能力和精神。

（六）创新性

创新教育的创新性质主要体现在教育目标上，即致力于培养具备创新精神和创新能力的创新型人才。这一目标的设定意味着传统的应试教育模式常常限制学生创新能力的发展，必须进行深刻的改革。

在创新教育的实践中，教育目标的创新不是一个口号，而是一系列具体行动的指导原则。创新教育鼓励学生摆脱传统的学习模式，采用更加开放和探索性的学习方法。这种教育方式强调学生主动学习和实验，从而在实际操作中培养和提高创新能力。此外，创新教育的实施需要从根本上重新考虑和设计教学内容和方法，使之更加灵活和适应性强。通过这种方式，学生的创新精神和能力可以在一个鼓励创新和个性表达的环境中得到有效的激发和发展。为了实现这一教育目标，学校和教育机构需要放弃那些扼杀创造力的教学方法，比如过度依赖记忆和重复练习的传统教育模式，取而代之的是应该采用更多促进批判性思维、解决问题能力和创造性思维的教学策略。这些策略不仅能够提高学生的学术能力，更重要的是能够激发他们的创新思维，为他们将来解决复杂问题和创造新价值打下坚实的基础。

（七）实践性

创新教育的实践性特征体现在其对学生实践能力的系统培养上，旨在使学生掌握陶行知先生所倡导的"征服自然、改造社会"的能力。这种教育不仅注重理论知识的学习，更强调知识在现实世界中的应用，培养学生将理论转化为行动的能力。在创新教育的实践性培养中，学生社会活动能力的提升尤为关键。在教育过程中，学生被鼓励参与各种社会实践活动，如志愿服务、社区参与及企业实习等，通过这些活动，学生可以在真实环境中测试和应用他们的知识，同时加深对社会运作模式的理解。此外，创新教育的实践性也强调学生解决社会问题的能力。这包括对问题解决的经验、技巧和技能的教授，使学生在面对社会挑战时，能够展示出良好的应对策略。通过这样的培养，学生能够更好地适应社会生活，有效参与并贡献于社会的发展。创新教育的实践性特征要求教育者设计课程和活动，使学生能在实践中学习和成长。这种教学方法使学生能够在实际操作中发现问题、分析问题，并寻找解决方案。通过这样的过程，学生的创新能力和实践能力得到提升，成为能够独立处理各种复杂问题的能手。

三、创新教育的实施原则

创新教育的实施原则是确保教育活动不仅传授知识，而且促进学生的全面发展和创新能力提升。这些原则指导教育者如何设计课程、互动和评估方式，以满足现代社会对创新人才的需求。在创新教育的实施过程中，需要遵循以下几个原则。

（一）德育为先原则

在创新教育的实施过程中，德育是核心和基石，因为一个人的全面素质涵盖了道德、智力、体质和审美等多个层面，而道德教育无疑是其中最为关键的。实施创新教育的主要目的之一是用丰富的人文精神去滋养学生，确保他们的创新能力沿着正道发展。因为创新能力本身是中性的，它的方向和价值由个体的道德感和情感导向。在当今社会，个人的公共道德和职业道德对其职业成功具有深远的影响。因此，教育者在创新教育中承担着至关重要的责任：一方面要教导学生正确的为人之道；另一方面要引导他们学会批判性和创造性思考。德育为先原则强调，教育的首要任务是培养学生的道德素质。通过将道德教育置于优先地位，创新教育确保学生在掌握知识和技能的同时，也能够理解和承担起作为社会成员的责任。这种教育模式不仅关注学生知识的积累和能力的培养，更重视学生品德的塑造和个性的全面发展。在这种教育体系下，教育者应运用多样的教学方法和资源，创设一个道德和创新能力并重的环境。这包括在日常教学活动中融入道德教育的元素，如通过讨论、角色扮演和社会实践等方式，让学生在实际情境中学习道德判断和道德行为。此外，德育为先原则也要求教育者自身要树立良好的榜样，通过自己的行为和态度展示道德的重要性，以身作则，影响和激励学生追求高尚的道德标准。

（二）启蒙性原则

在创新教育的实施过程中，启蒙性原则扮演着关键的角色，其核心在于提供科学的启蒙教育。在我国的教育实践中，传统上往往过分强调知识体系的积累，而忽视了教育同样是一种科学观察世界、培养科学思维和方法的工具。这种单一的知识传授模式未能充分激发学生的科学精神和创新意识，这是我国在真正意义上的科学启蒙教育方面的不足。现代脑生理学和儿童发展心理学的研究揭示了儿童天生拥有巨大的创造潜力，这种潜力源于人脑的高度可塑性和独特的价值。每个儿童都具备一定程度的创造潜能，这种潜能在适当的教育引导下可以转化为实际的创新能力。因此，在创新教育的框架下，应当从儿童的早期教育阶段就开始注重科学启蒙，重视培养孩子们的科学思维和探索世界的方法。这种教育不仅包括传授科学知识，更重要的是引导孩子们发展科学的态度，如好奇心、批判性思考和问题解决能力。科学启蒙教育的重要性在于它为孩子们的长期学术和职业成功奠定了坚实的基础。通过早期的科学启蒙，孩子们能够更好地理解世界，更加自信地表达自己的观点，同时培养出持续学习和创新的习惯。

（三）主体性原则

在创新教育的实施过程中，主体性原则至关重要。这一原则强调，教育过程应当突出和强调学生作为学习和发展的主体的角色。这意味着学生的学习和成长应主要通过他们自身的努力和实践活动来实现，而教育的角色是为他们提供必要的支持和资源。根据主体性原则，教育者在创新教育过程中应专注于两个重要方面：一是提供自主学习的机遇。教育者需要为学生创造足够的机会、时间和空间，使他们能够独立地进行各种学习活动。这包括提供各类资源和环境，支持学生自主探索、实验和解决问题，以便他们能在实践中学习和成长。二是培养良好的学习态度。主体性学习不仅要求学生活跃地参与，还要求他们展现出高度的积极性、主动性、独立性和创造性。这意味着学生在学习过程中应当不断追求深入理解，主动解决遇到的问题，并在学习过程中产生新的想法和解决方案。

通过实施主体性原则，创新教育旨在培养学生的自我驱动能力，使他们能够在学习中主动寻找知识，自主掌握学习过程。这种教育方式鼓励学生从被动接受知识转变为主动探索知识，从而激发他们的学习热情和创新潜能。

（四）发展性原则

发展性原则的核心在于，创新教育应当是一种全面发展的教育，其教学策略和活动必须与学生的自然成长规律相协调。在教育实施过程中，这一原则要求教育者深刻理解并尊重学生身心的发展阶段，确保教育活动既促进学生知识和技能的增长，也支持其个性和人格的成熟。学生的成长是一个多维度的发展过程，涵盖生理、心理以及知识和能力的持续进步。在这一过程中，不仅知识水平需要得到提升，学生的人格和自我意识的成长也同样重要。因此，创新教育需要设计一种教育模式，使学生的认知发展与人格成熟能够和谐并进。在具体实施创新教育时，教育者应平等重视智力（智商）与情感（情商）的发展。这意味着教育活动不仅应该挑战学生的思维，激发其理解和解决复杂问题的能力，同时也应该通过团队合作、角色扮演等互动性活动增强学生的情感理解、同理心和社会技能。此外，创新教育要注重培养学生的全人格，包括提升其自尊、自信以及责任感。教育者需要通过各种教学方法，如批判性思维训练、创造性任务和个人反思活动，帮助学生在认知和情感层面取得平衡发展。发展性原则也强调教育内容的适时适切，教育者应根据学生的具体年龄和发展阶段调整教学策略，以适应他们的学习需求和心理准备。这种个性化的教育途径能够最大限度地发挥每个学生的潜力，促使他们在适宜的发展阶段达到最佳的学习效果。

（五）尊重个性原则

尊重个性原则在创新教育的实施过程中起到至关重要的作用。这一原则要求教育者认识到每个学生都是独一无二的个体，具有自己独特的兴趣、爱好、特长和人格。因此，教育过程中应当为学生创造条件，以促进其个性的全面和自由发展。根据尊重个性原则，教师应当以平等、博爱、宽容和友善的态度对待每一位学生。这种教育态度不仅有助于建立积极的师生关系，而且能够为学生的个性化发展提供一个支持性的环境。在这样的环境中，学生能够自由地表达自己的想法和感受，探索个人的兴趣和潜能，从而使他们的身心得到健康的成长和发展。具体来说，教育者在设计和实施教学计划时，应当充分考虑学生的个性差异，提供定制化的学习路径和资源，以适应不同学生的学习风格和能力。这包括但不限于提供多样化的学习材料、灵活的教学方法和个性化的评估方式。此外，教育者还应鼓励学生根据自己的兴趣选择课外活动和项目，这样可以进一步激发学生的主动性和创造性。教育者还应在教学过程中保持开放的心态，欣赏并鼓励学生的独特见解和创新尝试。这种开放性不仅有助于学生提升自信心，也是促进其创新思维发展的重要因素。通过这种方式，学生可以在尊重和理解的氛围中探索自我，发现自己的独特价值。

（六）创新性原则

创新性原则是创新教育的核心特征之一，要求教育者在教学过程中不断寻求新颖和创造性的方法来处理教学问题，以此激发和提升学生的创新思维、创新精神以及创新能力。这种教学策略鼓励教师采取非传统的方法，探索教育的新领域，从而为学生提供一个充满创新的学习环境。具体而言，实施创新性原则时，教育者应注意以下几个重要方面。

1. 提出多解性问题

在教学设计中，教师应选择那些能够引导出多种答案的问题，这种类型的问题可以开阔学生的思维，鼓励他们从不同角度分析和解决问题。从而增强学生的思维灵活性，并进一步提高他们的综合判断力和解决复杂问题的能力。

2. 培养思维的流畅性、灵活性和精确性

教师应通过各种教学活动，如头脑风暴、角色扮演和辩论等，促进学生思维的流畅性和灵活性。同时，也要教授学生如何在创意生成的过程中保持思考的精确性，确保他们的想法既新颖又实用。

3. 鼓励假设的提出和实验

教师应鼓励学生在面对问题时大胆提出假设，并通过实验或研究来验证这些假设。教育者应鼓励学生提出尽可能多的合理假设，因为多样化的思考角度可以极大增加创新的可能性。这种方法可以帮助学生在探索未知领域时不畏失败，勇于尝试。

创新性原则不仅是教育过程中的一种指导思想，更是一种激励学生和教师不断探索与突破传统边界的动力。这种原则鼓励的是一种开放的教育态度和方法，使得学生在学习的每个阶段都能感受到创新的力量，从而培养真正能够适应未来社会发展需要的创新人才。通过这样的教育模式，学生能够发展成为具有高度创新意识和能力的个体，为社会带来持续的创新动力。

（七）开放性原则

开放性原则是创新教育的一个关键方面，它涉及教学实践中环境和思维的开放。这一原则确保教育活动不局限于传统的教学模式，而是创造一个自由和开放的学习空间，使学生和教师能够超越常规框架进行思考和探索。以下是实现开放性原则的几个重要方面。

1. 培养学生的开放心态

在课堂上，教师应鼓励学生保持开放和自由的心态。这意味着学生在学习过程中应感到自在，无须担心表达自己的观点或探索新思想时会受到压制。通过这种方式，学生可以更自信地参与讨论和实验，发表自己的见解。

2. 扩展教学内容的边界

教学内容不应仅仅局限于教科书或教师现有的知识范围。教育者需要不断引入新的学术资源和实际案例，将学习内容与现实世界紧密联系起来，这样可以拓宽学生的视野，提升其对复杂问题的理解和解决能力。

3. 促进开放性思维的培养

教师应专注于培养学生的开放性思维，这包括鼓励学生质疑常规知识、探索未知领域，并对其探索成果持客观公正的评价态度。这种教育方式能够帮助学生培养批判性和创造性思维，使他们在面对新挑战时能够提出创新性的解决方案。

4. 创新教育方法

教育方法和技术也应具备开放性，教师需要在传统教科书和标准答案的基础上进行创新。这可能包括采用项目式学习、翻转课堂或协作学习等模式，这些方法能够使学习更具互动性，激发学生的学习兴趣和参与感。

开放性原则在创新教育中的应用可以有效地促进学生的全面发展。这种原则不仅拓展了教育的内容和方法，还为学生提供了一个鼓励创新和个性表达的学习环境。通过实施开放性原则，创新教育能够培养出能够适应快速变化社会的创新人才，他们将具备解决未来复杂问题的能力和勇气。

（八）激励性原则

激励性原则在创新教育中具有核心作用，强调通过积极的鼓励和支持，激发学生的探索精神和创新能力。这种教育策略认为，适当的激励措施能够显著提升学生对自身创新潜能的信心，并激发他们实现创新成就的决心和勇气。在实施创新教育的过程中，教师的角色转变为激励者和引导者，他们的任务是通过不断的正面反馈和支持，帮助学生认识并发展自己的创新能力，包括鼓励学生超越传统思维模式，勇于尝试新的方法和策略，以及在探索过程中自由地表达自己的想法和创见。

第四节 体教融合理念

一、从体教结合到体教融合

为了全面促进学生的发展，并培养能够适应经济和社会需求的体育人才，教育部倡导"体教结合"的体育教学改革模式。这种模式已经在国内高校中广泛实施，并取得了显著的成效。体教结合的核心目标是增强体育教学的重要性，激励学生积极参与体育活动，提高他们的心理和身体素质，并培养他们终身参与体育的意识。通过这种模式，许多优秀的体育人才得以培养，为我国体育事业的快速发展做出了重要贡献。体教结合模式主要包括"三位一体"模式、"混合"模式以及"省队校办"模式。其中，"混合"模式在教学中较为常见，分为"普通型"和"突出型"两种。在国际体育比赛如奥运会中，"混合"模式已成功培养出大量的体育精英。特别是"突出混合"模式，它针对学生的具体认知特征进行教学，从而显著提升了体育教学的质量和丰富了课程内容，能够更有效地培养专业运动员。"三位一体"的体教结合模式则是一种在一些专业体育院校中更为适用的教学策略，通过整合训练、教学与科研活动，实现了体育教学效果的最大化。而"省队校办"模式利用教育和体育系统的优势来培养学生，但这种模式在推广过程中因竞赛项目的观赏性较低和影响力有限而面临挑战。

为了有效地促进学生的全面发展，传统的体教结合模式需要进化为更为高效的体教融合模式。体教融合不仅是一个新的教育概念，还代表了一种全面培养体育人才的教育模式，旨在解决现有体教结合过程中出现的各种弊端，从而更有效地融入现代体育教学体系。体教融合的实施主要采取三种核心策略：第一，教育与体育系统的整合。首要策略是实现教育系统与体育系统的深度融合。这种整合不仅体现在资源共享层面，更在于采取"整体选材"策略，即从全面的角度选拔和培养体育人才，确保体育教育的系统性和连贯性。第二，提升体育教育的地位。通过教育部的政策引导和规制，强化体育教学在整个教育体系中的重要性。这一策略旨在推动体育人才的健康和全面发展，确保体育教育与学术教育被同等重视，共同促进学生的身心发展。第三，学校与体育部门的合作建设。通过学校和体育部门的紧密合作，共同建设和管理运动员队伍，确保体育人才的培养与宏观管理体系的有效对接。这种合作模式不仅增强了体育教育的目标性和实效性，也使得地方教育能根据具体需求制定体育教育方案。

体教融合是对传统体教结合模式的必要升级，它通过一系列创新策略和方法，旨在构建一个更为高效和全面的体育人才培养系统。这种新模式既能更好地解决现有的教育挑战，又能为我国体育事业的快速发展提供强有力的支持和保障。

二、体教融合的深化

2020年9月，国家体育总局与教育部联合发布了《关于深化体教融合促进青少年健康发展的意见》（以下简称《意见》），标志着体教融合进入一个新的发展阶段。这份文件从8个方面提出了37项具体措施，全面推动体教融合，旨在促进青少年的全面健康成长。

体教融合不是一个新概念，它早在20世纪80年代中期就已被提出，用以解决竞技体育人才培养中遇到的体制性障碍。当时，由于应试教育的强化，学生负担加重，体育教育被边缘化，难以得到全面实施。同时，为了追求竞技成绩，训练时间的增加影响了学生的文化学习，而市场经济背景下运动员的退役保障也面临巨大挑战。尽管过去几十年中，教育和体育部门尝试通过不同政策和措施来解决这些问题，如在普通高校试点招收高水平运动员、体工队"院校化"改革等，但这些尝试并未完全解决问题。近年来，两部门通过合作开展校园足球和阳光体育运动等，虽取得了一定成效，但仍需要改进。

《意见》的发布被视为学校体育和青少年体育事业发展的一个重要里程碑，它不仅简单地推动资源整合，而且从根本上强调体育与教育在功能和目标上的充分融合，更加注重青少年的全面、健康发展。这一政策旨在通过提高体育教育的地位，促进青少年文化学习和体育锻炼的协调发展，从而培养德、智、体、美、劳全面发展的社会主义建设者和接班人。在新的体教融合策略下，重点不仅在于培养竞技人才，更在于推广健康第一的教育理念，强调体育的育人功能，使体育成为青少年发展中不可或缺的部分。这需要政府、学校、家庭和社会共同努力，确保体育教育与学校教育的有效融合，共同推动青少年的全面成长。

青少年的体质和健康是国家未来的基石，因此提升其重要性至国家层面，作为国家战略的一部分，是推进体教融合、部门之间协作及资源整合的关键基础。随着社会对体育的认识逐渐深化，我国在培养高水平竞技人才的路径上越发宽广。体教融合的目标不仅局限于精英体育人才的培养，更加注重营造"健康第一"的教育环境，致力于推动青少年的文化与体育教育协同发展。这一策略的实施旨在增强学校体育的实效性，使学生在参与体育活动中找到乐趣，同时强化体质，促进人格全面发展和意志力的锤炼。这样的教育模式旨在培育出德、智、体、美、劳均衡发展的新一代，为社会主义建设贡献综合素质高的接班人，展示了体育与教育的共同价值和重要性。

第五节　现代教师素质观

一、教师与现代教师素质观

（一）教师的地位与作用

为了深入了解现代教师素质观，首先必须认识到教师的角色及其社会价值。教师是教育实施的关键人物，也是社会发展的产物。在定义教师的概念时，可以广泛理解为任何促进他人知识、技能提升和影响他人思想、品德形成的人。更严格地说，教师是在学校或其他教育机构中专职从事教学工作的专业人员。这样的定义不仅包括传统意义上的在校教师，而且泛指所有在教育培训领域，通过其专业能力和知识传授，对学习者有着积极影响的人士。不论是广义还是狭义的定义，教师都拥有极高的社会地位，因为他们的工作直接关系到下一代的知识水平和价值观的塑造。

1.教师在社会中的地位

教师在人类社会的发展和延续中扮演了无可替代的角色，因此享有极高的社会地位。在中国，历史悠久的尊师重教传统使得教师地位尤为重要，自古以来即有"天地君亲师"的说法，将教师与天地君亲并列，显示了社会对教师职业的极大尊重。然而，在封建社会时期，受到"学而优则仕"观念和"官本位"思想的影响，教师的地位一度被贬低，社会认可度有所下降。但随着时代的变迁，特别是在近现代，国家对教育事业的逐渐重视使得教师地位重新提升。政治地位的增强和生活待遇的改善标志着教师地位的回升。进入现代社会，随着经济的发展和文化水平的提升，教师职业不仅变得令人羡慕，而且成了一种受到普遍尊敬的职业。这种变化体现了社会对教师在培养新一代和推动文明发展中作用的认可。教师的职业不仅关乎教育质量，更是社会进步和国家未来的关键因素，因此，教师的社会地位和形象的提升是对其不可或缺作用的必要反映和尊重。

2. 教师的作用

教师在社会与教育领域扮演着不可替代的角色。首先，在社会层面，教师的职责包括传承和普及人类的文化、科学以及技术知识，他们是知识传递的桥梁，对人类社会的持续发展具有重大影响。此外，教师还承担着塑造个体的思想品德、培养良好性格的任务，这对于提升社会的道德标准和文明程度至关重要。在教育方面，教师的作用更为关键。他们不仅是社会教育要求的执行者，同时也是专业的教育实践者。教师在教育系统中具有领导和组织的职责，有效地推动教育活动的进行。这种主导作用使得教师能够引导学生发挥主动性，促进其积极参与学习过程，从而实现个人知识和能力的发展。教师的这些功能互补，既强调教师的引导性，也重视学生的主动参与，共同推动教育目标的实现。通过这样的互动，教师不仅传授知识，更在激发学生潜能、引导其个性发展方面发挥着决定性作用。

（二）现代教师素质观的主要内容

在当今社会，随着科技的快速进步和教育需求的不断变化，对教师的素质要求也在不断提升。现代教师素质观强调的不仅是教师传统的教学能力，更包括他们适应新时代教育需求的多元能力。这一新的素质观涵盖了教师应对快速变化的社会环境所需的基本素质和具有时代性的专业能力，特别是在终身学习、信息技术应用和研究性教学方面的能力。一方面，现代教师需具备的基本素质主要包括教育理念的现代化、教学方法的创新以及对学生个体差异的深刻理解和尊重。教师不仅要传授知识，更要引导学生养成批判性思考、创新思维和解决问题的能力。这要求教师自身不断更新教育内容和教学策略，以适应教育的最新发展。另一方面，适应社会发展的时代性素质是指教师在职业生涯中持续更新自身的知识和技能，以匹配教育领域的技术进步和社会变革。在这方面，终身学习的能力显得尤为重要。教师需要通过持续的专业发展和学习，不断地提升自己的教学方法和内容。此外，信息化能力也成为教师必须掌握的关键技能之一。随着数字技术在教育领域的广泛应用，教师应能有效地利用信息技术来优化教学过程和提升学生的学习体验。最后，研究性教学能力即教师应具备设计和实施基于研究的教学项目的能力，这不仅能够增强教学的有效性，也能促进学生的主动学习和探究精神。

二、现代教师素质观之基本素质

对于现代教师来说，其应该具备的基本素质包括以下几个方面（见图 1-4）。

图 1-4　现代教师应该具备的基本素质

（一）正确的教育理念

在当代教育领域，教师的教育理念需要与时代的要求同步发展，以确保教育活动不仅传授知识，而且培养学生全面的人格和能力。现代教师应当具备深刻的教育观念，明确自己的职责不只是教书，更是育人。教育是一项关乎国家未来、民族发展以及社会进步的重要工作，它直接影响着每个个体的成长和家庭的幸福。

教师应该充分理解自己的工作对学生的终身发展有着深远的影响，这种认识会激发出教师对自己职业的热爱、责任感和荣誉感。在这种教育理念的指导下，教师会将培养学生的全面素质放在教学活动的核心位置，优先发展学生的智力和个性。这种教育方法强调个体差异的重要性，鼓励教师根据每个学生的独特需求和兴趣设计教学活动，从而有效地促进学生的全面发展。同时，教师需要不断地探索和实践科学的教育和教学方法，以适应快速变化的教育需求和技术进步。这包括采用研究性学习、合作学习等现代教学策略，以及利用信息技术工具增强教学效果。通过不断的自我完善和专业发展，教师可以形成具有个人特色的教学风格，实现从传统的"工匠型"教师向"专业型"教师的转变。

（二）良好的职业形象

教师的职业形象在教育过程中扮演着至关重要的角色。作为知识的传递者和价值观的塑造者，教师的每个动作、每句话语都在无声地影响着学生的心灵和行为。因此，保持一个专业且令人尊敬的形象，对于教师来说，不仅是个人责任，更是职业道德的重要组成部分。教师的仪表和行为举止应该展现出其专业性和权威性，同时也要体现出亲和力和可接近性，以便学生能够在舒适和充满鼓励的环境中学习和成长。教师的言谈举止不仅反映其个人修养，还直接影响学生对其教学内容的接受度和对学科的兴趣。此外，教师的教风，即其教学方法和态度，应该能激发学生的思考和创造力，而非单纯传授知识。在教育实践中，教师的良好习惯，如准时、公正、耐心和持续自我提升等，都是对学生极具感染力的榜样行为。

（三）多元的知识结构

在当今多变的教育环境中，教师被赋予了超越传统教学界限的职责，要求他们不仅要精通本专业知识，还需具备广泛的跨学科知识体系。这种多元的知识结构使得教师能够更有效地在不同学科间建立联系，促进学科间的交叉和融合，从而为学生提供全面且深入的学习体验。

现代教师的知识结构应当是一个综合体，基础在于扎实的专业学科知识。在此基础上，教师还需要积极拓展到其他相关领域，如自然科学、社会科学以及教育学和心理学等。这样的知识广度不仅能够增强教师解决问题和创新教学的能力，也使他们能够更好地理解和应对学生的多样化需求。通过跨学科学习，教师可以将不同学科的知识点相互关联，形成一个多维连接的教学网络，这不仅能激发学生的学习兴趣，还能帮助学生建立起整体和系统的知识架构。例如，一个理解了心理学原理的数学教师可能会更加精通如何通过问题解决激发学生的内在动机。此外，跟踪学科的最新成果和知识是教师职业发展的另一个重要方面。在信息爆炸的时代，持续的自我更新能力成为教师职业生涯中不可或缺的一部分。

（四）多维度的教育合作与交流

在现代教育环境中，教育活动不仅局限于教师与学生之间的互动，更扩展到包括家长、其他教育同人及社会各界力量的广泛参与。这种多维度的教育合作与交流是实现全面教育目标的关键因素。教师在这个过程中扮演着极为关键的角色，他们不仅是知识的传递者，更是沟通不同教育主体的桥梁。第一，教师需要具备高效的沟通技巧，以促进学生积极参与到学习过程中。这不仅包括教学内容的传授，更重要的是要激发学生的学习兴趣和主动性。例如，通过项目式学习、团队合作等方法，让学生在参与中学习，在实践中掌握知识与技能。第二，教师应当超越传统的以课程为中心的教学模式，向团队协作的方式转变。在教育团队中，教师们相互协作，共享教学资源和经验，通过定期的教研活动，不断优化教学方法和内容，以适应教育的发展和学生的需求。第三，教师与学生家长之间的合作同样重要。家长是学生学习过程中的重要支持者，教师需要与家长建立起良好的沟通机制。这可以通过定期的家长会、开放日活动或通过数字平台的信息共享实现。良好的家校合作有助于家长更好地理解教育活动，支持孩子的学习和发展。第四，教师还需要与社会各界建立合作关系，利用社会资源丰富教育内容和形式。与企业、非政府组织以及社区团体等合作，可以为学生提供更多的实践机会，例如实习、志愿服务或社区项目，这些都是学生应用所学知识、发展个人能力的重要途径。

（五）完善的能力结构

在当代教育系统中，教师的角色已经远远超出了传统的教学和管理职能，他们的能力结构需要更加全面和完善，以适应教育的多样性和复杂性。以下将详细探讨现代教师应具备的关键能力以及这些能力如何支持他们在职业生涯中的成功和学生的全面发展。

1. 信息获取与处理能力

信息获取与处理能力是教师职业发展的基石。在信息化迅速发展的今天，教师必须能高效地收集和处理信息，包括利用网络资源、学术数据库及图书馆等多种途径获取最新的教学资源和科研资料。此外，教师还需具备批判性思维能力，能对收集到的信息进行有效筛选、分析和综合，以便用于教学和研究。

2.教学能力的提升

教学能力的提升是教师专业发展的核心。这不仅包括掌握教学的基本技能，如课程设计、教学实施和评价，还涵盖使用现代教学工具和技术的能力。例如，数字教育工具的运用、在线课程的设计与实施以及利用多媒体和虚拟现实技术提升教学效果，都是现代教师需要掌握的关键技能。

3.教育管理能力的加强

教育管理能力的加强对于提升教师的职业效能至关重要。这包括学生的个别和集体教育管理、班级和课程的组织以及与同事和家长的有效沟通与协调。教师需要具备优秀的组织管理能力，以创建一个积极、高效的学习环境，同时也需要掌握心理学和沟通学的基本知识，以更好地理解和支持学生的个性化需求。

4.科研能力的培养

科研能力的培养是现代教师必须具备的能力之一。这不仅有助于教师在学术领域的成长，更能通过研究成果促进教育实践的创新和发展。教师应具备独立进行科研项目的能力，包括研究设计、数据收集与分析、研究报告撰写及成果的学术交流。

现代教师的能力结构应是多元化和层次分明的。通过在信息处理、教学技能、教育管理及科研等方面的不断学习和实践，教师能更好地应对教育领域的挑战，促进自身的专业成长与发展，从而为学生提供更高质量的教育。

（六）健康的心理素质

在教育领域，教师不仅是知识的传递者，更是学生情感和心理发展的重要引导者。因此，教师的心理健康和素质不仅关系到自身的职业生涯，而且深刻影响着学生的心理状态和整体发展。以下是对教师应具备的心理素质及其培养方法的探讨。

第一，保持乐观积极的心态对教师而言至关重要。教师面对的教育环境和挑战多种多样，能够积极面对困难，保持乐观的心境，不仅有助于自我情绪的调节，也能营造出更加积极向上的课堂氛围。例如，教师可以通过参与专业发展培训、心理健康研讨会等方式，提升自身的情绪管理能力，从而更好地激励学生，传递正能量。

第二，情绪稳定是教师必须具备的心理素质之一。在教学过程中，教师需要在学生面前展现出稳定和成熟的情感状态，这样不仅有助于维持课堂秩序，还能促进学生感受到安全和信任。教师可以通过定期的自我反思，学习如何在压力下保持冷静，如何在挑战面前展示出坚韧不拔的精神。

第三，宽容是教师心理素质的另一个重要方面。在教育过程中，学生可能会犯错或做出不好的行为。教师的宽容不仅体现在对学生错误的接纳，更重要的是能够通过这些错误教导学生，帮助他们在错误中学习和成长。教师可以通过心理学研究，了解不同年龄段学生的心理特点和成长需求，从而更加耐心、宽容地对待学生。

三、现代教师素质观之专业精神

在教育行业的快速变革中，现代教师的职业精神和专业素质显得尤为关键。教师的劳动特性日益复杂和具有创造性，同时也要求教师具备前瞻性和示范性。这些特点在教师的日常工作中表现为不断学习和自我提升，实施素质教育以提高整体民族素质以及在教育实践中勇于创新和塑造个人教育特色。

从教师专业性质和专业化过程的特点方面来说，现代教师应当具有以下专业精神（见图1-5）。

图1-5　现代教师应具备的专业精神

（一）敬业乐业精神

敬业乐业精神是现代教师职业精神的基石。敬业体现为教师对教育事业的深厚热爱和无私奉献，这种情感不仅来源于对知识传递的责任感，还包括对教育影响下一代的认识。教师在这一精神指导下，能够对自己的工作保持高度的尊重和认真，无论外界环境如何变化，都能坚持自己的教育理念，理性地面对和处理社会的各种评价和压力。乐业则是在敬业的基础上，教师对其职业生涯的满足感和自我实现。一个乐业的教师能够在日常教学中找到乐趣，通过教学实践体会到个人价值的实现。这种内心的充实和满足使得教师在面对挑战和困难时，能够保持积极和乐观的态度，并将这种正面的情绪传递给学生，从而营造一个积极向上的学习氛围。

（二）勤学进取精神

教师身为教育的实施者，其本身也必须不断学习和成长。在教育的道路上，教师不仅是知识的传授者，更是文化和智慧的传播者。为了应对教育领域持续的变化和挑战，教师需积极学习新的知识、接受新的观念，并掌握新兴的教育理论。这种不懈追求知识的态度不仅是教师职业发展的需求，更是对学生承诺的一部分，确保他们能够在多变的社会中找到自己的位置。在现代社会的快速发展中，教师每日都要面对新信息和知识的洪流。这要求教师不仅要有学习的愿望，更要有将学习融入生活和工作的能力，使其成为生活的一部分。通过持续的学习和自我更新，教师能够维护和加强与学生的关系，促进他们的全面发展。如果教师停止学习和进步，他们与学生之间的联系将会逐渐弱化，教师在教育系统中的影响力也会随之降低。因此，保持学习和求知的精神是教师职业持续性的关键，也是保证教育质量和效果的基石。

（三）开拓创新精神

在教育领域，创新不仅是一种选择，更是一种必要。随着社会的持续进步和学生需求的多样化，传统教学模式和方法已经难以满足现代教育的要求。教师在这一背景下，必须展现出开拓创新精神，不断地探索和实验，以找到适合当前学生群体的教学策略和方法。现代社会对教育的需求是多变和个性化的，这要求教师不仅要有能力识别这些变化，还要有能力根据这些变化调整教学策略。教师不能仅依赖过去的经验和传统的教学方法，而应持续学习新的理念和技术，利用这些新知识来优化教学过程和内容。

此外，创新精神还要求教师敢于尝试和应用新的教育工具和资源。在动态的教育环境中，教师应勇于探索各种可能性，包括跨学科教学方法、项目式学习以及利用数字技术增强教学互动。通过这些创新方法，教师可以更有效地满足学生的学习需求，同时也能激发学生的学习兴趣和创造力。创新不仅改变教学内容和方法，更在教育实践中形成独特的教学风格。每位教师都应根据自己的教育理念和经验，结合学生的具体需求，开发并实施符合当代教育目标的教育策略。这种个性化的教学风格不仅能提高教学效果，还能增强教师与学生之间的互动和联系。

（四）无私奉献精神

在教育行业中，教师的工作本质上涉及无数的细节、挑战和复杂情况，这些往往是难以用传统的量化方式来衡量的。因此，教育工作者需要具备一种深刻的奉献精神，这种精神体现在教师对于职业的深厚热爱和对学生的真挚关怀上。教师的无私奉献精神不仅意味着对物质回报的淡泊，更重要的是对于职业使命的全心投入。在这种精神的驱动下，教师更倾向于将个人的时间、精力乃至生命献给教育事业，将教育学生放在生活的中心位置。这种奉献是出于对教育的真正热爱、对育人的执着追求以及优秀公民对贡献社会的职责感。在实际的教育过程中，这种奉献精神体现为教师在不计个人得失的情况下，为学生提供知识、智慧和情感支持。教师们不仅传授课本知识，还致力于塑造学生的人格和价值观，帮助他们成长为有能力、有责任感的人。这种工作方式远离了世俗的功利性，不以物质利益为动力，而是以真正的教育成效和学生的发展为最终目标。

此外，这种无私的精神也促使教师持续自我完善和成长，因为他们意识到只有不断提升自身的专业能力和人文素养，才能更好地服务于学生，更有效地传递知识和价值。这种自我牺牲和努力不仅是对自己职业的尊重，也是对学生未来的负责。

（五）负责参与精神

教师的责任感和参与意识是他们在教育行业中不可或缺的品质。教师需要对教育活动中的每个细节投入极大的关心和精力，确保自己在学生的学习和成长过程中发挥引导和支持的作用。特别是对于那些学习有困难的学生，教师应给予更多的关注和帮助，而不是选择放弃。这种对教育的深刻责任感是教师职业道德的核心，要求他们在教育过程中始终保持高标准和严谨态度。同时，现代教师也应具备强烈的社会责任感。

作为知识和文化的传播者，教师应关心国家的发展，维护民族文化的尊严，并积极倡导社会公平和正义。这种社会责任感让教师在培养学生时，不仅注重技能和知识的传授，更加重视培养学生的公民意识和社会责任感。教师的参与意识也是至关重要的。他们应积极融入学生的日常生活中，了解学生的需求和面临的挑战，同时也要参与社会活动，利用自己的专业技能和影响力推动社会进步。通过与学生和社会的深入互动，教师可以更好地把握社会的脉动，将社会价值观带到课堂，丰富教育内容和形式。

在当今教育环境中，教师的责任感常常是教学活动中被强调的核心，然而，他们的社会参与意识却有时被忽视。这种现象与传统的教育理念和实践紧密相关。教师在历史和社会中扮演着独特而重要的角色：他们不仅是传授知识的导师，也是推动时代发展的重要力量。在社会结构中，教师被视为引领风尚和道德标准的灯塔。他们被期待以身作则，通过自己的行为和言论积极参与社会事务，评价社会现象，同时表达对理想社会的追求。这样的角色赋予了教师巨大的潜力，使他们成为社会变革的动力。

第六节　现代教育理念对体育教育的影响

一、明确体育教育理念的发展趋势

体育教育理念的发展趋势对于学校教育体系和学生的全面发展至关重要。明确这些趋势不仅有助于提升体育教学的质量和效果，还能更好地满足学生的健康和发展需求。以下是体育教育理念的发展趋势。

（一）学生参与体育教育活动的积极性不断提升

在当代教育中，"健康第一"和"终身体育"的理念已经深入人心，成为学校体育教育的核心导向。这一理念的普及对于激发学生的体育学习热情具有显著影响，使得学生更加积极地参与体育活动，并在其中养成持续进行体育锻炼的习惯。随着这种意识的加强，学生们在体育锻炼中不仅追求技能的提高，更注重体育活动在促进身体健康、增强体质方面的长远利益。这种发展趋势意味着学校体育不再是简单的运动技能训练，而是一种全面培养学生德、智、体、美各方面能力的平台。通过参与多样化的体育活动，学生能够在游戏和运动中学习团队合作、领导力和社会互动技巧，这些都是如今社会所需的关键技能。随着体育教育观念的不断进步和深化，学校体育正在逐步转变成为一个多功能的教育领域，不仅提高学生的身体健康，更通过体育活动的多样化为学生的全面发展提供支持。例如，体育课程现在更加注重包含创造性和策略性的运动，如团队竞技和个人挑战，这些都有助于学生个性的成长和心理素质的提升。

（二）理性化程度越来越高

随着学校体育理论研究的不断深入，其发展日益呈现高度的理性化特征。这种变化体现在学术界对于将理论与实际相结合的关注度不断增强，学者们越来越注重研究方法的科学性和实证性。具体而言，研究过程中对数据收集和分析方法的科学性给予了更多重视，如在进行问卷调查时，更加注重问卷设计的科学性、样本选择的合理性以及研究结果的深入分析。这种趋势的背后是对于体育教育研究质量的持续追求，目的是确保研究成果能够有效指导实际的教学和训练过程。体育教育界开始更多地依赖严谨的科学研究来优化和改进教学方法，以提升体育课程的教学质量、增强体育活动的教育效果。此外，这种理性化的发展还意味着学校体育的实践将更加依赖理论的指导。通过科学的研究方法，教育工作者能更好地理解体育活动对学生身体和心理发展的影响，进而更科学地设计体育课程和活动，以满足学生的健康和发展需求。

（三）科学化与系统化程度越来越高

随着教育的全球化和科技的进步，学校体育课程的科学化和系统化水平正在显著提升。体育课程的设计越来越多地参考国际先进标准，逐渐接近发达国家的体育教育模式。在借鉴国外成功经验的同时，结合国内的具体情况，体育课程的标准正变得更加统一而灵活，更能适应不同学生的发展需求。这种进步不仅体现在课程内容的合理组织上，还体现在对课程结构的科学调整上。现代体育课程越来越注重发展性与适应性，力求满足学生不同年龄阶段和不同体能水平的需要。同时，课程设计考虑到人性化和层次化的要求，旨在为不同能力和兴趣的学生提供定制化的教学内容。当然，体育教育的科学化进程也促进了教学方法和评估手段的创新。现代体育教育更多地运用科学的数据分析和评估技术，以确保教学活动的效果能够客观量化，从而更准确地调整教学策略和课程内容。

（四）区域化、本土化和特色化越来越显著

随着学校体育教育的持续演进，越来越多的重点被放在地域特色、本土文化及独有风格上。这种趋势使得体育教育不仅在全国范围内呈现多样化，更在地方层面展现出独特性，促进了具有中国特色的学校体育教育体系的逐步形成。这种发展模式意味着学校体育教育正在从一种标准化、统一化的模式向更加注重区域文化和实际需求的教育方式转变。各地区的学校开始根据自身的地理位置、文化背景和学生群体的特点，设计和实施符合当地特色的体育课程。这样做既增强了课程的相关性和吸引力，也使体育教育更加贴近学生生活实际，更能激发学生的学习兴

趣。此外，本土化的推进也意味着教育资源的优化配置和利用，学校体育能更好地利用当地的自然和社会资源，如利用地方传统体育项目，融入当地的节庆活动，甚至与地方体育团体合作。这种做法不仅为学生提供了丰富多彩的体育活动选择，也有助于地方体育文化的传承和发展。此外，特色化的发展策略还鼓励学校发挥自身优势，开发独特的教育项目，这些项目可能是与当地特定体育项目相关联的，也可能是创新的跨学科体育活动。这种教育方式的多样性和创新性能够显著提升学生的参与度和体育活动的教育效果。

二、加强和完善学校体育管理制度建设

学校体育管理系统包括多个方面，涵盖领导责任、科研、教学、训练及后勤保障等。有效的管理需要通过全面的统筹规划和系统化管理来实现。

（一）体育教育制度管理

体育教育的管理体系需建立在一套科学和实际相结合的规章制度上，以确保教育活动的顺利进行。这些规章制度涵盖了教学活动的全方位，包括教师的教学标准、基本职责、权利与义务、教学纪律、新教师的资格要求、备课流程、课堂教学方法、课程评估、教研活动、课外辅导、团队训练、比赛参与、运动场地和设备使用规范、请假流程以及课程检查和奖惩机制等。这些细致的管理规范在体育教育系统中起到多重作用。

1. 规范作用

通过明确的规则和期望，推动学校体育教育管理向更加规范化的方向发展。这种规范化不仅提高了管理效率，而且有助于维持教育活动的质量和一致性。

2. 保障作用

虽然建立制度本身不是教育活动成功的必要条件，但它在塑造教师

和学生的行为模式以及价值观方面发挥了独特而重要的作用。通过一套明确的规则和标准，制度能够有效地保障教育活动按预期目标进行，同时也能够保护教师和学生的权益。

3. 引导作用

指导教师按照既定的教育理念和方法行事，使得他们的教学行为能更好地符合制度要求。制度中的规定不仅为教师提供了行动的框架，还帮助他们理解和接受教育管理的重要性，激发了他们积极参与和改进管理实践的动力。

另外，为了最大化实现体育教育制度的效果，实施过程中需要坚持效率原则和参与原则。效率原则确保制度的实施不会因烦琐的过程而阻碍教育活动的顺畅进行；参与原则强调包括教师在内的所有教育参与者在制度建设和实施过程中的主动参与，以增强制度的实用性和可接受度，并促进教育共同体成员之间的合作与沟通。

（二）体育教学管理

体育教学管理在学校体育工作中扮演着核心角色。为确保体育教学的质量并有效地组织各类体育活动，关注并加强这一管理环节是至关重要的。体育教学管理并非仅关注教学的个别问题或特定方面，而是涉及体育教学全方位的优化。因此，教育者应更新教育观念，建立一个全面的体育教学视角。这包括深入分析体育教学中各个元素之间的相互关系与影响，并综合处理涉及的各种问题。这样的方法不仅有助于解决教学中遇到的具体问题，还能促进整个体育教学系统的优化，从而提高教学效果和学生的体育技能。

体育教学管理是一个涵盖广泛领域的复杂过程，主要可以划分为人的管理、物的管理、财务的管理、资料的管理以及时间的管理这五个基本方面（见图1-6）。

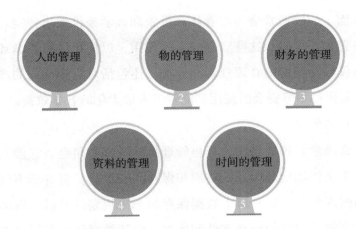

图 1-6　体育教学管理的五个基本方面

1. 人的管理

在体育教学中，人的管理是至关重要的一环。一方面，包括对体育教师的全面管理，涉及教师的工作分配、指导、检查和监督，确保教师能够尽职尽责地完成教学任务。此外，管理还应支持教师在教育和教学方面的持续发展和能力提升。另一方面，学生管理同样关键，主要通过体育教师对学生在体育课程和相关活动的参与进行管理。这包括组织学生，监督学生遵守教学常规、出勤，监控学生的健康和学习状况以及在教学过程中进行有效的协调和控制。

2. 物的管理

物的管理关注的是体育教学所需的场地、器材和设施。管理的基本要求包括建立全面的管理条例，保持账目和物资登记的透明度和清晰度，记录器材的规格和数量，并定期进行检查。此外，管理还应包括对体育器材和设施的计划性增补和维修，以及鼓励自制体育教学设备的创新使用。这种管理策略不仅促进了资源的合理利用，也体现了勤俭节约和高效利用的原则。

3. 财务的管理

财务管理在体育教学中同样占有重要地位，尤其是在预算分配和经费使用方面。学校通常会为改善体育设施和教学条件拨出特定经费。合理的财务管理要求确保这些资金被有效使用，以优化体育教学环境和设施。这不仅涉及经费的合理规划和分配，还包括对资金流向的严格监控和审计，确保每一笔资金的使用都能够带来最大化的教学效益。

4. 资料的管理

在体育教学管理体系中，资料管理扮演着核心角色，它涉及与教学相关的各类文档和记录的系统整理和保存。有效的资料管理不仅有助于教学活动的规范化，也是历史数据保存与未来规划的基础。资料管理主要涵盖体育教学相关的所有文件和档案，包括教育和体育行政部门发布的官方文件、学校自行制定的体育教学工作计划及相关规定。此外，这一管理领域也包括对历年来的教学研究资料、教学总结、学生体质健康记录以及体育成绩的归档和保管。这些记录的保存对于评估教学效果、指导未来的教学活动以及进行科学研究具有重要价值。一般情况下，这些教学资料由学校的体育教研室或相应的管理小组负责。他们不仅需要保管这些资料，还必须进行适当的分类存档，以便在有需要时能够快速获取相关信息。有效的资料管理策略包括定期更新资料库、确保资料的安全以及提高资料的可访问性等。

5. 时间的管理

在体育教学的各个管理方面中，时间的管理是确保教学效率和任务完成的关键因素。这涉及精确的时间分配和规划，以保证所有的教学活动都能在既定的时间内有效完成。有效的时间管理策略不仅能帮助教师和学生最大化实现每一分钟的教学价值，还能确保教学计划的顺利执行和教学目标的实现。具体来说，时间管理通常通过制定详尽的时间表来实施，包括确定每一课程的开始和结束时间、每个教学单元的持续时间以及整个学期或学年的教学活动安排。这样的时间表既包括日常的教学排程，也涵盖特殊活动如体育竞赛、健身测试及其他学校体育事件的时间安排。通过这种方式，体育教师能清晰地了解在每个学期或学年中需要完成的教学任务，同时也能够更好地调整教学策略，以适应实际教学中出现的各种变化。

三、学校体育文化环境得到良好的营造与改善

在学校教育体系中，体育文化环境的优化和发展是至关重要的，它在塑造学生的体育意识、态度和价值观方面起到核心作用。一个充满活力的体育文化环境不仅能深刻影响学生对体育活动的情感和兴趣，还能引发他们对体育运动的渴望和需求，以及在体育活动中的审美感受和行为习惯。此外，一个健康的体育文化环境对于提高师生的生活质量、形成健康的生活习惯和生活方式也具有重要影响。通过积极的体育文化氛围，学生能够在体育活动中找到乐趣，这不仅有助于塑造他们正确的体育观念，还能够丰富他们的情感生活，调节日常生活的节奏，并促进学习效率的提高。因此，构建和改善学校的体育文化环境成为一项重要的任务。

构建学校体育文化环境是一项持续的任务，需要全局的规划和远见策略。这一进程应与学校整体发展战略相协调，并顺应社会、政治和文化进展的广泛趋势。具体实施时，可以从以下多个维度入手（见图1-7）。

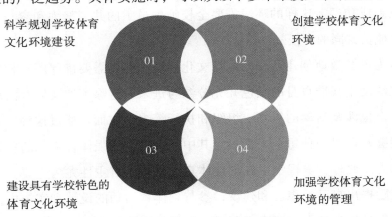

科学规划学校体育文化环境建设　01

创建学校体育文化环境　02

建设具有学校特色的体育文化环境　03

加强学校体育文化环境的管理　04

图1-7　构建学校体育文化环境的要点

（一）科学规划学校体育文化环境建设

建设一个科学和系统的学校体育文化环境是学校整体环境建设中不可或缺的一部分。这一过程不仅复杂且需要精细的计划，还要求全体师生和员工的持续努力和参与。在这个过程中，物理和精神环境的建设同样重要。为了有效地推进学校体育文化环境的建设，必须将规划纳入学校的总体发展计划中。这涉及确保有足够的设施和空间来支持师生进行体育活动，同时也要考虑这些设施在功能性和美观性上的和谐统一。良好的体育设施规划不仅能满足使用需求，还能提升整个校园的美学价值和功能性，使体育活动更加吸引人参与。此外，科学规划还应考虑体育文化环境对师生日常生活的积极影响。通过设计合理的体育文化空间，可以增强学生对体育活动的兴趣，促进他们的身心健康，同时也可以为教职员工提供休闲和运动的理想场所。

（二）创建学校体育文化环境

构建一个充满活力的学校体育文化环境，关键在于调动和利用好教育者与学生的积极性。特别是学生，在这一过程中应扮演主动和自觉的角色。成功塑造这样的环境需要全校师生员工的共同努力和参与，这是每个成员共同的责任。

为了有效地创建这样的体育文化环境，首先需要确保所有相关方都能在活动中找准自身的角色并充分参与进来。这除了涉及体育活动本身以外，也涉及活动的策划、组织和执行等多个方面。通过这种方式，学校能够营造出一种每个人都参与其中的氛围，增强体育文化的包容性和吸引力。此外，重视学生在创建体育文化中的自主性尤为重要。学生应被鼓励提出自己的想法和建议，参与到体育活动的设计和实施中，这不仅能提升他们的参与感和满足感，还能促进他们的创新思维和团队协作能力。教育者则应提供必要的支持和资源，帮助学生将他们的创意变为现实，并保证活动的安全和教育价值。当然，建立这样的环境也少不了学校领导层的支持和推动。领导层应确保体育教育在学校日常活动中占据重要位置，并为体育文化的培育提供充分的资源，包括物质和非物质的支持。这包括优化体育设施、增设体育课程和活动以及通过表彰和奖励等方式鼓励师生参与。

（三）建设具有学校特色的体育文化环境

在打造具有特色的学校体育文化环境时，应充分考虑学校的历史传统和教育目标，以确保体育文化环境与学校的整体精神和特色相协调。结合学校独有的体育传统和培养目标，可以创造出一个既反映学校特色又促进学生全面发展的体育文化环境。例如，学校可以在校园显眼位置设置与其标志性体育项目相关的雕像，以此强化学校体育的传统和学生的认同感。同时，通过学校的各种宣传媒介，如校园广播、公告板和社交媒体，定期发布体育知识、体育名人名言以及最新的体育新闻和信息，有助于提高学生对体育的兴趣和参与度。此外，每个体育场地或活动区都可以设置信息牌，详细介绍各种体育项目的背景、基本技巧和训练方法。这不仅为学生提供了学习和参与体育活动的便利，还有助于提升他们对各体育项目的了解和技能。在这样的体育文化环境中，学生的生活方式和体育观念会逐渐发生积极的变化。这种文化环境的建设不仅有助于传承和弘扬民族的体育传统，也能够培养学生的爱国主义精神和集体荣誉感。

（四）加强学校体育文化环境的管理

在构建和维持学校体育文化环境中，实施有效的管理措施是至关重要的。这种管理不仅确保了体育设施和资源得到合理利用，还促进了体育文化的持续健康发展。通过组织协调学校的各个部门，并制定周全的管理制度，学校可以实现对体育文化环境的科学化管理。良好的管理体系能够防止体育器材的损坏和运动场地的破坏，这些问题往往是缺乏有效监管和规范操作引起的。在一些学校中，由于管理不善，体育设施经常出现损毁，有时甚至不得不采取限制学生使用的措施，这不仅浪费了资源，还可能影响学生的体育活动参与度，阻碍了健康体育文化的形成。加强体育文化环境的管理意味着需要建立一套严格的制度，包括对设施使用的明确指导、维护保养的规范流程以及对损坏行为的惩戒措施。此外，还需要定期评估管理效果，确保所有措施能够适应学校体育文化的发展需求，及时调整和优化管理策略。通过这样的管理实践，学校不仅能节约成本，避免资源浪费，还能为学生提供一个安全、有序的体育活动环境。更重要的是，这种环境能有效地促进学生身心健康，培养学生的体育兴趣和运动习惯，也有助于营造正向的校园文化，为学生的全面发展提供支持。

第二章　健美操课程设计理论与情况分析

第一节 健美操课程设计的理论基础

健美操课程设计建立在多个理论基础上，包括哲学认识论、知识观、学习理论、系统论、信息传播理论以及多种教学论等。这些理论构成了健美操课程设计的核心框架，图2-1展示了它们之间的逻辑关系。这些理论不仅形成了健美操课程设计的基本理论支撑，而且对课程设计的原则和实际操作技术产生了深远影响。

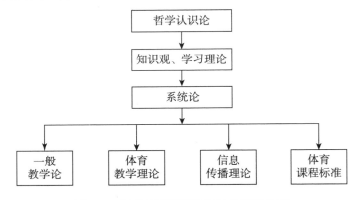

图2-1 健美操课程设计理论的逻辑关系

在讨论教学设计的时候，首先需要了解的是哲学认识论，它位于健美操课程设计理论的顶层。在教学设计领域，学习理论是这些理论的核心，而系统论则是确保课程设计科学性的关键理论。哲学认识论、学习理论以及系统论构成了教学设计的宏观理论基础。具体到健美操课程的设计中，这些一般性的理论框架需要得到应用和参考。健美操课程设计属于体育教学设计的一部分，因此在设计这类课程时还必须考虑到体育学科的具体特点。体育学科的相关理论，如体育教学论和信息传播理论，是课程设计中必须考虑的微观理论基础。这些理论不仅与体育教学紧密相关，还应当在健美操课程设计的整个过程中发挥作用。在此基础上，系统论作为宏观理论基础之一，强调了课程设计的整体性和互联性，确保课程各部分协调一致，从而提高教学效果。而信息传播理论作为微观理论基础之一，则着重于信息在教学过程中的有效传递和接收，保证教学信息能够被学生正确理解和吸收。通过将这些理论应用到健美操课程设计中，可以确保课程设计既科学又具有针对性。设计阶段应以这些理论为指导，明确设计的方向和重点，为课程设计提供坚实的理论支持。

一、系统论

（一）系统的结构与健美操课程设计

系统理论在健美操课程设计中占有重要地位，因为每个教学系统都是由多个子系统和要素构成的整体。这些要素之间的排列和组合不仅需要遵循特定的逻辑和规律，而且它们的关系密切影响着系统整体的稳定性和效率。具体到健美操教学系统的应用中，它作为体育教学系统的一部分，与学校更广泛的体育系统紧密相关。健美操教学系统的有效设计，需要对这些子系统内部的相互作用以及与其他平行子系统间的互动有透彻的理解。通过准确地理解这些内部和外部的联系，可以更好地设计出符合教育目标的课程结构。每个系统的结构和功能虽然相对独立，但它们又相互依赖，形成了一个复杂但协调的整体。理解这种结构与功能的相互依存关系对于设计高效和实用的健美操课程至关重要。这不仅涉及如何安排课程内容和教学活动，还包括如何使课程设计与教学目标和学校体育的总体目标相匹配。通过深入分析健美操教学系统的内部结构及其与上层及平行系统的关系，可以显著提升课程设计的质量。这种方法不仅能够确保教学内容的适宜性，还能增强课程实施的实效性，确保教学活动在实际操作中达到预期的教育效果。

（二）系统的特性与健美操课程设计

系统的特性描述了系统的基本属性和功能，是理解系统如何运作的关键，健美操教学系统主要具有以下几种特性（见图2-2）。

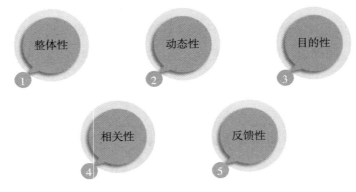

图2-2　健美操教学系统的特性

1. 整体性

系统的整体性是指构成系统的各个要素不是简单地堆砌在一起，而是通过一定的逻辑关系和统一的要求，共同发挥作用。这种整体性体现了系统的综合功能，即系统的总功能超过了各个部分功能的简单相加。在健美操教学系统中，这种整体性尤为重要。教学系统由多个互相联系的子系统组成，每个子系统都有其独特的功能和角色，共同构成了一个协调的整体。健美操教学系统中的每一个环节，从课程内容的安排到教学方法的选择，再到训练负荷的科学分配，都不是孤立存在的，而是需要在整体教学目标和策略的指导下进行优化和调整。在设计健美操课程时，教育者需要对系统内不同层次的子系统进行详细的分析和理解，包括了解每个子系统的特性和功能，以及它们如何相互作用以支持整个教学系统的目标。例如，教学内容的设计不仅要符合学习者的需求，也要考虑如何有效地与教学方法和训练负荷相配合，以达到最佳的教学效果。此外，系统的整体性还意味着即使某些单独的要素可能存在缺陷或不足，通过合理的组合和优化，整个系统仍然可以实现其预定的功能。相反，如果系统中的要素虽各自完善但组合不佳，那么系统作为一个整体可能无法发挥其潜在的最大功能。

因此，从系统的整体性角度出发，健美操教学系统的设计应当注重各个子系统的协调一致和互补性。通过对各个子系统的功能进行综合考虑和优化设计，可以使整个教学系统发挥超越单个组成部分的综合效能，实现增值功能，从而提升健美操课程设计的标准和实施效果。

2. 动态性

系统的动态性是其基本特征之一，这种特性源于系统内部各组成要素的紧密相互作用和外部环境的连续交互。系统的动态性体现在能量、信息和物质的交换上，这些交换使得系统呈现出不断变化和适应的特点。对于任何涉及多个变量和环境因素的系统，理解其动态性是至关重要的。

在健美操课程的设计和实施中，这种动态性要求设计者和教育者保持高度的灵活性和适应性。设计者需要预留足够的空间以应对可能出现的变化，如学生需求的变动、教学资源的更新或是教学方法的调整。这种预留空间不仅是为了应对不可预见的挑战，也是为了利用新出现的机会。具体来说，健美操教学系统的动态设计意味着教育者必须随时准备根据学生的反馈、技术进步或是外部教育政策的变化来调整教学计划。这种动态调整能够确保课程内容和教学方法始终保持最新，更好地服务于学生的学习和发展。

此外，动态性还意味着教育者需要在课程设计和教学实施中不断进行策略性的思考和调整。这不仅需要对教学活动进行定期的评估和反思，还需要在必要时进行创新和改进，以适应教育环境和学生群体的演变。

3. 目的性

系统的目的性是指每个系统都旨在达到特定的目标，而这些目标指导了系统的设计与操作。在健美操课程教学设计中，目的性表现为通过系统的有序运作来达成教学目标。这要求课程设计者在构建教学系统时，明确教学目的，并优化各个组成部分的功能以提升教学质量和效果。健美操教学的目标不仅包括提高学生的体能和健康水平，也包括培养学生的团队协作能力、自我纪律和对健康生活方式的长期承诺。为了实现这些目标，教学设计必须确保课程内容、教学方法和评估方式的每一个方面都能有效地协同工作，以优化学习成果。此外，实现健美操教学目标需要教育者充分发挥教学系统内各要素的功能。这涉及精心设计课程结构、选择适合的教学材料以及运用有效的教学策略，如分组讨论、实际操作和反馈机制等。每一环节都应该围绕核心教学目标进行，确保每个部分都能对学生的学习产生积极影响。

4. 相关性

在任何系统中，其内部组件并非孤立存在，而是通过相互依存和制约的关系紧密连接，形成了系统的相关性。在健美操课程设计中，充分理解和利用这些内在的相互关系至关重要，因为这些关系直接影响着教学系统的效率和效果。健美操课程教学系统中的各组成部分——如教师与学生的互动、教学内容与采用的教学方法以及教学资源与环境——都存在密切的相关性。例如，教师与学生之间的良好互动可以增强学习动机，促进更高效的知识吸收；同时，教学内容的选择必须与教学策略相匹配，以确保教学目标的实现；此外，优化的教学条件和环境可以支持更有效的教学活动。了解并优化这些关系可以显著提高教学设计的整体性能。通过精心安排教学活动，确保各要素之间的协调一致，健美操教学系统可以更好地实现其教学目标。这不仅涉及具体的教学计划和策略，还包括对教学环境的持续改进和对教学资源的合理配置。

5. 反馈性

系统的反馈性是其自我调节能力的关键表现，它使系统能够通过不断接收和处理反馈信息来维持自身的稳定性和平衡。在教学系统中，尤其是在健美操课程设计中，反馈性扮演着至关重要的角色。

反馈性在健美操课程设计系统中的作用可以理解为从教学实践中收集关于课程方案执行情况的信息，特别是关于课程优势和劣势的反馈。

例如，课程设计的方案在实施后，通过学生的表现、教师的观察以及课后评估来收集数据，这些数据将作为反馈用于调整和优化教学设计。

　　系统论在健美操课程设计中的应用体现在两个方面：一方面，系统论提供了一种结构化的工具，帮助教育者在制定教学方案和解决教学问题时能够考虑到课程设计的各个方面。通过系统化的方法，可以确保所有教学要素——如教学目标、教学方法、学生互动和评估标准——都被综合考虑。另一方面，系统论强调了系统分析的重要性。在健美操教学设计中，通过系统分析可以识别出教学元素间的相互作用和依赖关系，以及这些元素如何影响教学成果。基于这种分析，教育者可以对教学策略进行调整，优化课程内容和方法，从而完善整个教学系统的功能。通过这样的系统性思考和连续的反馈循环，健美操课程的设计和实施能够不断改进，确保教学活动不仅符合教学目标，而且能够有效适应学生的需求和教学环境的变化。这种反馈驱动的教学设计方法确保了教学系统能够持续进化，提升其整体教学质量和效果。

二、信息传播理论

　　信息传播理论关注的是信息从一处到另一处的流动过程，包括信息的传递方式、效果及其传播过程。这一理论对于理解和优化教学过程中的信息交流尤为重要，因为教学本质上是教师将知识和技能传递给学生的过程。在健美操课程设计中，信息传播理论提供了一个框架，帮助教育者科学地设计课程，确保教学信息的有效传递。在教学过程中，不仅涉及知识的传递，还包括教学方法、学生反馈和教学环境等多种教学要素的相互作用，这些都可以通过信息传播理论来分析和优化。具体来说，健美操课程的教学过程实际上是一个复杂的信息传播活动。在这个过程中，教师需要对健美操相关的信息进行有效的采集和处理，然后通过教学活动传递给学生。为了提高信息传递的效率和效果，教育者需要深入了解不同类型的教学信息，如语义信息（文字和语言的意义）、行为信息（教师的行为模式和学生的互动）以及符号信息（使用的教学媒介和符号）。了解这些信息的特性后，教师可以采用相应的策略来优化信息的处理和传递。例如，对于语义信息，教师可能需要使用更加清晰和具体的语言；对于行为信息，教师可能需要通过示范和实践来加强信息的传递；对于符号信息，教师选择适当的教学工具和媒介是关键。

下面将从信息的特征与健美操课程设计以及信息传播理论对健美操课程设计的影响这两个方面对信息传播理论与健美操课程设计之间的关系进行分析。

（一）信息的特性与健美操课程设计

对于健美操教师而言，深入理解信息的属性对于构建健美操课程极为关键，这有助于在教学过程中最大限度地利用教学信息。接下来将探讨信息的特性及其在健美操课程设计中的应用。

1. 时效性

在健美操课程设计中，信息的及时更新和传递至关重要。信息的时效性意味着最新的信息往往具有更高的价值。为了确保课程内容的现代性和相关性，教师需要持续跟踪最新的健美操动态和媒体报道，并迅速将这些更新的信息整合到教学活动中。此外，学生情况的变化也是一种关键信息源。教师通过实时监控学生的反应和进展，可以更好地调整教学策略和课程内容，确保教学活动能够满足学生的具体需求。为了有效利用信息的时效性，教师需要利用多种工具和资源来获取和处理信息。这包括订阅专业期刊、参与相关研讨会、使用教育技术工具收集学生反馈以及通过社交媒体跟踪行业动态等方式。通过这些方法，教师不仅能保持教学内容的新鲜感和实用性，还能及时调整教学方法，以适应教学环境和学生群体的变化。这种对信息时效性的高度重视，使得健美操课程设计更加生动、有效且富有吸引力，最终提高了教学质量和学生的学习成果。

2. 可伪性

信息的可伪性指出信息可能是不完整的、误导的，甚至是故意伪造的，这种特性要求教师在处理教学中的信息时必须格外小心。教师在设计和调整健美操课程时，必须批判性地评估接收到的各类信息，包括学生反馈、教学材料的来源及其内容的真实性。例如，学生的反馈可能受到个人情绪或误解的影响，而从互联网或其他未经验证的来源收集到的教学资源也可能包含不准确或失之偏颇的信息。为了有效应对信息的可伪性，教师可以采取多种方法来验证信息的真实性。这包括交叉验证信息来源、使用经过验证的学术资源和实践证据以及与同行进行讨论以获取第二意见。教师还应教育学生发展批判性思维能力，使他们能够独立识别并怀疑可疑的信息。

3. 不完全性

在健美操课程的设计与实施中，教师必须面对信息的不完全性这一挑战。信息的不完全性是由于人类对自然界和社会的认知本身存在限制，意味着所获取的信息往往是片面或不全面的。这种信息特性要求健美操教师在进行课程设计时要精准地选择，关注那些最关键和最有价值的信息，同时避免那些无关紧要或冗余的信息，从而优化教学内容和提升教学效率。面对信息不完全性的现实，健美操教师需要开发出一套有效的策略来识别和集中那些对学生学习最有益的核心信息。这包括确定课程目标、学生需求和教学资源的优先级。通过这种方法，教师可以更有效地利用有限的资源和时间，确保课程设计不仅符合教学目标，而且能够适应学生的实际需求。教师还应培养自身在信息筛选和处理方面的能力，包括评估信息的相关性和可靠性。通过持续学习和实践，教师可以提高对信息的敏感性和判断力，从而在课程设计和教学过程中做出更加明智和高效的决策。

（二）信息传播理论对健美操课程设计的影响

信息传播理论对健美操课程设计的应用带来了深远的影响，这些影响主要体现在以下三个方面（见图 2-3）。

```
┌─────────────────────────────┐
│   1.精准分析学习者需求        │
└─────────────────────────────┘

┌──────────────────┐   ┌──────────────────┐
│ 2.选择适合的传播媒介│   │ 3.加强教学反馈机制 │
└──────────────────┘   └──────────────────┘
```

图 2-3　信息传播理论对健美操课程设计的应用带来的影响

1. 精准分析学习者需求

信息传播理论强调在课程设计之初，教师需要详细了解并掌握学习者的关键信息，这包括学生的健美操兴趣、理论知识、技能水平及相关经验等。通过这种精准的信息收集，教师可以更好地了解学生的需求和预期，这为课程的个性化设计提供了基础。例如，对于初学者，教师可能会更多地集中在基础技能的教学上；而对于有一定基础的学生，则可能增加更多技术提升和策略应用的内容。这种根据学习者实际情况进行的教学内容安排，能够确保教学活动的针对性和有效性。

2. 选择适合的传播媒介

在健美操课程设计中，媒介的选择对信息的传达效果有直接影响。信息传播理论提倡使用多样化的媒介以适应不同学习者的接受方式。教师需要根据内容的性质和学生的偏好选择最合适的传播媒介，如视频教程、图解、实物演示或互动式学习平台。选择易于学生理解且能有效传递教学内容的媒体，不仅提高了信息传递的效率，还增强了学生学习的互动性和趣味性。例如，通过视频演示复杂的健美操动作，学生可以多次回放，更好地掌握动作细节。

　　3.加强教学反馈机制

　　教学反馈是课程设计中的关键环节，信息传播理论中对反馈的重视为健美操课程设计提供了改进的途径。通过有效的反馈机制，教师可以获得关于学生如何理解和吸收教学内容的直接信息。这种反馈可以是正式的测试、问卷调查，也可以是非正式的讨论和观察。教师根据反馈调整教学策略和内容，确保教学目标的达成，并满足学生的实际需求。例如，如果发现大多数学生在某个动作上有困难，教师可能会调整教学方法，增加辅助训练或提供更多示范。

第二节　健美操课程改革与内容的优化

　　在高等院校中，强化健美操课程的更新和内容的提升显得尤为关键。显然，在推进健美操课程革新和成长的过程中，会面临多种挑战，对此，必须通过实施有针对性的策略和方法有效应对。

一、健美操课程改革的举措

　　健美操课程改革的目的在于提高课程的教学效果，增强学生的参与度，并使课程内容更符合现代健康和健身理念。针对当前的健美操课程，可采取以下改革措施，以进一步完善当前的健美操课程。

（一）改变单一的教学模式

　　在高等教育中，健美操课程的设计与教学策略需要持续更新以适应当代学生的需求和时代变迁。高校学生普遍对新事物充满好奇心，并愿意接受创新性的学习方式，这就要求健美操教学不断突破传统界限，采用更开放、现代化的教学模式。更新健美操课程内容至关重要，教师需要定期引入新的运动技巧和理论，以确保课程内容保持新颖和相关性。利用最新技术，如虚拟现实和在线互动平台，可以极大增强课程的吸引力和互动性，使学生在享受健身乐趣的同时，也能获得最新知识。为了适应学生的多样性和个体差异，教师应调动学生参与课程内容的设计和调整。开放的反馈机制允许学生表达自己的意见和建议，教师据此优化教学策略，使教学活动更加贴合学生实际的学习需求和兴趣。教师还需从学生的实际需求出发，细化教学内容的调整。定期的学生需求调查和反馈可以帮助教师精准地了解学生对健美操技能的偏好和对课程难度的感受，从而更有效地调整教学计划，确保教学既激发学生的学习兴趣，又有效提升其技能水平。

（二）正确处理健美操教与学的关系

在高校健美操课程中，教学活动涉及教与学两个核心方面，构成了一种师生共同参与的互动教学模式。这种模式强调师生关系的重要性，对健美操的教学成效有着直接的影响。在现代的教学实践中，有必要摒弃传统的"导学式""注入式"和"填鸭式"教学方法，转向更加开放和互动的教学模式。为了有效地调动学生的主动性和积极性，教师需要在课堂上提供示范和指导，同时保证学生有足够的自主练习时间。这种教学策略不仅能够激发学生的学习动力，还能增加他们参与课程的兴趣。通过这种方式，学生能在一个轻松愉快的学习环境中不断提升自己的健美操技能。教师的角色在这个过程中是至关重要的，他们不仅是信息和技能的传递者，更是课堂氛围的营造者和学生学习动力的激发者。同时，教师应鼓励学生提出问题和分享学习体验，这有助于建立一个互相尊重和支持的学习社群。此外，通过实施分组讨论、同伴互助以及小组竞技等多样的教学活动，可以进一步活跃课堂气氛，促进学生之间的交流和合作。通过这样的教学策略和活动设计，健美操课程可以变得更加生动和有效，帮助学生在享受学习过程的同时，达到提高健美操运动技能的教学目标。

（三）加强学生的美育教育

在高等教育中，健美操不仅是一种体育活动，也是一种审美教育的载体。高校体育教师面临的挑战是如何通过健美操课程既强化学生的体质，也提升他们的审美鉴赏力。因此，教师应当在关注学生身心健康的同时，加强对学生美育的培养，这对于提高学生的综合素质尤为重要。

在具体的教学实践中，教师应当摒弃传统的单一教学模式，比如使用同一首音乐进行整堂课的教学。相反，教师应该引入多样化的音乐和舞蹈元素，涵盖不同的风格和节奏，以此来丰富学生的感官体验和审美视野。通过这种方式，学生不仅可以学习到健美操的技术，还能在多元化的音乐背景下培养其对美的感知和评价能力。此外，教师在健美操的教学中应采用"引导式"的教学方法，帮助学生深入理解健美操的艺术内涵。通过讨论和分析，让学生识别并赏析健美操中的美学要素，如动作的协调性、音乐的节奏感以及整体表演的表现力。这种教学方式不仅能提高学生的动作执行技能，更重要的是通过体验和感悟，能增强他们的审美能力。通过这些教育策略，健美操课程将有效提升学生的审美鉴赏力。教师的创新教学方法和对美育的重视，能够让学生在享受健美操的过程中，逐步提高其对美的认知和评价能力，从而促进他们的身心全面发展。

（四）重视学生创编能力的培养

健美操不仅是一种体育锻炼方式，更是一个促进学生创造力发展的平台。高校健美操的编创虽然具有一定的复杂性，但这正是培养学生综合能力的绝佳机会。因此，高校健美操课程的设计与教学应特别注重激发和提升学生的创编能力，这符合高等教育推广素质教育的目标。教师在健美操教学过程中应采取多种方法来培养学生的多项技能。例如，通过引入多种节奏和风格的音乐，不仅可以提升学生对音乐的感知和鉴赏能力，而且能激发他们的创作灵感。同时，观看多样化的健美操视频资料可以拓宽学生的视野，提升他们对动作设计的理解和创新思维。此外，教师应积极提供丰富的教学资源，包括各种健美操动作库和创作工具，以便学生能够在理解和吸收现有知识的基础上，进一步创作出个性化的健美操套路。这种教学策略不仅有助于学生技术水平的提升，更重要的是能够促进他们的想象力和创新能力的发展。

通过这些综合性的教学方法，高校健美操课程旨在培养学生的自主创作能力，使他们能够根据自己的理解和审美去设计和编排新的健美操动作。这样的教学实践不仅增强了课程的教育价值，还能显著提升学生的创造性思维和实际操作能力。

（五）引入多媒体课件辅助教学

随着科学技术的不断进步，先进技术在高校体育教育中的应用已成为一种发展趋势。在这一背景下，多媒体课件作为一种现代化辅助教学工具，逐渐引起了高校健美操教师的关注和重视。教学实践表明，多媒体课件在健美操教学中具有诸多优势，如声像俱全、图文并茂以及伴奏优美等，这些优势能够使学生在轻松愉悦的氛围中学习和练习。多媒体课件的引入为学生提供了良好的学习环境，使他们能够根据自己的知识水平和技能水平合理安排学习进度。

此外，学生可以随时掌握自己的学习情况，这有助于激发他们的学习兴趣，增强学习的积极性和主动性。通过多媒体课件的辅助，学生不仅能更好地理解和掌握健美操的动作要领，还能提高他们的练习水平，从而提升整个课程的教学质量。在高校健美操教学中，利用多媒体课件辅助教学，可以有效地结合声音、图像和文字等多种媒体形式，为学生提供更加直观和生动的学习体验。这种教学方式不仅能吸引学生的注意力，还能帮助他们更好地记忆和理解教学内容，增强学习效果。

（六）完善高校健美操考核机制

为了提升高校健美操教学的效果，健美操考核机制的完善是至关重要的一环。考核机制的优化不仅能够确保评价的科学性和公平性，还能更好地激发学生的学习兴趣和动力。以下是完善健美操考核机制的几个重要方面。

1. 更新评价理念

建立科学的评价体系是高校健美操考核机制的重要组成部分。评价理念应与素质教育目标相一致，重视学生健美操实践能力的培养。这样的评价体系不仅关注学生的理论知识掌握情况，还强调他们在实际操作中的表现，使评价目标与培养目标协调一致。

2. 强化激励机制

传统的评价标准往往过于单一，不利于激发学生的学习主动性。研究表明，通过激励手段，学生的动作优秀率可以显著提高。因此，在评价过程中，教师应善于发现和肯定学生的优势，特别是对于后进生和中等生，应更多地进行纵向比较，强调他们自身的进步。这种激励机制可以提高学生的自信心和积极性，促使他们不断提升自己的健美操技能。

3. 创造性地设计评价体系

教师在评价过程中应建立多元化和多样化的评价项目和方式，科学地处理知识、技能、情感态度及价值观之间的关系。评价不仅要有统一的标准，还应考虑到学生的个体差异，平衡过程评价和终结性评价。此外，教师还应重视培养学生的抗挫能力，通过评价帮助学生面对和克服学习中的挑战。

4. 多元评价方法

评价体系应包括多种评价方法，如课堂表现评估、技能测试、平时训练记录和期末考核等。多样化的评价方式不仅能全面反映学生的学习情况，还能通过不同的角度和方式发现学生的优点和不足，帮助他们更好地发展。

二、健美操课程改革与内容优化体系的构建

（一）建立以创新教育为指导思想的新型健美操教学模式

现代社会的发展对大学生的创新实践能力提出了更高要求，提升他们的综合素养已成为新时代教育的重要目标。高等教育的首要任务是培养高素质的创新型人才，以适应我国社会主义现代化建设的需要和时代发展的要求。因此，健美操课程作为高校素质教育的一部分，也必须顺应这一趋势，进行相应的改革和发展。为了实现这一目标，健美操教学需要将创新意识和创新能力的培养贯穿整个教学过程中。教师应转变传统以知识传授为主的教育理念，重视学生创新能力的培养。在教学实践中，应指导学生提升组织能力、语言表达能力、创编能力和解决问题的能力，使他们成长为社会和未来发展所需的创新型人才。在具体教学过程中，教师可以通过设置创新性课题、组织学生参与健美操创编比赛和实际演练等方式，鼓励学生自主探索和创新。同时，应提供多样化的教学资源和支持，帮助学生在实践中不断提升自身的创新能力和综合素质。学生也需要转变旧有观念，不断提高自身的创新意识和能力。通过这些方式，健美操课程既能满足当前素质教育的要求，又能为社会培养更多具有创新精神和实践能力的高素质人才。最终，这种以创新教育为核心理念的教学模式，将有助于培养适应时代需求的全面发展的大学生，为社会和国家的发展贡献力量。

要实现高校健美操课程改革，必须转变传统观念，建立以创新教育为核心的新型教学模式。这个新型健美操教学模式应具备以下几个特点（见图 2-4）。

图 2-4　新型健美操教学模式的特点

1. 课堂教学多样化

为了提高健美操课程的教学效果，课堂教学必须实现多样化。教学内容应涵盖理论知识和实践技能两个方面，使学生既能理解健美操的基本原理，又能在实际练习中掌握动作技巧。理论部分可以包括健美操的历史、发展、基本原理和健康益处，而实践部分则应侧重于动作演示和练习。体育教师在课堂上应注重动作示范的优美性，通过优美的动作展示，使学生获得美的体验，激发他们对健美操的兴趣和热爱。教师的示范要准确无误且富有表现力，帮助学生理解动作的精髓和美感。此外，教学形式的多样化也很关键。教师可以采用多种教学方法，如分组练习、互动游戏、视频教学和实地演示等，以增加课堂的趣味性和互动性。通过多样化的教学手段，可以更好地调动学生的积极性和参与度，使他们在轻松愉快的氛围中学习和掌握健美操技能。

2. 教学方法多元化

在健美操教学中，采用多元化的教学方法可以显著提升教学效果。教师应根据学生的实际情况和教学需求，灵活运用多种教学形式，帮助学生更好地完成学习任务。例如，在实际的技术教学中，金字塔法和递减法等方法被广泛应用于健美操教学中。教师通过这些方法逐步细化和分解动作步骤，使学生能够循序渐进地掌握复杂的动作技巧。在理论课教学中，电化教学方式同样有效。教师可以利用多媒体资源，如通过动画演示、视频讲解和交互式课件等手段，使抽象的理论知识变得生动具体。这不但能加深学生对知识的理解，还能激发他们的学习兴趣和主动性。通过这些多元化的教学方法，健美操课程会变得丰富多彩，学生的学习体验也能得到极大改善。因此，教师应不断探索和创新教学手段，确保每个学生都能在适合自己的学习方式中受益，从而提高整体教学质量和效果。

3. 学生学习自主化

在健美操教学中，培养学生的自主学习能力至关重要。教师应帮助学生树立自主学习的意识，使他们能够在学习过程中主动获取知识、分析问题和解决问题。这不仅有助于提升学生在课堂上的表现，还能提升他们在日常生活中的自主学习能力。为了实现这一目标，教师应采取一系列措施来加强学生的自主学习能力。例如，鼓励学生进行自我评估和反思，帮助他们发现自己的优点和不足，并制订相应的改进计划。通过这种方式，学生可以更加清楚自己的学习进度和目标，增强自我管理能力。此外，教师应注重培养学生的交流与合作能力。在健美操课程中，安排小组讨论和团队练习，让学生在互动中学习和成长。这不仅能提高他们的健美操技能，还能增强他们的团队合作精神和沟通能力。

4. 考试成绩综合化

在健美操教学中，教师对学生学习成绩的考核和评价必须全面化，不能仅依赖于期末考试成绩。为了更准确地反映学生的学习情况，评价体系应包括平时的课堂表现和进步幅度。这样不仅可以了解学生的学习态度和努力程度，还能激励他们在整个学期中保持积极的学习状态。此外，考核内容也应多样化，不能仅限于健美操的基本套路。应增加对学生创新思维和意识的考查，例如，让学生自己设计健美操动作或编排新的健美操套路。这种考核方式不仅能评估学生对基本技能的掌握情况，还能培养和激发他们的创造力和创新能力。通过综合平时表现、创新能力和期末考试成绩，健美操教学能够提供更全面和公平的评价。这种多维度的考核体系既能更准确地反映学生的实际能力，又能促进学生的全面发展，从而提升整体教学效果和学生的学习体验。

5. 教学实践系统化

在健美操课程教学中，教师应设计一套系统化的教学实践课程，以提高学生的创编能力和组织教学能力。通过建立健全和完善的教学实践系统，学生能够在实际操作中获得更多的锻炼机会，提升他们的实践技能和综合素质。这种系统化的教学实践课程应包括多个层次和环节，既要涵盖基础动作的训练，也要涉及复杂动作的编排和创新。教师可以通过分阶段的教学设计，引导学生从简单到复杂逐步掌握健美操的各种技巧。同时，在每个阶段的教学中，教师应提供充分的实践机会，让学生在实际操作中不断总结经验，提升技能。此外，系统化的教学实践还应注重学生的组织能力和团队合作能力的培养。通过组织学生进行小组练习和集体表演，学生可以在合作中学习如何有效地沟通和协调，增强他们的团队意识和组织能力。

（二）优化健美操课程的教学内容

目前，我国大多数高校的健美操教学仍然以传授技术为主，在其他方面相对薄弱。为了进一步优化健美操教学内容，必须结合实际教学情况和学生特点，构建一套新的健美操课程教学内容体系。该体系应包括培养学生的终身体育意识、发展学生的个性特点以及提升学生的综合素质等多个方面。[1]

经过多年的体育教学研究与分析，可以在传统教学体系的基础上，以创新教育为理念，构建一套新的健美操教学内容体系，如图 2-5 所示。

---

[1] 冯梦娇. 陕西省高校体育教育专业健美操专修课程设置及内容优化研究 [D]. 延安：延安大学，2016.

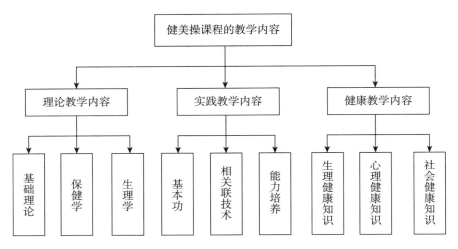

图 2-5 健美操教学内容体系

要构建新型健美操教学内容体系，需要关注以下几个关键点。

第一，要广泛拓展学生的知识面。在实践教学中，除了要向学生传授技术内容外，还要注重培养学生的学习能力。这种综合的教学方法有助于学生更好地适应社会需求。通过多样化的课程内容，学生能够掌握更广泛的知识，从而提升他们的综合素质和社会适应能力。

第二，要加强学生对健康教育的认识。教师应将"健康第一"和"终身体育"的理念深刻植入学生的思想中。这不仅有助于学生树立正确的健康观念，还能促使他们在未来的生活中保持良好的运动习惯。通过不断强调健康的重要性，学生能够更深刻地理解健美操对身体健康的积极作用，并愿意将这种运动习惯延续一生。

第三，要引导学生学习保健学和心理学等相关知识。这些理论知识为学生提供了坚实的基础，使他们在练习健美操时更加科学和有效。了解保健学的基本原理，可以帮助学生更好地保护自己，避免运动损伤。对心理学知识的学习，则有助于学生在面对挑战时保持积极心态，增强心理素质。这些知识不仅在健美操练习中有用，对他们的整体健康和生活质量也有积极影响。

（三）优化健美操课程的考核和评价体系

在健美操教学中，课程评价是至关重要的。如今，以创新教育为理念的新型评价体系的构建已成为高校健美操课程改革的核心内容。要建立新型的健美操课程评价体系，需要满足以下几个要求。

1. 评价方法多样化

当前，大部分高校的健美操课程评价仍然主要依赖于期末考试成绩，评价标准通常是学生的运动表现是否符合教师教授的内容。这种方法使学生只注重模仿以取得高分，严重限制了他们的创新意识和主动性。而新型的健美操评价体系则倡导多样化的评价方法，由学生和教师共同研究制定评价标准，注重考核学生的创新能力。这种评价体系更强调学生在学习过程中的表现，采用过程性评价，使评价结果更为客观和公正。例如，评价可以包括学生在日常练习中的参与度、合作精神、创意表现和进步幅度，而不只是最终的考试成绩。通过多样化的评价方法，学生的全面能力和综合素质能得到更好的体现和认可。

2. 考试内容多元化

当前，我国高校健美操课程的考试内容相对单一，主要集中在技术动作的考核上。为了更有效地促进健美操教学的发展，考试内容需要更加多元化，增加对学生创新意识与能力的考查。新的考试内容应注重将平时表现与期末考试成绩结合起来，全面评估学生的综合能力。例如，在考试中除了要考查学生对基本动作的掌握情况之外，还应加入创意展示环节，鼓励学生设计和表演自己的健美操动作组合。这样可以激发学生的创造力和主动性，使他们在学习过程中不断挑战自我，提升综合素质。此外，平时的课堂表现也应作为考核的重要部分。教师可以通过观察学生在日常练习中的参与度、合作精神和进步情况，给予相应的评价。这种方式能够更全面地反映学生的学习态度和努力程度，鼓励他们在整个学期中保持积极的学习状态。

3. 实现诊断性评价、形成性评价和总结性评价的有机结合

目前，许多高校对学生的评价主要依赖于总结性评价。然而，实践表明，这种单一的评价方式存在一定的局限性和偏颇。为了确保教学评价的有效性和客观性，健美操课程需要将诊断性评价、形成性评价和总结性评价有机结合起来。诊断性评价在课程开始时进行，用于了解学生的初始能力和水平，有助于教师制订针对性的教学计划。形成性评价贯穿整个教学过程，通过持续的观察和反馈，帮助学生不断调整和改进学习方法。这种评价方式不仅关注学生的学习进展，还能及时发现和解决学习中遇到的问题。总结性评价则在课程结束时进行，用于评估学生在整个学习过程中的综合表现。将这三种评价方式结合起来，可以全面、客观地反映学生的学习情况，使评价结果更加真实可信。这种多维度的评价体系不仅有助于提高教学质量，还能激励学生在学习过程中不断进步，全面发展技能和素质。

（四）加强教师队伍建设，提高师资队伍素质

1. 提高师资队伍素质

进入 21 世纪，高校体育教育已不再局限于传统的知识结构，要求学生以开放的视角学习健美操知识，并提高其运动技能。这一变革对教师提出了更高的要求，即他们既要具备多方面的专业技能，又要在教学过程中不断更新自己的知识结构，拓宽知识面，提升综合素质。现代社会的快速发展对学生的创新能力和社会适应能力提出了新的要求，这意味着教师必须首先具备创新性思维。为了培养这种思维，教师需要具备一定的科研能力，能够在教学中形成自己独特的风格。这既有助于激发学生的学习兴趣，又能培养他们的创新意识。要实现这一目标，教师应积极参与专业培训和继续教育，不断吸收最新的健美操教学方法和理论。通过参与科研项目和学术交流，教师可以提升自己的学术水平和科研能力。同时，教师应注重教学反思，及时总结教学经验，改进教学方法，

形成具有自身特色的教学风格。通过设计多样化的教学活动，如健美操创编比赛、小组合作项目等，激发学生的创新潜力和团队合作精神。这种教学方式不仅能提高学生的健美操技能，还能培养他们的创新能力和社会适应能力。

2. 转变教师教学观念

在现代教学中，教师不应只关注学生的不足和缺点，或是单纯地规定学生学习的内容和方法；相反，教师应更多关注学生掌握知识的手段、方法和途径，重视学生潜在能力的开发。通过激发学生的发现、探索和创新欲望，可以有效提高他们的综合素质，使教师成为学生的良师益友。教育改革要求教师从传统的维持性教学逐渐转向创新型教学。这一转变意味着教师应鼓励学生主动学习，帮助他们培养批判性思维和解决问题的能力。通过关注学生的兴趣和个性化需求，教师可以创造更具激励性和支持性的学习环境。

具体来说，教师应采用多样化的教学方法，如项目式学习、探究式学习和合作学习等，鼓励学生自主探索和合作交流。这样可以增强学生的学习动机，并培养他们的团队合作精神和领导能力。教师应扮演引导者和促进者的角色，帮助学生发现自己的兴趣和潜力，并提供必要的支持和资源。

（五）加大教学设施的投资力度，改善教学条件

调查显示，目前我国许多高校的健美操场地设施和器材无法满足学生的学习需求。健美操课堂需要优良的场地和器材作为基本硬件，各高校应重视对该项目的开发和建设，改善学生的练习场地及设备，从而提高健美操教学的质量。

在改善健美操场地设施条件时，应注意以下几个方面的要求（见图2-6），以确保为学生提供优质的学习和练习环境。

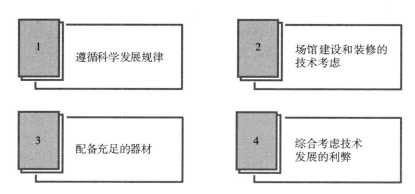

图 2-6 改善健美操场地设施条件时应满足的要求

1. 遵循科学发展规律

为了充分调动学生学习健美操的积极性，场地的照明设施必须充足，确保良好的视线和氛围。同时，健美操场馆要保持良好的通风，冬天应提供足够的采暖设备，以保障学生在各种气候条件下的舒适度。此外，场馆还应配备必要的录像和放映设备等现代技术手段，方便学生观看动作示范和教学视频，从而提高他们的健美操水平。

2. 场馆建设和装修的技术考虑

健美操场地的设计对于参与者的运动体验至关重要。理想的地板材质应为木地板或塑胶地板，这样能够有效降低对学生膝关节的冲击，降低运动受伤的风险。除此之外，场地上还应配备领操台和镜子墙，帮助学生清楚地观察教师的示范动作，并通过镜子自我检查和纠正动作错误。

3. 配备充足的器材

为了满足教学和练习的需要，健美操场地必须配备足够的垫子、踏板、哑铃和花球等器材。这些设备能够帮助学生更好地进行各种健美操动作的练习，提供多样化的训练手段，增强学习效果。

4. 综合考虑技术发展的利弊

在修建和装修健美操场馆时，还应考虑到技术发展带来的利弊。场馆设计和设备配置应符合现代体育设施的标准，既要提供舒适、安全的训练环境，又要避免过度依赖高科技设备，使学生能够通过自身努力提升技能水平。

通过综合考虑这些方面的要求，可以显著改善健美操场地设施条件，为学生提供更好的学习和练习环境。这样做既有助于提高健美操课程的教学质量，又有利于激发学生的兴趣和积极性，促进他们在健美操运动中的全面发展。

第三节　健美操课程建设的注意事项

在推进健美操课程的建设和开展时，需要面对多种因素引起的不同问题。这些问题的出现虽然难以完全避免，但通过实施具体和有效的措施，可以得到妥善解决。目前，我国多数高校在实施健美操教学和课程构建时，会遇到如环境配置、安全教育和素质培养等挑战。因此，高度关注并解决这些问题对于优化健美操课程至关重要。

一、高校健美操中的环境建设问题

（一）场地建设

1.地面及场地

在开展健美操课程时，场地选择和地面质量是非常关键的考虑因素。为了保障运动安全和效果，通常建议选择木制地板，这种地面应该是平滑无缝的，且具有一定的弹性和防滑特性。这样的环境不仅有助于减少运动时的冲击力，还可以有效避免因过硬的地面如水泥或瓷砖等造成的下肢关节和软组织损伤。此外，进行健美操训练的场地也需具备足够的垂直空间，至少应保证2.7米的高度。这一高度标准是为了确保室内空气流通，提供足够的氧气供应，从而创造一个健康的练习环境。高度足够的场地还可以带来更开阔的视野，有助于练习者保持愉快的心情，使其感到心旷神怡，从而提高健美操训练的整体效率和享受度。

选择合适的练习场地是保证健美操课程成功实施的重要前提。这不仅涉及地面的材质和结构，还包括整个训练环境的空间配置。通过优化这些条件，可以为学生和运动者提供一个安全、舒适且高效的健美操学习和练习环境。这种环境有助于保护参与者的身体健康，并激励他们更积极地参与到运动中来，享受健美操带来的乐趣和益处。

2. 壁镜

壁镜在健美操课程中扮演着至关重要的角色，它是课堂上不可或缺的基础设施之一。使用壁镜，学生能够实时观察自己的运动姿势和技术动作，这对于纠正动作和提升技能水平至关重要。理想的壁镜应该具备足够的高度和宽度，一般推荐高度不低于 2 米，宽度则应覆盖整个教室的一面墙，以便学生无论在教室的哪个位置都能清楚地看到自己的倒影。通过壁镜，学生不仅可以检查自己的姿势和动作是否准确，还可以观察到细节上的不足，从而进行及时的调整和改进。这种自我监控的过程极大地提高了学习的效率，使学生能够更加自觉地参与到每个动作的修正中。

此外，壁镜的使用还带来了视觉的开阔感，使得整个教室空间看起来更加宽敞明亮。这种视觉效果既美观，又能在心理上给学生带来积极影响，使他们在训练中感到更加舒适和自信。

3. 软垫

软垫在健美操教学中起着至关重要的作用，是确保学生安全的关键器材之一。在做一些高难度或风险较高的动作时，软垫为学生提供了必要的保护，降低了受伤的风险。适宜的软垫通常为 60 厘米 × 120 厘米，这样的尺寸足以覆盖学生在进行各种动作时可能接触到的地面区域。在配置软垫时，应根据参与课程的学生人数来决定所需的数量。为了确保每位学生都能在需要时使用到软垫，原则上应为每人准备至少一块软垫。此外，建议额外准备几块软垫，以应对突发情况或课程的额外需求。这样的安排不仅保证了训练的安全性，而且提高了课程的灵活性和适应性。软垫的使用不仅限于提供安全保护，它还能增加学生在练习中的舒适度，尤其是在地面硬度较大的环境中。软垫的缓冲效果能有效减少冲击力，减少对关节和肌肉的压力，从而使学生能更加专注技术的练习而非担忧受伤的风险。

4. 领操台

领操台是健美操课程中的一个核心设施，其主要作用是为体育教师提供一个优化的示范区域，从而帮助学生更清楚地观察和模仿教师的动作。这一设施通过提升教师的可见性，增强了教学的效果，使学生能够从各个角度清晰地看到示范动作，从而有效地学习技巧和动作的精确性。

在设计领操台时，其尺寸和高度应充分考虑健美操场地的具体条件，包括大小和形状。领操台的面积应足够宽敞，保证教师不受空间限制，可以自如地示范各种健美操动作。同时，领操台的高度也需适宜，使得站在台上的教师能够轻松地观察到每一位学生的动作，及时进行指导和纠正。此外，领操台的设计还应注重安全性和稳定性。它应建造得足够坚固，以保证教师在演示复杂动作时的安全性。领操台的表面应采用防滑材料，确保教师在进行动作展示时的稳定性和安全性。

通过合理设计领操台，能够提升教学质量，并增强课程的互动性和学生的学习体验。教师能够更有效地传达技术要点，而学生也能够通过直观的观察，更快地掌握健美操的技巧，提升自身的运动能力。因此，领操台的正确配置是提高健美操教学效率和质量的关键因素。

5. 音响设备

音响系统是健美操教室的一个关键组成部分，它对于确保音乐和指令的清晰传达至关重要。音响设备应根据健美操场地的空间大小和布局来选择，以确保声音覆盖整个教室，达到最佳的听觉效果。在配置音响系统时，重要的是选择那些音质纯净并且播放效果出色的设备。音响系统需要具备足够的功率和清晰度，以适应不同类型的健美操音乐和声音需求。此外，为了方便体育教师在教学过程中更自由地移动和指导，配备无线麦克风是非常必要的。

正确的音响设备安装和使用能显著提升健美操课程的质量。它不仅可以增强音乐在运动中的动力作用，还能确保教师的口令清晰无误地传达给每位学生。因此，投资高质量的音响系统，选择合适的设备布局，对于打造一个功能完备的健美操教室环境来说是非常关键的。

6. 录像及放映设备

在较为先进的高校健美操设施中，常见的一种设备是录像和放映设备，这些设备通常包括安装在健美操教室中的大屏幕显示器。通过这些设备，学生可以观看健美操动作的录像，这对于他们学习和精确执行各种动作极为有用。录像可以用作教学演示，并帮助学生在实践中及时发现并纠正自己的错误，优化动作。这种录放像设备的使用，使得教学过程更加直观和高效。学生可以反复观看关键动作，深入理解动作的每个细节，从而在无须直接教师指导的情况下也能自我改进。此外，这种技术的引入还鼓励学生更加主动地参与到学习过程中，提高了学习的积极性和动力。

大屏幕的引入有效增强了视觉学习的效果，使得教学内容更易于被学生接受，增强了学习体验的整体质量。因此，为健美操课程配置现代化的录放像设备是提升教学效果、优化学习过程的重要步骤。通过这些技术手段，学生能够在练习中获得更多的视觉反馈，从而更快速地掌握和完善健美操技能。

（二）环境质量

健美操场馆的环境质量对学生的健身效果至关重要。良好的环境不仅能提升训练质量，还直接影响学生的体能发展和运动表现。因此，保证场馆环境的优良是提高健身成效的关键因素。健美操场馆的环境质量应主要考虑以下几个方面（见图2-7）。

图 2-7　健美操场馆的环境质量应注意的方面

1. 采光与照明

在高校健美操场馆中，良好的采光和照明是课程顺利进行的基础条件之一。为了创造一个适宜的学习环境，这些场馆需要具备优良的自然光源和有效的通风系统。此外，还必须装备充足的人工照明，以确保学生能在明亮的环境中练习。在选择室内照明方案时，应优先考虑柔和且不产生眩光的灯光，以防对学生的视力造成不利影响。根据一般标准，自然光的照度不应低于 80 勒克斯，而人工灯光的照度则应不低于 60 勒克斯。这样的照明标准不仅有助于保护学生的眼健康，还能提高健美操练习的效果。

2. 温度和湿度

为确保健美操活动的最佳效果和参与者的舒适性，对于场馆内的温度和湿度有特定的要求。理想的室内温度应保持在 18℃～25℃，而相对湿度则应控制在 50%～60%。这样的环境条件有助于提高运动效率地同时保护运动者的健康。

此外，健美操场馆需要配备有效的通风系统，以确保空气质量和温湿度的适宜性。每人每小时的换气量不应低于 40 立方米，这样可以保证空气的新鲜和场馆内气压的稳定。特别是场馆应该保持负压状态，即外部空气自然流入室内，这不仅有助于维持空气的清新，而且能防止污染物和病菌的积聚。

3. 装修

在设计和装修健美操场馆时，选择合适的材料和色调对于创造一个安全、健康且激励人心的环境至关重要。首先，所有的装修材料应当是无公害和无污染的，优先使用天然材料，这样做保证了环境的安全性，也有助于保持室内空气质量。对于场馆的色彩设计，建议使用明亮且使人感到舒畅的颜色，如浅绿色、乳白色或淡黄色。这些颜色能够创造一个明快的氛围，增强场馆的视觉吸引力，同时对提升运动者的精神状态和运动动力有积极影响。地面材料的选择也尤为重要，必须使用防滑性能优良的材料，以防止运动时发生滑倒事故。实心木质地板是理想的选择，因为它具有良好的防滑性能和足够的支撑弹性，还能提供较低的冲击力，减少运动对关节的压力。地毯也是一个不错的选择，尤其是在需要进行地面运动或需要额外缓冲的区域，它能提供额外的安全保护。此外，装修时还应考虑到声音的吸收和回响问题，这是因为良好的声学设计可以提高语音清晰度和音乐播放质量，从而提高教学效果和运动体验。使用天然材料如木质面板或特制吸音材料，可以有效地控制声音的传播，从而为学生创造一个更适宜的听觉环境。

4. 卫生

保持健美操场馆的清洁和整洁是至关重要的，因为一个干净的环境不仅能使学生保持好心情，还能显著提高他们的练习效率。因此，场馆内的各个部分，包括天花板、灯具、墙面和地面，都应保持无尘、无污迹的状态。具体来说，天花板应保持光洁明亮，所有的灯具需要定期清洁，以避免蛛网和灰尘的积累。墙面应使用美观大方的墙纸或涂料，且必须定期检查，确保无灰尘、污迹或剥落现象。地面的清洁尤为重要，应经常打扫，保持无尘、无垃圾和废纸，确保练习空间的卫生和安全。此外，所有的健身器材和设备也必须保持在最佳状态，表面应时刻光洁明亮，无任何污迹或灰尘。这不仅关系到卫生问题，也涉及影响设备的使用寿命和安全问题。

通过严格的清洁和维护程序，健美操场馆可以为学生提供一个舒适和激励的学习环境。这种环境将促进学生的积极参与，帮助他们在健美操课程中取得更好的成果。总之，一个清洁的健美操场馆既展示了设施的专业水准，也是促进有效学习和保证学生健康的关键。

二、高校健美操中的安全教育问题

（一）安全教育的重要性

在健美操教学中，安全教育占据了极其重要的地位，因为学生在参与体育活动时不可避免地会面临一些运动伤害的风险。尽管健美操相比其他接触性体育项目具有较高的安全性，但学生在练习过程中仍可能因多种因素受到伤害，尤其是与运动相关的损伤。教学中可能出现的安全隐患包括教师的课前准备工作不足、对运动场地和器材检查不彻底、安全意识薄弱等问题。此外，课堂上的准备活动安排、运动量的控制、教学内容难度的匹配以及课堂组织和纪律的松散也都可能导致学生受伤。高校学生往往缺乏足够的自我保护意识和能力，一旦发生伤害事故，除了会影响他们的学习和日常生活以外，还可能引起他们的心理问题，严重时还会削弱他们继续参与健美操的热情。因此，实施有效的安全教育是健美操教学中不可或缺的一部分。体育教师必须认识到安全教育的重要性，并主动采取措施教育学生，帮助他们建立安全第一的意识。教师应始终在教学过程中强调安全措施，不断地向学生传授如何避免和处理可能发生的运动伤害。

（二）安全教育措施

1.学生必须遵守的安全措施

在健美操课程中，为了确保学生的安全，必须采取一系列严格的安全措施。这些措施不仅能帮助学生避免可能的伤害，还维护了整个教学环境的秩序和安全。

（1）学生在日常生活中应保持个人卫生，如定期修剪手、脚指甲，以防在健美操活动中刮伤自己或他人。同时，在进行健美操练习时，禁止佩戴任何饰品，包括手表、项链或任何可能造成划伤的装饰物。

（2）上健美操课时，学生必须穿着合适的体操鞋或运动鞋，这样可以为学生提供必要的支持和缓冲，并有效防止滑倒事故的发生。对于长发女生，为防止头发在运动中遮挡视线或引起不便，应将头发扎起或用发带固定。

（3）每堂课前后，学生应进行充分的热身和放松活动，这样可以大大降低运动中的伤害风险。在做跳跃动作时，学生应学会用双腿弯曲的方式来缓冲落地时的冲击，以保护膝盖和踝关节。

（4）在练习过程中，与他人保持适当的空间距离至关重要，至少保持1.5米以上的距离，这样可以防止碰撞和意外伤害。同时，使用健美操器械如彩带、火棒等时，要特别注意抓牢器械，避免器械脱手伤人，并确保在非使用状态下，器械的危险部分如棍尖朝向安全方向。

（5）正确使用器械是非常重要的，不允许用脚踩滚或踢打任何器械，以免造成伤害或器械损坏。

遵守这些安全措施，能够有效保障学生的自身安全，从而促使整个课程顺利进行，确保每个人都能在安全的环境中享受健美操的乐趣和健康益处。这些规则的严格执行对于营造一个安全、高效的学习氛围至关重要。

2. 教师必须遵守的安全措施

体育教师在健美操课程中承担着保障学生安全的重要责任，因此必须遵循一系列详细的安全措施。这些措施旨在预防任何可能的事故，并确保教学过程的顺利进行。

（1）教师需深入学习《体育与健康课程标准》，明确掌握体育课程中安全运动的基本目标，确保所有运动活动都在安全的框架内进行。此外，教师应全面了解每位学生的情况，包括他们的姓名、家长或紧急联系人信息、健康状况以及医疗救援联系方式，以便在发生紧急情况时迅速采取行动。

（2）在课程开始前，体育教师必须对所有健美操器材和场地进行彻底的安全检查，以排除任何潜在的安全隐患。此外，教师还需要检查音响和其他电子设备，确保这些设备在使用过程中的稳定性和安全性。

（3）教师应根据学生的体能水平和具体情况，合理选择教学内容和方法，确保课程内容既切实可行又安全。在组织练习时，教师应确保活动有序进行，并持续监控学生的动作，确保每位学生的动作正确，避免不当的体位或姿势带来的风险。

（4）教师需要确保练习空间充足并且无障碍物，以防止学生在运动时发生碰撞或其他安全事故。在课堂上，教师应准备必要的急救设备和药品，并熟悉急救技巧，以便在学生发生运动损伤时能够提供初步的医疗援助。

（5）加强学生的安全教育也是教师职责的一部分。教师应定期教授学生如何预防和处理运动中的意外伤害，培养他们的自我保护意识和自救能力。

通过实施这些综合性的安全措施，体育教师能提高健美操课的教学质量，并为学生创造安全、健康的学习环境。这种环境将有助于学生在享受体育活动的同时，保持身体和心理的安全和健康。

三、高校健美操中的素质教育问题

"素质教育是以促进学生身心发展为目的，以提高国民的思想道德、科学文化、劳动技术、身体心理素质为宗旨的基础教育。"[1] 1989 年，在我国召开的联合国教科文组织 21 世纪人才素质研讨大会上，便强调了学生应学会生存、关心自我及他人，并关注全球的社会及生态问题。当前，随着社会对人才的全面素质要求日益提高，许多企业在招聘时也开始重视应聘者的综合素质。因此，我国的高校素质教育以学生为中心，旨在促进国民整体素质的提升，并将学生的全面发展作为教育的核心目标。

---

① 金晓阳，王毅.健身与流行健美操教程 [M].沈阳：东北大学出版社，2006：74.

素质教育不仅教会学生如何做人，更关注如何实现个人的价值和适应社会的快速发展。

在体育教育领域，健美操作为一种现代体育活动，成为实施全面素质教育的重要平台。通过参与健美操，学生不仅能更好地提升自身体质，还能在道德、智力、审美和劳动各方面得到全面培养。健美操因此成为培养学生综合素质的有效途径，在现代教育中具有重要地位。

在今后的健美操教学中，仍旧要坚持将素质教育与健美操教学相结合，这需要注意以下几个方面的问题（见图 2-8）。

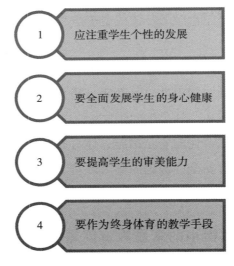

图 2-8　将素质教育与健美操教学相结合应注意的问题

（一）应注重学生个性的发展

素质教育强调个性发展的重要性，尤其是在学生成长的关键阶段。这种教育方式认为，创造力的培养是个性发展的核心，而个性的展示和成长是创造力发展的关键。健美操作为一项多样化和内容丰富的体育活动，提供了广泛的机会以满足不同学生的兴趣和需求，使其在长期参与中能够有效地培养个性，从而促进整体的健康成长。在高校的健美操运动中，随着竞赛规则和难度的不断调整，课程内容也在不断变化，这为学生提供了多样的学习和表达自己的机会。特别是在健美操的比赛和表演中，很大程度上强调了对学生自信心和表现力的培养，为学生提供了展现个性和创新能力的平台。此外，学生还可以通过参与健美操的编排和创作，进一步提升自己的艺术审美和实践应用能力。这不仅增强了他们的创造性思维，而且使他们能在实际表演中更好地表达自己，展示独特的个性。

（二）要全面发展学生的身心健康

素质教育旨在全方位提升学生的身心能力，其中健美操作为一种结合音乐与舞蹈元素的体育活动，特别适合在高校中推广，以促进学生综合素质的发展。健美操不仅是一种体育运动，更是一种艺术形式，它通过动感的音乐和富有节奏的舞动，极大地激发了学生的参与兴趣和学习动力，同时也满足了他们对美的追求和身体锻炼的需求。

在健美操课程中，学生能通过各种动作的学习和表现，体验运动的快乐，从而更积极地投入锻炼。这种积极的参与感不仅提升了他们的身体健康，如增强肌肉力量、改善心肺功能，也在心理上带来了积极影响，如减轻压力、提高情绪状态。此外，健美操的团队性质和表演性质要求学生在练习中不断与他人协作和互动，这有助于培养他们的社交技能，并增强其团队合作意识。更重要的是，健美操的多样化形式允许学生根据个人兴趣选择不同的舞蹈风格，从而更好地表达自己的个性和创造力。学生在学习和表演过程中需要不断创新和适应新的动作组合，这种创造性的挑战是个性发展的重要推动力。通过这些挑战，学生能够提升解决问题的能力，增强自我效能感，进而更加自信地面对生活和学习中的其他挑战。

因此，健美操作为一种体育和艺术的融合体，它强调身体的活动，注重精神的养成，使学生在愉悦的氛围中全面发展。这种通过体育活动实现身心全面发展的教育模式对现代高校学生的素质教育具有重要意义，它不仅有助于学生身体素质的提高，也增强了他们的心理健康和社会能力，是真正意义上的全人教育。

（三）要提高学生的审美能力

审美能力的培养是高校教育中一个不可或缺的方面，特别是在健美操这种融合了体育与艺术的活动中。健美操既是一种强调身体锻炼的体育活动，又是一种涵盖广泛审美元素的艺术形式。通过对健美操的练习和表演，学生有机会提升自己的艺术感知能力，学习如何欣赏和创造美，从而深化对美的理解和体验。

在高校的健美操教学中，教师应着重于提升学生的审美意识和能力。这不仅涉及技巧的学习，更关注于如何通过体育运动来感受和表达美。学生通过健美操，可以更好地理解身体语言的美感，包括动作的流畅性、身体的协调性以及整体表演的和谐性。这些体验有助于学生在实践中培养对美的感知和鉴赏能力，同时也能激发他们的创造力。通过健美操，学生能够欣赏到人体动作的美，并体会到音乐、节奏与身体动作结合时的艺术美。这种多维度的美的体验使得学生能够全面发展他们的审美和艺术表达能力。健美操中的每个动作、每次表演都是对学生审美能力的挑战和提升。此外，健美操教学还应包括对美的不同形式的介绍和探索，如自然美、社会美和艺术美，这些都能够拓宽学生的审美视野。

（四）要作为终身体育的教学手段

终身体育理念是基于社会发展趋势而提出的教育策略，旨在通过体育教学教授技能，并培养学生的体育意识、兴趣和终身参与体育活动的习惯。这一教育理念认为，体育活动不应仅限于学校教育阶段，而应成为学生生活的一部分，伴随其终生。

健美操作为一种集体趣味性强、富有韵律感和艺术性的体育活动，特别受到广大学生，尤其是女性学生的欢迎。这种活动的吸引力为推广终身体育理念提供了良好的契机。通过健美操课程，不仅可以增强学生的身体素质，还能极大地提升他们的精神愉悦感和社交互动能力。高校体育教师在教授健美操课程时，应着重于激发学生的学习兴趣和参与热情。教师可以通过多种教学方法和策略，如设计互动性强的课程内容、创建积极向上的课堂氛围以及定期组织学生参与表演和竞赛等，帮助学生认识到健美操在增进健康和美化体态方面的独特价值。此外，通过持续的健美操练习，学生不仅能够在追求健康美丽的过程中体验到运动带来的快乐，而且能在心理上获得满足和放松，这些都是培养终身体育习惯的重要因素。随着时间的推移，这种积极参与体育活动的态度和习惯将逐渐根植于学生的生活中，使他们最终形成终身体育的良好习惯。因此，健美操既是一种有益于身体和精神的体育活动，又是实现终身体育目标的有效途径。高校体育教育应充分利用健美操，推广和深化终身体育的教育理念，使之成为学生日常生活的一部分，助力学生建立持续健康的生活方式。

第三章 现代教育理念下健美操教学 理论与操作程序

第一节　健美操教学的特点与规律

在进行健美操教学时，遵守现代教育的基本原则是非常关键的，这有助于有效地完成教学目标。更重要的是，教学应符合健美操的固有特征和规则，以确保教学质量，并成功达到既定的教学目标。

一、健美操教学的特点

健美操教学具有一些独特的特点，这些特点不仅体现了健美操作为一种体育活动的特性，还反映了它在教学过程中的实用性和教育价值（见图 3-1）。

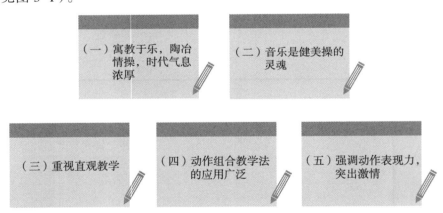

图 3-1　健美操教学的特点

（一）寓教于乐，陶冶情操，时代气息浓厚

健美操作为一项集艺术表现与体育锻炼于一体的活动，凭借其高度的观赏性和艺术美感，在全球范围内享有极高的人气。这种运动不仅展示了运动者身体的柔美飘逸和技艺的精湛，更是人体艺术与体育美学完

美的结合。随着时间的推移，健美操已经发展成为一种全球流行的体育运动，它的魅力和普及度持续扩展。健美操的独特之处在于它与音乐的紧密结合。动作和音乐的和谐统一既为运动者提供了美的体验，又使得观众能够享受到一场视觉和听觉的双重盛宴。音乐伴随着每一个动作的舞动，增强了健美操的表现力和感染力，使得这项运动不只是体育锻炼，更是一种艺术表演。

在我国，随着全民健身运动的推广和人们对健康生活方式的追求，健美操作为一种时尚而健身效果颇好的运动，越来越受到人们的欢迎。它不仅符合现代人追求健康的生活需求，也反映了社会对高质量生活方式的追求。健美操的内容和形式也在不断创新和丰富，更贴合当代人的审美和健身需求。健美操教学活动也随之获得了新的发展，教学方法和技术不断革新，以适应时代的变化和人们的期望。教学中不仅重视技能的传授，更注重通过活动培养参与者的审美情趣和健康习惯，使之真正成为一种可以伴随终生的体育活动。通过健美操，人们不仅能够塑造优美的体态，增强体质，还能在日常生活中实现身心的和谐与健康发展。

（二）音乐是健美操的灵魂

音乐在健美操中扮演着不可或缺的角色，它不仅为运动提供节奏和动力，而且极大地丰富了健美操的艺术表现，使其超越了传统体育运动的范畴，成为一种兼具观赏性和艺术性的活动。通过音乐的引导，健美操的每一个动作都能更加生动地表达运动者的内心情感，同时展现其身体的优美线条和动作的流畅性，从而达到身体和精神的双重享受。在健美操的实践中，音乐不仅是陪衬，还是整个运动的灵魂。优美的旋律和合适的节奏能够激发运动者的运动潜力，提高表现力和技术水平，使每一次演练都充满了艺术感。此外，音乐还能为健美操创造一个激动人心的运动氛围，使得参与者无论是在训练中还是在比赛中都能感受到音乐带来的情绪驱动，增强其参与的积极性和练习的持久性。在教学过程中，选择合适的音乐是提升教学效果的关键。音乐的选择需要与健美操的风格和动作要求相匹配，不同的曲风可以适应不同的动作和强度，从而有效地引导学生达到预期的训练效果。教师在编排健美操课程时，应精心挑选音乐，确保其能够准确地辅助动作的执行，增强动作的表现力。

（三）重视直观教学

在健美操教学中，直观演示法扮演着至关重要的角色，尤其是由于健美操本身涉及多种复杂且精细的动作。这些动作的学习和掌握不仅需要精确的技术指导，还需通过明确且具体的视觉示例来加深理解。

由于健美操包含从基础到高级的多样化动作，且其中很多动作的执行都涉及精确的身体协调和节奏感，因此，采用直观教学方法成为提高健美操教学效果的关键策略。在这种教学模式下，体育教师不仅需要展示每一个动作，还需要详细阐述动作的关键点，并使用清晰简洁的语言进行描述，确保学生能够形成完整的动作概念和理解。此外，直观教学还强调学生的模仿和重复练习。通过观看教师的示范，学生可以直接学习到正确的动作执行方式，而教师的即时反馈则能帮助学生及时纠正错误，加深记忆。

直观教学法在健美操教学中的应用非常广泛，它不仅限于动作的学习，还包括音乐节奏的把握、表演风格的塑造等方面。教师通过生动的示范和细致的讲解，使得整个学习过程既高效又充满乐趣，极大地激发了学生的学习兴趣和参与度。因此，强调直观教学的做法对于健美操这类视觉和动感并重的体育项目尤为重要，它确保了教学的质量和效果，能帮助学生更好地理解和掌握各种技巧，从而在健美操的学习和实践中取得优异成绩。通过这种教学策略，健美操的教学不仅能够达到技术上的要求，更能在培养学生审美和表现力方面发挥重要作用。

（四）动作组合教学法的应用广泛

随着健美操运动的不断发展和普及，关于健美操的教学研究也逐渐深入。我国在健美操发展的过程中，积极与国际社会进行交流与合作，借鉴国外先进经验，推动健美操教学方法的创新和改进。在原有单一动作教学的基础上，我国创造了金字塔法、线性渐进法、连接法和层层变化法等多种动作组合教学法。这些方法通过将单个动作组合在音乐伴奏下反复练习，使学生逐步掌握复杂的健美操动作。动作组合教学法的核心在于系统化地教授学生从基础动作逐渐过渡到复杂组合动作。教师在课堂上先示范单个动作，并通过音乐伴奏帮助学生理解节奏和动作的协调性。学生逐一练习单个动作，在熟练掌握后，再将这些动作进行组合练习。这样，学生不仅能连贯地完成整套动作，还能巩固每个单独的动作细节，逐步提升整体的动作质量和表现力。实践证明，动作组合教学法极大地提高了健美操教学的效率。学生在这种系统化的教学模式中，不仅能更好地理解和掌握动作要领，还能通过反复练习增强肌肉记忆，提升动作的连贯性和协调性。这种教学法可有效地帮助学生提高学习水平，使他们能够在较短的时间内掌握更多动作组合，从而在实际表演和比赛中表现更加出色。

在现代教育背景下，动作组合教学法已经成为健美操教学的重要特点之一。无论是在准备活动中，还是在新动作的教授过程中，这种教学方法都得到了广泛的应用。它既提升了教学效果，也激发了学生的学习兴趣和参与积极性，使他们在享受音乐和运动的过程中，不断提高健美操技能。

（五）强调动作表现力，突出激情

在健美操运动中，运动者通过丰富的面部表情和优美的身体动作来表达情感，这种能力被称为健美操的表现力。动作的力度、幅度和节奏都能展示运动者的表现力，同时，音乐的伴奏和内心情感的表达也起到重要作用。因此，在健美操教学中，强调动作的表现力成为一个重要的教学特点。健美操的表现力不仅是动作的精确执行，更是通过动作准确传达情感和激情。每一个动作、每一个表情都是运动者情感的外在表达。这种表达能使观看者感受到运动的美感，并激发运动者自身的积极性和热情。在教学中，教师应鼓励学生通过高水平的动作表现力，展现他们的精神风貌和个人魅力。

为了提高学生的动作表现力，教师需要在教学中注重细节指导和情感培养。首先，通过示范和讲解，使学生理解每个动作背后的情感和表达方式。其次，通过音乐和节奏的配合，帮助学生找到最佳的情感表达方式。最后，通过反复练习和个性化指导，使学生能够在动作中融入自己的情感，从而达到最佳的表现效果。在实际教学过程中，教师可以采用多种方法来提高学生的动作表现力。例如，通过视频播放，让学生直观感受优秀表演者的表现力；通过镜子练习，让学生观察和调整自己的动作和表情；通过团队合作，鼓励学生相互学习和借鉴，提高整体表现水平。动作表现力的提高提升了健美操的艺术性和观赏性，对学生的心理素质和自信心也产生了积极影响。在展现动作的过程中，学生学会了如何控制和表达情感，这对他们的全面发展具有重要意义。

二、健美操教学的规律

为确保健美操教学的效果与质量，教学过程必须遵守体育教学的基本原则，并考虑到健美操自身的特殊规律。在健美操教学中，动作学习分为三个明确的阶段：初始学习阶段、技能提升阶段以及技能巩固阶段。在每个阶段中，教学的重点和方法都有所不同，因此，教师需要根据这些阶段性特点调整教学策略，采取适当的教学方法，以使学习效果最大化，确保学生能够逐步有效地掌握和应用健美操技能。

（一）初步掌握阶段的教学规律

在健美操的教学过程中，初步掌握阶段作为起始阶段，对学生的学习成效至关重要。此阶段的主要目标是使学生形成对基础动作的正确理解，并掌握动作的基本技巧，同时尽量避免错误动作的形成。为了实现这些教学目标，可以采用多种教学方法，确保学生能够有效地学习和应用健美操的基本元素。在此阶段，教学通常采用集体练习的形式，这不仅有助于提高学生学习的效率，还能增强他们之间的互动和协作。为了帮助学生建立正确的动作表象，教师需要使用多种教学技巧，包括示范教学法、完整与分解教学法、口令与动作法、错误纠正法以及助力法等。示范教学法通过教师或熟练学生展示正确的动作，使学生直观地了解动作的全貌和关键点。完整与分解教学法则涉及将动作拆解成更小的部分进行教学，帮助学生逐步掌握复杂动作的构成元素。口令与动作法是在口令的指导下让学生进行动作练习，有助于学生同步理解和执行动作。错误纠正法强调在实践中发现并及时纠正学生的错误动作。助力法利用教师或同伴的物理帮助，使学生能够更容易地完成技术要求较高的动作。

（二）改进提高阶段的教学规律

在健美操的教学过程中，继初步掌握阶段之后，学生通常会进入一个关键的阶段——改进提高阶段。此阶段的核心目标是加深学生对健美操动作的理解，精细化掌握每个动作的技术细节，并且积极寻找并纠正存在的错误，从而提升其动作的规范性、准确性和协调性。这一阶段是学生技能提升的重要时期，需要教师运用多种教学方法来确保教学效果。

第一，教师会采用重点讲解与示范的方法，通过直观的演示帮助学生观察并学习正确的动作模式。正确与错误对比法也非常有效，它通过展示正确与错误动作的对比，使学生更加明确技术要点和常见错误。此外，完整与分解结合法允许学生在理解整体动作的基础上，专注于练习动作的各个组成部分，逐步构建完整的动作技能。

第二，口令与音乐伴奏的结合是这一阶段的另一种常用教学方法。音乐不仅增加了练习的趣味性，而且强化了动作的节奏感。教师在这一过程中会详细指导动作的用力时机、方向、幅度和力度，通过自己的示范和口令指导，帮助学生在音乐的伴随下准确执行技术动作，深刻体验和掌握动作的核心要领。

第三，本阶段着重强调学生进行自我评价和相互评价的重要性。通过照镜子练习和互相观察评价，学生能够及时发现并修改错误，这种评价方法促进了学生的自我反思和批判性思维能力。自我检查和同伴反馈帮助学生从不同视角识别自身技术缺陷，进一步提高动作的准确性和流畅性。

在改进提高阶段，教师的角色更多转变为引导者和支持者，鼓励学生通过自主学习和同伴互助来掌握复杂的健美操技巧。这一阶段的成功实施不仅能够显著提升学生的技术水平，还能增强他们的自信心和独立解决问题的能力，为他们未来的学习和实践打下坚实的基础。

（三）巩固运用阶段的教学规律

在健美操教学中，继初步掌握和改进提高阶段之后，学生将进入至关重要的巩固运用阶段。此阶段的核心任务是加深和强化学生已掌握的技能，提升动作的准确性与表现力，确保学生能够以轻松和优美的方式完成复杂的健美操动作。这一阶段对于学生将健美操技能转化为自然流畅的表达至关重要，是他们技能成熟的关键阶段。

在巩固运用阶段，学生已经具备了健美操的基本理解和技巧，因此教学重点转向通过组合动作的方式来提高动作的复杂度和连贯性。这不仅有助于提升学生的技术能力，还能加强其体能素质和适应不断增长的运动需求。在这个阶段，增加运动量和运动强度成为必要手段，通过持续挑战，推动学生达到个人的最佳运动水平。

此外，此阶段的教学还涉及更深层次的技术理解，包括健美操动作的原理和变化规律。在教师或教练的指导下，学生将进一步探索动作的科学基础，提高对健美操艺术性和技术性的综合认识。这种深入的学习有助于学生在实践中灵活应用各种技巧，提高其创新能力和自我表达的水平。教学方法的选择在这一阶段也尤为重要。教师需要根据健美操的具体要求和学生的身体条件，灵活运用多种教学策略。这可能包括但不限于音乐与动作的同步训练、视觉反馈技术、分组合作学习等，使学生对动作有更加深入的理解和掌握。

第二节　健美操教学的任务与原则

一、健美操教学的任务

健美操教学的任务不仅涉及身体训练的技术层面，而且包括对学生整体健康和福祉的关注，以下是健美操教学的几项主要任务（见图 3-2）。

（二）促进学生身体健康发展

（三）帮助学生掌握健美操动作技能

（一）向学生传授健美操运动知识

（四）提高学生的社会适应能力

图 3-2　健美操教学的任务

（一）向学生传授健美操运动知识

在健美操教学中，教师的主要任务是将深厚的健美操理论知识和实践技能传授给学生，确保学生不仅学会技术动作，还能理解其背后的原理和精髓。这个教学过程具备计划性和目的性，目标是让学生的技能和知识从感性认识逐步转化为理性认识，使他们能在实际运动中灵活应用所学技术。体育教师在这一过程中扮演着关键角色。首先，教师必须具备广泛的健美操知识和高水平的运动技能，这是有效教学的基础。其次，教师需要通过系统的教学方法，将自己的经验和知识传授给学生，包括但不限于理论讲解、实际示范、视频分析、互动讨论和模拟训练等多种教学手段。此外，教师应该采用创新的教学策略来提高学生的学习兴趣和参与度。例如，可以通过案例研究、小组竞赛和主题工作坊等方法，使学生在参与中深入理解健美操的各个方面。同时，教师应鼓励学生进行批判性思考，分析不同动作的技术细节及其对身体的影响，以培养学生独立解决问题的能力。在帮助学生理解和运用健美操技术的同时，教师还应关注学生个体差异，调整教学方法以适应不同学生的学习速度和能力，包括为学生提供个性化的反馈，帮助他们识别自身的强项和改进点，从而更有效地掌握健美操技能。

（二）促进学生身体健康发展

健美操作为一种综合性体育活动，除了为学生提供学习运动技能的机会以外，更重要的是，它在促进学生全面发展方面扮演着至关重要的角色。在健美操教学中，教师的目标不仅是教授动作技巧，更重要的是通过系统的训练，帮助学生提高体能素质，如力量、速度和耐力，同时增强身体各主要器官的功能，如心血管和神经系统，从而实现学生身体健康的全面提升。在这一教学过程中，教师会设计一系列的健美操练习，旨在通过不同强度和类型的活动，全面激发和提升学生的身体潜能。这些活动不仅强调技术的精准和表现的美感，而且重视对学生身体素质的综合提高。例如，通过增加动作的复杂度和组合频率，教师能够有效地提高学生的心肺耐力和肌肉力量。此外，健美操教学还注重身体各系统的协调发展。通过有针对性的训练，如平衡练习和柔韧性训练，学生的神经系统和心血管系统功能能得到显著改善。这种系统性的训练不仅有助于提高学生的体能表现，也有助于他们在日常生活中维持健康状态，提高生活质量。为了有效实现这些教学目标，教师采用了多样化的教学方法和工具，如使用音乐和节奏来提高课堂的活力，运用视频分析来帮助学生观察和改正动作，以及通过小组合作和竞赛等方式来增加课堂的互动性和趣味性。

（三）帮助学生掌握健美操动作技能

掌握健美操的动作技能对学生来说是一项挑战，既需要他们了解和理解健美操的基本知识，也需要通过系统的训练来精确执行每个动作。健美操技能的学习过程可以分为几个关键阶段：首先是健美操知识的学习和理解阶段，接着是基本动作技巧的掌握阶段，最后是艺术表现力的展示阶段。在这个过程中，掌握基本动作技巧尤其关键，因为它是学生表现艺术性和提升表演技能的基础。

在教学过程中，体育教师需要认识到教授健美操动作技能的重要性，并在课程中安排充足的时间让学生练习各种技巧。通过持续的实践和反复的练习，学生可以逐步将学到的技能内化，实现动作的流畅。此外，教师还应通过教学策略和方法的创新，有效地强化学生的动作执行能力，比如通过分解动作、组合练习和模拟表演等方式，帮助学生逐步理解动作的每个细节。教师还应注重学生健美操表现力的培养，包括通过音乐、节奏和表情管理来增强学生的艺术表现力。通过综合运用体育和艺术教育方法，教师可以帮助学生在掌握技术动作的同时，提升其表现力和舞台魅力。为了确保教学效果，教师应定期评估学生的进步，并提供个性化的反馈和建议，以适应不同学生的学习需求和速度。此外，通过组织展示和比赛等活动，教师可以为学生提供展示所学技能的平台，同时激励他们在更高水平上追求卓越。

（四）提高学生的社会适应能力

在快速变化的现代社会中，个体的社会适应能力成为重要的生存和发展技能。学校教育，特别是体育教育在培养学生适应社会的过程中扮演着关键角色。健美操不但能提升学生的体育技能，更重要的是，通过各种教学活动和互动，能有效地增强学生的社会适应能力。为实现这一目标，体育教师必须采取多方面的策略。首先，教师需要创建一个支持性强、和谐温馨的教学环境，使学生能在积极参与中感受到集体的力量和团队的协作精神。这种环境能够激发学生对健美操的兴趣，也能在日常的练习和表演中培养学生的社会互动技能和团队合作能力。同时，教师还应加强学生之间以及师生之间的互动交流。通过组织团队竞技、表演和社会实践活动，学生可以在实际操作中学习如何与他人沟通和协作，从而提高解决实际问题和适应社会的能力。这种互动不应仅限于课堂内部，也应拓展到学校外的社会环境中，使学生能在更广阔的社会场景中实践和深化所学技能。教师还需要定期评估学生在社会适应能力方面的进展，并根据评估结果调整教学策略，确保教学活动能够有效地支持学生的个人和社会发展。通过持续的反馈和指导，学生能够意识到自身在社会适应方面的长处和有待改进的地方，进一步增强自我改进的动力和能力。

二、健美操教学的原则

掌握和提高健美操技能是一个需要持续和反复练习的过程，这不是容易完成的任务。为了确保练习效果并快速达到教学目标，必须严格按照健美操教学的基本原则进行。

（一）整体性原则

健美操作为一项综合性体育活动，涵盖了多样的项目和技术动作，每个项目之间虽然存在技术上的差异，但它们相互之间也紧密联系，共同构成了一个多维度的健美操体系。这种系统的复杂性要求学生在学习过程中不仅关注单一技术动作的训练，还要理解各动作之间的内在联系，无论是在动作的纵向发展还是横向扩展上。在这一体系中，不同的技术动作相互依存、相互影响，形成了一个立体化结构。因此，教学时应注重整体性原则，确保学生掌握单个技术动作，而且能够理解各动作之间的逻辑关系和协调性。通过这种整体性的教学方法，教师能够帮助学生形成对健美操整体结构的清晰认识，促进学生技能的系统发展。

在具体教学中，体育教师需要设计包括多种动作的综合练习，强调动作间的过渡和衔接。一方面，教学过程中应采用分析和综合的方法，指导学生将单独的动作融入复杂的组合中，提高动作的流畅性和协调性。通过这种教学策略，学生可以更全面地掌握健美操的技术要求，从而在实际表演中更加自如和精准。另一方面，教师还应鼓励学生通过团体练习和表演来实践这种整体性原则，使学生在实际的动作执行中感受和理解个别技术动作是如何协同工作以达到整体表现的最优化。通过这种实践，学生的动作技能、团队协作能力及创新能力都将得到显著提升。

（二）全面发展原则

健美操作为一项多元化的体育活动，涵盖了广泛的动作和技巧，对学生的身体素质发展提出了全面要求。因此，体育教师在组织健美操教学时，必须遵循全面发展的原则，确保教学活动不仅帮助学生掌握技能，同时也促进其身体各方面能力的均衡发展。这一原则的实施是通过精心设计教学内容和方法以及合理安排评估标准来实现的。

第一，教师需要根据学生的运动基础和学习水平精心选择和搭配教学内容。这包括合理安排从基础到高级的健美操动作，使学生能够系统地学习并逐步掌握各种技术。通过这种层次分明的教学安排，学生可以在逐渐增加的挑战中持续进步，同时确保技能学习的全面性和深度。

第二，教学中应兼顾全面性与重点突破。虽然教学需要全面覆盖健美操的各个方面，但也应针对学生的具体需求和课程目标，强调某些关键技能和核心动作的学习。这种有重点的教学策略有助于学生在全面发展的同时，加深对技术和动作细节的理解和掌握。

第三，健美操的教学评估还应全面考虑学生身体素质的多方面发展。评估内容应包括不同类型的技能和能力，如力量、耐力、协调性和艺术表现力，以确保学生能够在多个维度上取得进步。这种全面的评估方法不仅能更准确地反映学生的学习成果，也能激励学生在各个方面进行自我提升。

（三）安全性原则

在健美操教学过程中，考虑到部分动作的复杂性和对学生体能的高要求，维护学生的安全成为教学中的一项重要任务。为了防止运动中的伤害，如挫伤或扭伤，体育教师必须严格遵守安全性原则，确保每项教学活动都以学生的安全为首要考虑。

第一，教师需要在课程开始时强化学生的安全意识，教授他们如何在进行健美操训练时保护好自己，包括正确的热身、使用合适的运动装备以及在进行高难度动作时采取的安全措施。通过增强学生的自我保护意识，可以显著降低运动损伤的风险。

第二，体育教师应制定并严格执行课堂纪律，以防止因不当行为造成的意外伤害。规定明确的课堂行为规范对维护学生的安全至关重要，尤其是在进行集体练习时。

第三，教师还应合理安排运动强度和负荷，确保运动量与学生的体能水平相匹配。逐渐增加运动的难度可以帮助学生适应复杂动作，同时避免由于过度训练引发的身体伤害。

第四，教师还应加强体能素质训练，这样不但可以提升学生的整体运动能力，还能增强他们的身体素质，为执行更高难度的健美操动作提供必要的体能支持。

第五，确保教学场地和使用的运动器械的安全性也是预防运动伤害的重要措施。教师需定期检查设施设备，确保所有器材符合安全标准，无安全隐患。

（四）审美性原则

健美操作为一种富含艺术性的体育活动，自然融合了丰富的美学元素。学生在参与健美操活动时，不只是在展示体力技能，更是在进行一场视觉和听觉的美的体验，涵盖姿态美、音乐美、节奏美、表情美及协调美等多方面。因此，健美操教学既是技能训练，更是一种审美教育，旨在培养学生的审美意识和能力。在健美操教学中，体育教师应致力于引导学生感知美并创造美，这要求教师既要传授技巧，又要注重美的表达和感受。为此，教师需要设计教学活动，使学生能在学习动作技巧的同时，学会欣赏和表现运动中的美学价值。这包括教导学生如何通过优美的运动姿态和和谐的运动节奏，配合音乐的节拍，展现身体的流畅线条和节奏的韵律感。此外，教师应鼓励学生在练习中不断探索和创新，使健美操的表演技术更加精湛，且具有个性化的艺术表达。通过对比优秀案例和反复演练，学生可以深入理解各种动作的艺术性，逐步提升自己的审美判断能力和创作能力。健美操教学还应包括对学生表现力的培养，尤其是面部表情和整体协调性。教师需要通过具体例子和实践活动，帮助学生理解如何将内心情感通过肢体语言和面部表情自然地表达出来，使每次表演都富有感染力。

（五）直观与思维相结合原则

在健美操的教学过程中，直观与思维的结合是提高教学效果的关键原则之一。这一原则强调，在学习健美操技术动作时，学生不但需要通过观察和模仿来直观地理解动作，还应通过思维的运用对动作进行深入分析和理解。这种方法有助于学生更全面地掌握动作技能，建立正确的动作概念。

实施这一教学原则首先要求教师在示范时展现高标准的动作，并配合简明扼要的语言说明，以确保学生能清楚地理解和形成准确的动作表象。教师需要突出动作的关键点和难点，引导学生关注并重复练习这些部分，以此加深学生对动作的认识和记忆。同时，教师应利用生动有趣的语言和实例激发学生的思考，使技术动作的讲解不仅易于理解，而且能够引发学生对动作深层次特征的思考。这种教学策略能够有效提升学生的学习兴趣，增强他们的学习动力。

此外，助力与阻力的教学方法是另一种重要的策略，通过实际操作中的感受对比，帮助学生理解力量运用的正确方式，这不仅活跃了学生的思维，还促进了动作技能的正确执行。通过这种方式，学生能够在实践中体验和掌握各种技术动作，从而更加准确地执行健美操动作。

（六）素质先导性原则

在健美操教学中，确保学生具备必要的身体素质是至关重要的。这种素质包括力量、柔韧性和协调性，它们不仅是执行复杂健美操动作的基础，也是预防运动伤害的关键。因此，素质先导性原则成为健美操教学中不可或缺的教学指导原则，其核心在于先培养学生的基本体能素质，再进行具体技能的训练。体育教师在实施此原则时，应详细评估学生的初始体能状态，并根据每位学生的具体需要，制定个性化的训练计划。这种训练旨在系统提升学生的力量、柔韧性和协调性，为学习更高级的健美操动作打下坚实的基础。为了有效提升学生的基本体能素质，教师需要设计一系列的体能训练活动，这些活动应覆盖全面的身体训练，包括但不限于力量训练、柔韧性练习和平衡协调训练。通过这些综合性训练，学生能够逐步增强其体能，降低执行高难度动作时的受伤风险。此外，教师应在教学中强调培养安全意识，使学生在追求技术提升的同时，能够意识到安全的重要性，包括教授学生如何正确使用健美操器材，如何在训练中注意自我保护以及如何在感到不适时及时停止练习。

通过将素质训练作为教学的先导，教师不仅能帮助学生建立正确的健美操学习观念，还能激发学生对健美操运动的热情。这种方法确保了教学的系统性和连续性，使得学生在提升个人体能的同时，也能在健美操的学习和实践中取得优异的成绩。

第三节　健美操教学的组织与实施程序设计

一、做好课前准备

（一）课程设计

设计健美操课程是一项烦琐且复杂的任务，体育教师在此过程中扮演着关键的角色。为了确保课程设计能够满足不同学生的需求，教师首先需要进行全面的学生基础调查，包括了解学生的健康状况、运动背景、个人兴趣和特长等。基于这些信息，教师可以更精确地选择合适的健美操课程类型并调整训练强度，确保每个学生都能在安全和兴趣的驱动下参与到课程中。

在课程设计方面，体育教师应该根据学生的技能水平制定不同的教学计划。对于初学者，教学重点应放在基本动作的学习上，选择那些对身体素质要求较低、技术难度小的动作，这样有助于学生建立自信心，也为后续更复杂动作的学习打下基础。此阶段的课程应注重动作的准确性和安全性，避免因技术错误导致的伤害。

随着学生运动基础的加强，教师可以开始引入更多组合动作和套路，这些内容能有效提升学生的协调性和运动能力，同时增加课程的挑战性和趣味性。通过这种逐步提升的教学模式，学生能够在练习中持续进步，逐渐适应更高强度和技术要求的动作。

对于那些技术水平已经较高的学生，教师应设计包含复杂和富于变化的动作的课程。这些高级动作不仅能进一步提高学生的体能和技术水平，还能激发学生的学习热情，促进他们向更高水平发展。同时，教师也应鼓励学生积极创新和自我表达，允许他们在学习过程中探索和实验新的动作和组合，以促进其创造性思维和个性化表达的发展。

（二）选择音乐

音乐是健美操教学中不可或缺的组成部分，它能够激发学生的运动热情，还能显著提升动作的表现力和艺术感。因此，选择合适的音乐对于健美操课程的成功实施至关重要。体育教师在确定课程类型之后，应依据课程的具体需求和目标，精心选择与之相匹配的音乐风格和节奏。

在选择音乐时，教师需要考虑音乐的节拍、风格以及如何与健美操动作相协调。例如，传统健美操课程常用的迪斯科音乐具有明显的节奏感和活力，非常适合快节奏的体能训练。教师在选择具体曲目时，应深入分析音乐的结构和表现手法，确保所选音乐能够有效地支持动作的执行并增强动作的表现力。

教师在音乐选择后，还需进行创意性的整理和编排，以确保音乐能够完美地融入教学设计中。这包括对音乐进行剪辑以适应不同部分的动作需求，或者调整音乐的播放顺序以匹配课程的进度。通过这样的精心编排，音乐与动作的结合将更加和谐，能够显著提升学生的学习体验。

此外，教师应利用音乐激发学生的情绪，通过音乐的动感来提高学生的运动动力。在教学过程中，教师可以引导学生感受音乐的节奏和情感，教授他们如何通过音乐引导的动作来表达自己的情感和风格，从而提升学生动作的准确性，并增强学生的表现力和创造力。

（三）设计与编排动作

1.健美操动作编排的指导思想

在健美操教学中，动作的编排是一个关键的过程，它影响着学生的学习效果，甚至与学生的健康和安全有直接联系。因此，体育教师在设计健美操课程的动作时必须遵循一系列综合性原则，以确保动作既安全又有效地促进学生的全面发展。

（1）动作编排必须确保能促进学生的身体素质发展。这意味着教师需要设计那些能够提升学生力量、耐力、柔韧性和协调性的动作。通过系统的训练，这些动作应有助于学生体能的全面提升，从而为更高级的技能学习奠定坚实的基础。

（2）安全性是健美操动作编排中的首要考虑因素。教师在设计每个动作时，都必须确保动作的安全性，避免那些可能导致学生受伤的高风险动作。此外，教师还需要根据学生的年龄和体能水平调整动作难度，确保每个学生都能在安全的环境中进行练习。

（3）健美操的动作设计应当有助于学生的全面发展，包括身体、情感和社会能力的培养。这要求动作不仅要注重身体训练，还应融入元素以促进学生的团队合作能力、自信心以及对美的感知和表达能力。

（4）为了提高学生的参与度和学习动力，动作编排还应具有趣味性、艺术性和娱乐性。通过创造性的动作设计和音乐的配合，教师可以使健美操课程更加生动有趣，更能吸引学生的兴趣，使他们在享受运动乐趣的同时，提升健美操技能。

2. 遵循健美操动作编排的技术性原则

在健美操的教学与训练中，动作编排的技术性原则是确保课程效果的关键。体育教师在设计课程时必须精确遵循这些原则，以提高动作的教学质量和学生的学习效率。

（1）确保健美操成套动作的结构完整性是至关重要的。这意味着每一套动作都应该从简单到复杂，逐渐过渡，继而形成一个有逻辑的整体，这样学生可以更容易地理解和掌握动作要领。

（2）编排的技术动作必须具有明确的目标和针对性。这要求教师在设计每个动作时，都需要明确该动作旨在增强哪些体能素质或技能，如力量、柔韧性、平衡或协调能力等。这种有针对性的训练可以更有效地满足学生的具体需求。

（3）合理安排运动负荷对于学生的体能发展极为重要。教师需要根据学生的年龄、性别、体能水平和健康状况来调整运动强度，确保所有学生都能在自己的能力范围内安全地进行训练。

（4）编排的动作的流畅性也不可忽视。流畅的动作既美观，又能减少因动作突兀而引起的受伤风险，能够帮助学生更好地体验运动的连贯性和节奏感。

（5）确保编排的动作风格与音乐风格的一致性也是提升健美操课程吸引力的关键。选择与动作节奏、风格相匹配的音乐可以增强动作的表现力，使学生在练习时更加投入。

通过严格遵循这些技术性原则，健美操课程的设计将更加科学和有效。这既能够确保学生的运动安全，又能显著提升学生在技术上的进步和对健美操的兴趣。教师的这种细致入微的教学策略，将大大提高健美操教学的整体质量，促进学生全面发展。

3. 健美操动作编排的基本要求

在设计健美操课程时，合理的动作编排对于确保课程的教学质量和学生的学习效果至关重要。体育教师必须遵循一系列技术性要求来构建课程，这些要求保证了动作的专业性和效果，并确保学生能在安全和愉悦的环境中进行学习。

（1）编排的健美操动作必须具有完整的结构，这意味着每套动作都应该包含起始、发展和结束三部分，可以形成一个逻辑严密且完整的动作链。这种结构化的编排有助于学生更好地理解动作的流程和技术要求，同时也能增强动作的表现力。

（2）教师在编排技术动作时需要考虑其针对性。根据课程的目标和学生的需求，精心选择能够达到预期训练效果的动作，如强调力量、柔韧性或协调性的特定动作，确保每个动作都能有效地对应学生的训练需要。

（3）合理安排运动负荷对于学生的体能和健康来说同样重要。教师需要根据学生的年龄、体能和技能水平调整动作的难度和连续性，避免过大的负荷可能带来的运动伤害，确保训练的安全。

（4）保证编排动作的流畅性亦是关键。流畅的动作转换能提高学生的学习兴趣，也有助于提升动作的美感和效率。教师需要确保动作之间的衔接自然、顺畅，没有不必要的停顿或僵硬的过渡。

（5）动作风格与音乐风格的协调一致也非常重要。音乐是健美操中不可或缺的元素，合适的音乐选择能显著提升动作的情感表达和艺术效果。教师应选择与动作风格相匹配的音乐，使动作和音乐能完美融合，增强整体的教学效果。

通过遵循这些技术性原则，教师可以有效地提升健美操课程的专业水平和教学效果，为学生提供一个技术上精确、内容上丰富、形式上吸引人的学习体验。这样的健美操课程不仅能够提升学生的体能，还能增进其审美感和运动乐趣。

二、编写合理的健美操教案

体育教师在教授健美操时，制定出一个详尽且实用的教案是基本且关键的技能。有效的教案能极大地支持教师成功地开展健美操课程。在教案的构建过程中，教师需要全面考虑包括确定教学目标、安排教学内容、选择适合的教学方法以及合理分配课程时间等各个方面。第一，教学目标应明确具体，既要符合教学大纲的要求，也应针对学生的具体需要进行设定。这些目标通常涵盖技能掌握、体能提高及理论知识的理解等方面，是教案中的核心部分。第二，在教学内容的安排上，教师需综合学生的学习基础与兴趣，精心设计每一节课的学习活动，包括选择适当的健美操动作和理论课内容，确保每个学习单元都富有教育意义，并能有效推动学生的全面发展。第三，在教学方法上，应根据教学内容的特点选择最有效的方式。无论是示范教学、小组讨论还是互动式学习，教师都应力求创新，使课堂氛围活跃而高效。同时，教师还需要运用现代教育技术和教学工具，以增加课堂的互动性和学生的学习动力。第四，关于课程时间的分配，教案应详细规定各部分内容的时间安排，确保每个环节都能有充分的时间进行探讨和实践，同时保持整堂课程的流畅和连贯。

通过不断提高教案编写能力，体育教师可以更有效地指导和激励学生，提高教学质量，确保健美操课程达到预期的教学效果。因此，体育教师应持续关注和改进自己在教案设计方面的技能，以适应教学需求的变化和学生的发展。

三、加强与学生的沟通

体育教师在教学过程中应注重与学生的沟通与交流，增强互动，以提升教学效果。为了实现这一目标，教师需要深入了解学生的以下几方面。

（一）学生的个性特点和兴趣爱好

体育教师应当关注学生的个性特点和兴趣爱好。每个学生的个性和兴趣都不同，了解这些差异有助于教师因材施教。例如，某些学生可能对竞技性较强的项目更感兴趣，而另一些学生则可能更喜欢轻松、有趣的活动。通过了解这些兴趣特点，教师可以更好地激发学生的参与热情。

（二）学生的健美操运动基础

了解学生的健美操运动基础是制定合理教学方案的关键。不同学生的健美操基础存在差异，有些学生可能已经有一定的经验，而另一些学生则可能还是初学者。通过评估学生的基本能力，教师可以根据学生的具体情况，设计适合各个水平的教学内容和训练计划，使每个学生都能在自己的基础上有所提高。

（三）学生的伤病史

了解学生的伤病史对体育教师制定安全且有效的教学方案来说至关重要。很多学生在之前的运动经历中可能受过伤，这些信息对于教师在避免教学过程中引发学生旧伤复发极为重要。因此，在课程开始前，教师需要详细询问学生的健康状况，了解他们过去的伤病记录，然后根据学生的具体情况调整教学内容和运动强度，确保每位学生都能在安全的训练环境中进行体育活动。这种个性化的教学计划不仅可以防止伤害的再次发生，还可以帮助学生在保持身体健康的同时提升运动技能。

对学生伤病史的了解还可以使教师更有针对性地制定课程训练计划。例如，对于有膝盖伤历史的学生，教师可以减少跳跃或剧烈的奔跑动作，改为游泳或自行车等低冲击的运动。这样的调整不仅有助于学生的健康恢复，还能保证他们持续参与到课程中，不因担心受伤而退缩。此外，体育教师通过全面了解学生的个性特点、健美操运动基础及伤病史，可以更精确地调整课堂教学策略。这种教学方法能显著提升课堂的教学效果，增强学生对体育课的兴趣和参与度。例如，教师可以根据学生的兴趣爱好设计课程，使学生在享受运动的乐趣中学习新技能。对于初学者，教师可以通过基础动作的教学，逐步引导他们掌握更复杂的技能，从而在保证安全的前提下逐步提高运动强度，使学生全面发展。

四、加强课堂组织

（一）课前交流

在体育课程开始前，教师应该利用大约五分钟与学生进行有效的沟通，这样做的主要目的是向学生清晰传达课程的教学目标、预定任务以及课程内容的概览。

1. 明确课程目标

首先，教师需要向学生明确说明本节课的教学目标，让学生明白本次课程所要达成的具体目标。这样的明确说明有助于学生在心理上准备好接受新知识，提前调整好学习状态。

2. 讲解课程任务

接着，教师应简明扼要地介绍将要进行的课程任务和活动内容，包括课程中将要用到的技术动作、策略部署以及任何特别的操作要求，帮助学生在实际操作前有基本的理解和思想准备。

3. 控制交流时间

为了保证课程流程的连贯性，这种课前的交流需要控制在五分钟以内。这不仅确保了信息的简洁性，还能有效地抓住学生的注意力，避免浪费宝贵的课堂教学时间。

（二）练习队形与示范位置

在进行健美操课程时，体育教师的一项关键任务是合理安排学生的队形和自己的示范位置。这不仅关系到课堂的秩序，而且影响着教学效果和学生的学习体验。

1. 确定合理的队形

教师首先需要根据参加课程的学生人数来确定适当的队形。这一步骤是整个课程顺畅进行的基础。合理的队形可以确保每位学生有足够的空间进行活动，从而避免在运动中发生不必要的接触或碰撞。教师需要在队形设计上确保学生之间保持适当的距离，这样每个学生都能有充分的活动空间，同时也方便进行集体动作的协调。

2. 优化示范位置

在做健美操动作示范时，教师的站位至关重要。教师需要选择一个合适位置，使得所有学生都能清楚看到示范动作。这通常意味着教师需要站在教室的中心或者是任何可以让视线不受阻碍的地方。合适的站位既能帮助学生更好地观察教师的动作，又能使教师更容易观察学生的动作，及时进行指导和纠正。

通过队形和站位的合理安排，教师能够更有效地展示健美操的具体动作，确保每个动作的关键点都被学生所观察和模仿。

此外，合理的空间分配和清晰的视角也有助于教师在讲解时更加自然地使用身体语言，增加课堂的互动性，使教学更加生动有趣。

（三）教学形式

在健美操的教学中，通常采用集体教学的模式，这种模式可以分为两种不同的练习方式：集体同步练习和集体分组练习。这两种方式各有优势和局限性，适合不同的教学阶段。

1. 集体同步练习的应用

集体同步练习指的是所有学生在体育教师的领导下，同时进行相同动作的练习。这种方式的主要优点是便于教师进行统一的指挥和管理，能够确保教学的有序进行。然而，这种形式可能因为动作的单一性和重复性而显得枯燥，有时候可能影响学生对健美操学习的热情和兴趣。

2. 集体分组练习的优势

与集体同步练习相对的是集体分组练习，这种方法将学生按照一定的标准分成不同的小组，每组负责不同的动作练习。这种形式更加注重学生之间的互动和交流，可以显著提高学习的趣味性和参与感。学生在小组内部可以相互观察、学习和纠正，从而更有效地掌握各种动作。不过，这种教学形式对教师的组织和管理能力提出了更高的要求，教师需要精心设计课程和活动，确保每个小组的活动都能有序进行，且达到预期的教学效果。

在实际教学中，集体同步练习通常用于课程的开始和结束阶段，如热身和收尾整理，帮助学生统一节奏，调整身心状态。而集体分组练习则更适用于课程的主要练习阶段，特别是当教学内容需要学生掌握多种复杂动作时，分组练习可以提供更多个性化指导和练习机会。

（四）观察与调整

在进行健美操教学时，体育教师的角色不仅仅局限于执行预先准备的教案，更包括实时观察学生的表现和根据情况灵活调整教学内容。这种随机应变的教学方法对于提升课程质量和学习成果至关重要。

1. 实时观察学生表现

教学过程中，教师需要持续监控学生的表现和进步。观察不仅是看学生能否执行动作，更重要的是评估他们的表现是否达到了课程的教学目标，包括注意学生的姿势、动作的准确性以及他们的参与热情。通过这种观察，教师可以了解哪些学生需要额外的指导，哪些动作或组合对学生来说过于复杂或过于简单，应做进一步调整。

2. 根据实际情况调整教学方案

基于对学生表现的观察，教师应及时调整教学计划和方法。这可能意味着修改某些动作的难度，改变教学的步骤，或者引入新的教学工具和辅助设备来帮助学生更好地理解和执行动作。例如，如果大多数学生在某个特定动作上遇到困难，教师可以让学生花更多时间练习该动作，或者提供更多示范和个别指导。

3. 公平对待每位学生

最为重要的是，教师需要公平地对待所有学生，确保每位学生都能从教学中受益。这意味着教师不仅要关注那些表现出色的学生，而且要关注那些可能在学习中遇到困难的学生。对于有特殊需求的学生，教师应提供额外的支持和资源，确保他们也能与其他学生一样取得进步。

通过观察与调整，教师可以确保教学活动符合所有学生的需求，推动他们共同发展。这不仅提高了教学的有效性，而且增加了学生对健美操的兴趣和参与度。教师的这种灵活性和适应性是提高教学质量的关键，可以帮助每位学生达到他们的最佳状态。

（五）激励

在健美操的教学过程中，体育教师的激励策略起到至关重要的作用。通过采用多样化的激励手段，教师可以显著提高学生的学习热情，增强他们的自信心，并帮助他们在技能上持续进步。

1. 激发学生的自信心

自信是学生学习任何技能的基石，尤其是在体育活动中。体育教师可以通过正面的反馈和鼓励来让学生建立自信心。例如，在学生正确执行一个动作后，及时的表扬可以让学生感到被认可和支持，从而更加积极地参与到学习中。教师也应当鼓励学生挑战自我，尝试那些他们认为难以完成的动作，这种挑战在成功后可以极大地增强学生的自信心。

2. 提升健美操技能水平

为了不断提高学生的技能水平，教师需要设计一系列逐步升级的练习任务。这些任务应当既能适应学生当前的技能水平，也能适度挑战他们，以促进其持续进步。通过设置短期和长期的目标，学生可以在实现这些目标的过程中感受到成就感和满足感。

3. 采用多样化的激励手段

除了传统的口头表扬和反馈，体育教师还可以采用其他方法激励学生。例如，可以设置"健美操之星"的奖项，定期评选表现突出的学生，或者组织小型的健美操表演，让学生有机会在同伴面前展示自己的学习成果。这样的活动不仅增加了健美操学习的乐趣，而且提供了公开展示技能的平台，进一步激发学生的学习动力。

五、课后沟通及总结

在健美操课程结束后，有效的交流与反馈以及教学的总结与改进是提高教学质量的关键。这些环节能够确保教师及时了解学生的反馈，评估自己的教学方法，并做出相应的调整以优化未来的教学计划。

（一）加强课后交流

在每次健美操课程结束后，体育教师应该安排一段时间与学生进行详细的交流。这是一个关键环节，通过这个环节，教师可以以直接对话的方式，深入聆听学生对课程的反馈和个人感受。这种交流有助于教师更好地把握学生的学习体验，并从中识别出有效的教学方法以及需要调整的方面。

课后交流不只是简单的问答，更是一种双向的沟通过程。在这个过程中，学生可以表达他们对课程内容、教学方式、难易程度以及教师表现的看法。教师在听取这些反馈后，应当进行深入分析，探讨如何将学生的建议和批评转化为教学改进的具体措施。这种开放的交流环境能鼓励学生表达真实的想法，这对于构建积极的学习氛围极为重要。通过这种课后的深入交流，教师能够获得珍贵的第一手资料，了解到学生在学习过程中遇到的具体问题和挑战。例如，如果多数学生反映某个动作过于复杂难以掌握，教师可以考虑在下次课程中对这一部分进行更详细的解释或调整教学步骤。此外，教师也可以借此了解学生的学习动机和情感状态，这些信息有助于教师在心理和情感层面上更好地支持学生。课后交流还能增强学生对课程的投入感。当学生意识到他们的意见被认真对待，并且能够影响教学内容和方式时，他们更可能感到被重视和被尊重。这种感觉可以极大地提升学生的学习动力和课程满意度，从而促进更积极的课堂表现。

（二）教学的反思与改进

体育教师在每堂健美操课程结束后都应该投入时间进行详细的自我评估和反思。这一过程包括两个关键步骤：首先是确认并赞赏自己在教学中的亮点，例如，有效地示范运动技巧或与学生的有效互动。其次是直面并分析教学过程中遇到的挑战，如时间分配的失误或某些教学策略效果不佳。这种自我评估使教师能够明确哪些方面需要改进，并据此调整教学计划，可能包括重新设计课程架构，引入创新教学资源，或优化师生互动技巧。通过这种系统的反思和调整，教师不断提升教学质量，确保每次课程都能有效地达到教学目标。

第四章　现代教育理念下健美操教学模式的创新设计与实施

第一节　常见健美操教学模式与实施

一、体育教学模式概述

（一）体育教学模式的概念

体育教学模式的探讨一直是教育学领域内的一个重要话题。全球各地的学者基于不同的教育理论和实践经验，提出了多种解读，这些解读虽各异，但共同构成了对体育教学模式深入理解的基础。虽然目前尚未有一个全球统一认可的定义，但可以从以下几个角度来深入分析体育教学模式的内涵和应用。

第一，体育教学模式可以被看作教学活动的结构设计。这种结构不仅是课堂活动的安排，更是如何通过有序的教学步骤达到教学目标的策略。它包括课程的组织、教学内容的安排以及教与学的交互方式。

第二，体育教学模式亦是教学策略与程序的体现。这涉及教师如何根据教学目标和学生的具体需要，选择合适的教学方法和技术，以及如何评估这些方法的效果。在体育教学过程中，这可能涉及技能的演示、实践活动的设计以及反馈和调整的过程。

第三，体育教学模式还代表了操作教学活动的具体形式与方法。这一点特别重要，因为体育活动本身就具有高度的动态性和实践性。教学模式在这里指导教师如何有效地将理论知识转化为学生的实际操作能力，包括动作的示范、练习的组织以及技能的修正等方面。

第四，体育教学模式是教学理论的实际应用，是对教学理论进行设计和组织的具体表现。这一点体现了体育教学模式的理论深度，即它不仅是一套教学方法的简单应用，更是基于教育心理学、教育哲学以及运动科学等多学科知识构建的复杂体系。

（二）体育教学模式的特点

总的来说，体育教学模式主要表现为以下几方面的特点。

1. 整体性

体育教学模式展示了其在教学策略中的综合性质，通过多个层面体现其对教学流程的影响和控制。这种模式内部融合了教学的多个关键要素，形成了一个互动的整体，确保教学活动能够高效、有序进行。

体育教学模式包含教学思想、目标、操作程序、环境条件及评价方法等多个方面，这些要素不是单独操作，而是相互作用，共同推进教学目标的实现。这种整体的协同效应使得教学活动能够在各个阶段都保持一致性和连贯性，从而有效提升教学成效。教学模式的选择对体育教学的整体质量和最终成果具有决定性作用。不同的教学模式结合教学内容和学生的具体需要，再通过各种策略的应用，可以形成适应具体教学情景的教学方案。这种灵活的应用和组合能针对不同的教学目标和学生群体，产生量身定制的教学效果。在体育教学中，教学模式的应用主要聚焦于完成整个教学任务，尤其在结构和大纲的设置上。它为教师提供了一个清晰的框架，指导如何步步为营地实施教学计划。虽然这种模式可能不会涵盖所有具体的小细节，但它确保了教学的主要目标和核心任务可以得到有效的完成，同时给教师一定的自由度去调整和优化具体的教学实践。通过这种方式，体育教学模式不仅有助于教学活动的结构化实施，而且优化了教学资源的使用，确保了教学质量的持续提升。这种模式的实施使得教师能够更好地理解和掌握教学的整体流程，有效地调动学生的参与度，增强教学的互动性和实用性。

2. 简明性

体育教学模式的简明性体现在其对教学活动的高度概括和框架提供上，使得这一模式不仅易于理解，而且便于应用。这种模式并不深入每个具体的教学细节，而是提供了一个总体的导向，为教学实践提供指南，而具体的操作细节则需要教师与学生在实际的教学过程中共同探索和解决。体育教学模式强调了理论的简化和实践的指导性，它通过简洁的理论模型将复杂的体育教学活动抽象成基本的结构和框架，从而使教师能够快速把握教学的核心内容和基本流程。这种模式的设计旨在剥离过多的理论细节，突出教学的关键点，确保教学设计的清晰和教学实施的高效。此外，体育教学模式的简明性还有助于提升教学的适应性和灵活性。由于模式本身不拘泥于繁复的规定，教师可以根据实际情况和学生的具体需求，对教学内容和方法进行适当调整。这种灵活运用模式的能力是体育教学成功的关键。

3. 稳定性

体育教学模式的发展是一个逐步成熟的过程，一旦形成，就展示出显著的稳定性。这种稳定性意味着经过时间的检验和实践的证明，教学模式能够在保持其基本结构和内在元素关系不变的情况下，持续有效地指导教学活动。体育教学模式通常基于一系列成熟的教学理论而建立。这些理论为教学模式提供了坚实的基础，使得教学模式一旦被采纳和执行，它就具备了执行特定教学任务和实现既定教学目标的能力。这种从理论到实践的转化确保了教学模式的实用性和适应性，同时也增强了其稳定性。随着时间的推移，一个体育教学模式的各个组成部分——包括教学目标、方法、内容及评估方式——会逐渐固定下来，形成一个完整的、互相协调的体系。这个体系内部的元素及其相互关系被明确后，任何随意的改动都可能影响到教学模式的整体效果和效率，因此稳定性成了这一模式的重要特征。这种稳定性不仅帮助教师和学生预见教学活动的可能结果，而且促进了教学策略的连续性和一致性，从而在教学过程中建立起信任和依赖。因此，一旦一个体育教学模式被确定并证明是有效的，它就能为长期的教学实践提供一个可靠的框架，使得教育实践不仅符合教学理论的预期，也满足学生的个性化学习需要。

4. 可操作性

体育教学模式的实用性和可操作性是其关键属性之一，决定了其在实际教学中的应用价值。一个有效的体育教学模式必须能够被实际执行，从而在真实的教学环境中发挥作用。如果一个教学模式只存在于理论层面，而无法在实际教学中得到应用，那么这种模式将失去其存在的意义。体育教学模式的设计应确保每个步骤和元素都具备实际操作的可能性，使教师能够根据这些指导轻松地在课堂上实施教学。模式的可操作性意味着它应提供清晰、具体的指导，使教育者无须依赖于额外的解释或猜测，直接应用于教学活动中。此外，体育教学模式的可操作性还涉及其能够适应不同教学环境和学生群体的能力。有效的模式应考虑到多样化的教学需求和条件，包括设备、空间和学生的具体能力，确保所有教学活动都可以在现实条件下顺利进行。

随着现代教育体系的持续变革，许多新颖的教学模式相继涌现，这些模式极大地促进了体育教学质量的提升。在这个过程中，创新的教学模式的可操作性成为一个不可忽视的关键因素。如果一个教学模式缺乏实际操作的可能性，那么无论其理论多么先进，都很难在教学实践中得到有效的应用和进一步的发展。创新的体育教学模式必须能够实际应用于课堂和训练场中，这要求它们不仅在理论上创新，而且具备清晰的实施指导和适应不同教学环境的灵活性。只有这样，这些模式才能真正地被教育工作者接受并在实践中发挥作用，从而推动体育教学的整体进步。

（三）体育教学模式的功能

体育教学模式的功能是多种多样的，其中，简化、预测、解释与启发、调节与反馈是几个非常重要的功能（见图 4-1）。

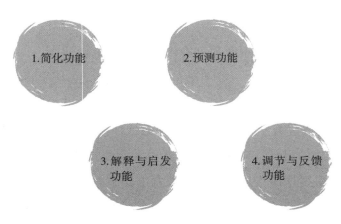

图 4-1　体育教学模式的功能

1. 简化功能

体育教学活动由于其复杂性和涉及众多要素，需要通过特定方式进行简化，以便学生理解和学习。使用图示是一种有效的简化方法，它可以清楚地展示健美操等体育教学系统中各要素的相互关系，帮助学生对整个教学内容有清晰的认识。

此外，体育教学的结构设计也是实现这一目标的关键。它反映了教学系统内部各环节和要素之间的联系，并强调了各种教学原则和技巧的应用，注重观察学生的行为表现和技能掌握。这种结构化的教学方法极大地促进了教学效果的提升，并且体现了体育教学模式的核心价值。

在运用体育教学模式进行健美操教学时，有几个重要方面需要特别关注以确保教学效果最大化。这些方面包括体育知识和技能的传授、教学目标的明确设置、教学计划的周密设计以及有效教学策略的制定。首先，教学过程中应当注重体育知识的广泛涵盖以及多样化体育技能的教授。这有助于学生建立全面的体育理解基础，还能提升他们的实际操作能力，从而在多方面促进学生体育素质的全面发展。其次，制定清晰具体的教学目标是教学成功的关键。这些目标应具体、可衡量，并与学生的能力水平相匹配，以便教师在教学过程中有明确的指导和方向。再次，体育教学方案的设计应详尽周到，合理安排每节课的教学内容和活动。

教学方案应考虑到学生的接受能力和兴趣以及课程材料的适宜性和教学资源的可用性，确保教学活动既富有吸引力又具备教育意义。最后，发展和实施有效的教学策略对于提高教学质量和学习效果同样重要，包括采用各种教学方法和技术，以适应不同学生的学习风格和需求，从而使每位学生都能在课堂上获得最佳的学习体验。

2. 预测功能

体育教学模式具备重要的预测功能，这意味着它可以对教学的过程和结果做出合理预估。这种预测主要是基于教学模式本身固有的规律和表现形式，帮助教师评估和调整教学策略。体育教学模式的预测功能在两个主要方面得到体现。一方面，如果教学活动未能达到预设的目标，这通常指示出当前采用的教学模式可能存在缺陷，需要调整或改进以提高教学效果。这种反馈机制使教师能及时发现问题并采取必要的措施来优化教学计划。另一方面，当教学目标得以实现，这表明所预测的教学成果与实际情况相符合，从而证明教学模式的有效性和可靠性。

3. 解释与启发功能

体育教学模式的解释与启发功能是其核心特性之一，这一功能主要涉及使用直观且简明的方法来阐释体育活动的复杂过程。特别是在体能发展的教学模式中，这一功能尤为突出。这种功能使得体育教学模式不仅帮助学生理解体育活动的复杂性，还激发他们对学习的兴趣和探索未知的热情。例如，在体能教学中，教师通过结构化的教学模式，可以清晰地展示如何从基本动作训练逐步过渡到更复杂的技能组合，这种从简到繁的教学过程能帮助学生逐步构建起对体育技能的深入理解。此外，解释与启发功能也支持教师在教学过程中引入新的概念和技术，使学生能够在理解现有知识的基础上，不断探索和尝试新的技能和策略。这不仅提升了教学的效果，也增加了体育教学的互动性和趣味性。

发展体能教学模式的解释与启发功能可以通过多个关键维度得到实现，这些维度分别揭示了如何在体育教学中有效地结合理论与实践，以提升学生的体能和技能。首先，该教学模式通过建立一个分阶段的体能目标体系来实现其功能。这个体系旨在逐步提高学生的体能水平，每个阶段都设有明确的目标和期望，从而使学生可以按照明确的路线图进行训练和发展。其次，这种教学模式内嵌有一套明确的指导思想，专注于学生体能的全面发展。这一思想指导下的教学活动不仅是技能的简单传授，更是对学生体能潜能的挖掘和提升。这种指导思想帮助教师和学生理解体育活动的深层价值，从而更系统地规划训练内容和方法。最后，发展体能的教学模式强调体育活动与技能教学相结合的重要性。这方面的理论阐述了如何通过体育活动来增强和促进技能的学习，证明了体育活动在技能发展中的作用不可或缺。这种理论支持了一种综合性的教学方法，不仅提高了技能教学的效果，也增加了学生对体育活动的兴趣和参与度。

4. 调节与反馈功能

体育教学模式的调节与反馈功能是其又一核心特性，这一功能确保了教学模式的持续优化和效果验证。通过不断的实践和评估，教学模式的科学性和合理性得以证实，并根据反馈进行必要的调整。体育教学模式的设计和实施需基于坚实的教学理念，并须考虑教学环境与条件等关键因素。这些元素的综合考虑确保教学模式能在实际应用中发挥最大效果，同时也为教学质量的提升提供了支持。在教学过程中，通过持续的实践活动检验体育教学模式的有效性是至关重要的。这种检验不仅涉及模式本身的评估，也包括对教学环境和条件的再评价，确保所有的教学活动都能在最适宜的环境下进行。此外，良好的体育教学模式应具备灵活调整的能力，以适应教育发展的变化和学生需求的多样性。这种调整能力反映了一个教学模式的应用范围和深度，也是其持续改进和优化的基础。通过这样的反馈和调节机制，体育教学模式能够更加精确地满足现代教育的需求，从而有效地提高教学质量和学生的学习效果。

二、常见的教学模式及其在健美操教学中的应用

健美操教学中可以采用多种教学模式，每种模式根据教学目标和学生需求有不同的侧重点，以下是一些在健美操教学中常见的教学模式及其应用。

（一）成功体育教学模式

在当前的体育教学领域，特别是在健美操的教学中，一种被称为"成功体育教学模式"的方法已经显示出其显著教学效果。该模式主要通过激发学生的成就动机，促使他们积极参与学习过程，从而有效提升学生的学习成绩和整体体育技能。这种教学模式强调利用学生的内在动力，通过设定具体且可达成的学习目标，使学生能在完成这些目标的过程中增强自信心并提升自我效能感。在教学实践中，这种教学模式既提高了学生的体育技能，又促进了他们的自主学习能力和责任感。成功体育教学模式特别适用于健美操等需要高度技巧和精准动作的体育项目。在这一模式的指导下，学生被鼓励通过持续努力和练习来达成教学目标，这种教学方法已经在多个场合证明能够显著提高健美操教学的质量和效果。

1. 指导思想

在现代教学实践中，特别是在健美操这一体育项目中，采取以学生为中心的教学方法已经成为提高教学效果的重要策略。这种教学模式侧重于理解和响应学生的需求，同时在整个教学过程中积极促进学生的参与和发展。

第一，这一教学模式的核心在于把学生置于活动的中心，确保教学计划的设计和实施都以学生的需求和利益为导向。通过这种方式，教师能够更有效地激发学生的学习热情和参与度，从而提高教学的整体效果。为了实现这一目标，教师在组织健美操教学活动时，需要确保活动既有趣又具有教育意义，能够满足学生的多样化需求。

第二，为了创建一个支持性和和谐的学习环境，教师需要关注课堂氛围的营造，确保所有学生都感到舒适和被接纳。这样的环境有助于学生在练习中放松自我，勇于尝试新动作和技巧，进而促进技能的提升和个人的成长。

第三，该教学模式强调在评价过程中应结合使用相对评价和绝对评价。这种综合评价方式不仅衡量学生达到的绝对标准，更考虑到他们的个人进步和发展，从而提供更全面的教学反馈。这种评价方法的使用特别强调过程性评价，关注学生学习过程中的各个方面，以确保评价既公平又有利于学生的自我提高。

2. 优缺点

该模式的优点在于能够极大地激发学生的内在动力和参与感。学生在通过自身努力达成学习目标时，会感受到显著的满足感和成功感。这种感受可以增强学生的自我认识，鼓励他们发扬坚韧不拔的精神，持续地追求学术和个人发展。此外，通过强调学生在学习过程中的实际体验，这种教学模式有助于提高学生的自主学习能力，使他们能够更有效地掌握复杂的体育技能和理论知识。

然而，这种模式也带来了一些明显的挑战。它要求教师具备高度的组织能力和灵活性，以适应不同学生的学习需求和能力。教学内容和方法的选择变得更加复杂，因为教师需要精心设计课程以满足个别学生的具体需求，同时保证教学质量和效果。

此外，确定适当的教学目标也是一个难题，因为过高或过低的目标都可能影响学生的学习动机和成果。

3. 适用条件

在实施以学生为中心的体育教学模式时，特定的条件必须得到满足以确保教学活动的成功。这些条件不仅涵盖了教学资源的配备，还包括了教学方法的选择和对教师能力的要求，是实现教学目标的基础。首先，分组教学是这一教学模式的关键组成部分。通过将学生分组，教师可以更有效地管理课堂，确保每个学生都能在小组内得到适当的关注和支持，从而优化学习过程。分组教学不仅有助于提高学生的参与度，而且便于教师针对不同能力的学生提供个性化的指导。其次，充足的教学资源是实施这种教学模式的前提条件。这包括充分的场地、设备、教学材料及其他相关设施，它们共同构成了支持学生学习和教师教学的基础环境。没有足够的教学资源，教学活动的质量和效果都可能受到限制。最后，体育教师的综合素质对于这种教学模式至关重要。教师需要具备优秀的教学技能，还应有能力组织和管理复杂的教学活动。教师的教学组织能力直接影响着课程的流畅度和教学的有效性。

4. 操作程序

成功体育教学模式的操作程序如图 4-2 所示。

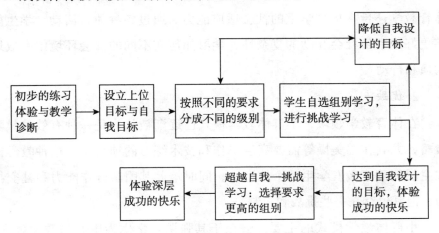

图 4-2　成功体育教学模式的操作程序

（二）小群体体育教学模式

小群体教学模式已被广泛应用于健美操教学中。在这种模式下，学生在体育教师的引导下被划分为几个小组。组内成员通过相互协作和帮助，共同完成教学目标。这种学习方式强调学生之间的互动，有助于学生提高学习效率。

1. 指导思想

在体育教学中，核心指导思想涵盖了学生个人品德和能力的发展，还包括团队协作和社会适应能力的培养。这一教学理念的实施旨在全面提升学生的个人素质，确保他们在未来的社会和职业生活中能发挥积极作用。首先，教学目标之一是通过体育活动来强化学生的道德和伦理观念，培养他们的责任感和正直行为。通过参与体育活动，学生学会遵守规则，尊重对手，这对形成他们的个人品德具有重要影响。其次，体育教学还注重提高学生的综合能力，包括身体素质、心理素质和解决问题的能力。这些能力的提升是学生学术和职业成功的重要基石。此外，团队意识的培养亦是体育教学中不可或缺的一环。学生在团队中学习合作，分享胜利与失败，这对培养他们的团队精神和协作能力至关重要。最后，体育教学还旨在提高学生的社会适应能力。通过各种体育活动，学生能够更好地理解社会互动的复杂性，学习如何在不同的社会环境中有效地沟通和行动。

2. 优缺点

在体育教学领域，小群体教学模式已逐渐被认为是一种有效的教学策略，尤其在健美操等需要高度协作和技术练习的项目中。这种教学模式主要侧重于激发学生的个体潜力，同时培养其团队合作能力和社交技巧，但其也存在一些挑战和限制。

小群体教学模式的主要优势在于其强调以学生为中心的教学理念。传统的体育教学往往采用统一的教学方法，这可能会限制学生个性的展现和发展。而小群体教学模式通过将学生分成不同的小组，使他们在更小的集体内进行互动和学习，从而更好地关注每位学生的具体需求。这种模式有助于学生在健美操技能上的提升，也强化了他们的个性表达和自我认知，使学生能在相互帮助与合作的过程中发展个体特长。此外，小群体教学模式有效提高了学生的社交能力和团队精神。在小组互动中，学生需要与他人沟通，共同解决问题，这种环境促使学生学习如何尊重他人、认真倾听他人意见，并在团队中发挥作用。同时，这种教学形式还可以激发学生的学习积极性，通过集体活动的乐趣和动力，增强学生对体育活动的兴趣和持久参与度。

然而，小群体教学模式也存在一些不可忽视的缺点。首先，它要求教师在教学中投入更多的时间和精力来管理和指导每个小组，这种高强度的教学投入可能会对教师造成较大的压力。其次，由于需要在小组内部进行大量的讨论和合作，这种模式可能会占用本用于物理训练和技能练习的时间，从而影响学生体能技能的直接训练。对于表达能力较弱或羞涩的学生，小群体模式也可能带来参与上的挑战。这些学生在小组讨论中可能会感到自己的声音被忽视，导致他们的需求和意见未能得到充分的关注和响应。因此，教师在运用这种教学模式时需要特别注意支持这部分学生，确保他们也能充分参与并从中受益。

3. 适用条件

在健美操教学中，小群体教学模式的成功实施依赖于若干关键条件。这些条件确保了教学模式能够发挥其最大效用，提高学生的学习效果和参与度。

第一，学生需要具备良好的团结协作能力。小群体教学模式强调团队合作和集体活动，因此，学生之间的合作精神和互助意识至关重要。这种模式要求学生在小组内共同工作，分享经验和知识，协作完成各项练习和任务。学生的团结协作能力不仅有助于提升学习效率，而且能培养他们的团队精神和沟通技巧。

第二，充分的健美操器材和设备是小群体教学模式顺利开展的基础。教学过程中所需的各种器材和设备必须准备充足，以满足所有学生的练习需求。充足的器材不仅可以确保每个学生都有足够的练习机会，而且能避免因资源不足而导致的教学中断和学生等待时间的增加，从而提高教学效率和学生的参与积极性。

第三，体育教师需要具备卓越的教学组织和管理能力。教师在小群体教学模式中扮演着引导者和协调者的角色，他们需要有效地组织和管理小组活动，确保每个学生都能积极参与并从中受益。出色的教学组织能力包括设计合理的教学计划、灵活调整教学策略以及及时处理教学过程中出现的问题。此外，教师还需要具备良好的沟通能力，能够与学生建立信任关系，激发他们的学习兴趣和动力。

4. 操作程序

小群体体育教学模式的操作程序具体如图 4-3 所示。

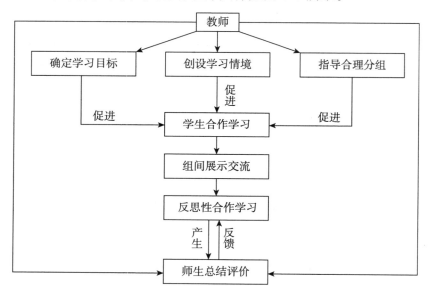

图 4-3　小群体体育教学模式的操作程序

（三）主动性体育教学模式

在当前的健美操教学中，主动性体育教学模式已被广泛应用。这种模式基于"学生是体育教学的主体"这一理论，强调营造良好的教学环境是关键，以激发学生的学习主动性。通过这种模式，教学过程从"要我学"转变为"我要学"，真正实现学生的自主学习。这一模式高度重视学生在教学中的核心地位，与"以人为本"的现代教育理念相一致。通过采用主动性体育教学模式，学生不仅能够更积极地参与到学习中，而且能提升其自主学习的能力和兴趣。

1. 指导思想

在主动性体育教学模式中，指导思想包含多个重要方面。

第一，注重培养学生积极参与健美操教学活动的意识。通过营造积极的学习环境和氛围，激发学生对健美操的兴趣和热情，使他们主动参与到教学活动中。

第二，重视培养学生的创新意识和能力。通过鼓励学生在健美操学习中进行创新和尝试，培养他们的创造力和独立思考能力，使他们能够提出新颖的想法和解决问题的方法。

第三，关注提升学生的学习能力。通过科学的教学方法和策略，帮助学生掌握有效的学习技巧和方法，提高他们的自学能力和学术水平。

第四，强调学生思想品德和职业素养的培养。在健美操教学中，通过潜移默化的教育，引导学生树立正确的价值观和职业道德，培养他们良好的品德和职业素养，使他们在未来的职业生涯中成为德才兼备的优秀人才。

2. 优缺点

这种教学模式高度重视学生的主体地位。在此种模式下，学生的主体意识得到充分培养，自主学习能力也显著提高。通过主动参与，学生不仅能够更好地掌握健美操技能，还能培养自我管理和自我激励的能力。其次，这一模式特别关注激发学生的学习兴趣，同时注重提升他们的学习能力。通过将体育活动融入学生的日常生活，增强了学生对健美操的兴趣和参与度。这不仅有助于学生在校期间的体育学习，还为他们的终身体育意识和能力打下坚实基础。

然而，这一教学模式对学生的要求较高。它要求学生具有较强的自律和学习动机，如果学生缺乏自觉性或没有足够的运动基础，教学活动的实施将止步不前。此外，对于体育教师来说，需要投入更多的精力和时间去设计和调整教学内容，以适应不同学生的能力水平和需求。

3. 适用条件

（1）适合小规模班级。这种教学模式在小班教学环境中效果最佳。小班教学允许教师更好地关注每个学生，提供个性化的指导和反馈，从而提高教学质量和学生参与度。

（2）适用于自律性强的学生。这一模式特别适合那些具有高度学习自觉性的学生。自律性强的学生能够自主安排学习时间和进度，积极参与课堂活动，并能在教师的引导下有效提升自己的健美操技能。

（3）适合教学难度较低的内容。该教学模式适用于教授较简单的动作或难度不大的教学内容。在这种情况下，学生能更容易掌握基本技巧和要领，从而建立起对健美操的兴趣和信心，为后续的学习打下坚实基础。

4. 操作程序

主动性教学模式的具体操作程序如图 4-4 所示。

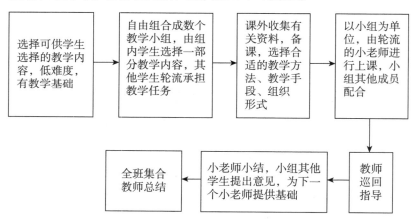

图 4-4 主动性教学模式的具体操作程序

（四）快乐体育教学模式

快乐体育教学模式是一种在体育教学中广泛应用的方法，应用于健美操教学中也取得了良好的效果。这一模式的核心理念是"快乐"，注重在体育教学过程中让学生体验运动的乐趣，从而提升教学质量。通过这种教学方式，学生不仅能享受体育活动带来的愉悦，而且能在轻松的氛围中更好地掌握健美操技能。快乐体育教学模式强调以快乐为动力，旨在通过愉快的体验激发学生的运动兴趣和积极性，从而达到更高的教学效果。

1. 指导思想

快乐体育教学模式的指导思想包含了多个方面，旨在全面促进学生的体育学习和发展。

第一，该模式注重学生身体素质的提升和运动技巧的掌握，更为重要的是强调学生能在运动中获得乐趣。这种模式认为，只有当学生在体育活动中感受到快乐时，他们才能真正投入并从中受益。因此，在健美操教学中，不仅要关注学生的体能和技术水平，而且要确保他们在练习中感到愉悦和满足。

第二，以兴趣为导向是这一模式的核心原则。通过多样化的教学方法，使教学内容丰富多彩，激发学生的学习兴趣。通过"寓教于乐"的方式，学生在轻松愉快的氛围中学习和掌握运动技能，这种方法不仅提高了教学效果，而且增强了学生的学习动机和参与度。

第三，快乐体育教学模式强调情感教学的重要性。通过创造积极的学习环境和情感交流，鼓励学生勤奋学习并乐于学习。这种情感上的支持和激励，使得学生在面对挑战时更具信心和动力，从而更加积极地投入健美操的学习中。

第四，这一模式主张"以人为本"，高度重视学生的主体地位。尊重每个学生的个体差异，关注他们的需求和感受，让学生在教学过程中发挥主动性和创造性。

2. 优缺点

快乐体育教学模式能创造一个活跃和轻松的教学氛围，显著提升学生的愉悦感和学习体验，从而有效激发他们对健美操的学习兴趣和积极性。学生在这种环境中更愿意参与和投入，学习过程因此变得更加顺畅和高效。此外，这一模式有助于学生树立积极的体育观念，倡导快乐体育和终身体育锻炼的理念。通过在学生心中植入这些观念，不仅促进他们在学术阶段的身体素质发展，还为他们的长期健康生活打下了坚实基础。同时，快乐体育教学模式注重学生主体性的发挥。这种教学方式鼓励学生主动参与和自主学习，有助于他们的全面发展。学生在这种氛围中，不仅学会了健美操的动作和技能，而且培养了学生独立思考和解决问题的能力。在快乐体育教学模式中，学习健美操不再是一种负担或任务，而是成为学生的兴趣和爱好。这种教学过程充满乐趣，不仅提高了学生的参与度，还促进了师生之间的和谐关系，从而进一步提高教学质量。

然而，这种教学模式对体育教师提出了更高的要求，尤其是在健美操教学内容的选择和设计方面。为了确保学生在学习过程中能够获得乐趣，教师必须精心设计教学方案，选择适当的内容和方法。这需要教师具备深厚的专业知识，且具有创新的教学思维和灵活的教学能力。

总的来看，虽然快乐体育教学模式有许多优点，但也对教师的教学能力和方案设计提出了更高的要求。通过适当的内容选择和精心设计，这一模式能够在提高学生学习兴趣和教学效果方面发挥重要作用。

3. 适用条件

为了成功实施快乐体育教学模式，需满足一系列特定条件。这些条件确保了教学模式的有效性和学生的积极参与，从而实现最佳教学效果。

第一，快乐体育教学模式适用于具有丰富教学经验的体育教师。经验丰富的教师能够更灵活地应对课堂上的各种突发情况，掌握适当的教学节奏，并有效地激发学生的学习兴趣。此外，他们能够在课堂中运用多种教学方法，使学习过程更加有趣。

第二，这一模式适用于难度较低的健美操教学内容。在初学阶段或对难度较低的内容进行教学时，学生更容易感受到学习的乐趣和成就感，从而激发他们持续参与的兴趣和动力。这也有助于学生建立起对健美操的基本理解，为后续更高难度的学习打下基础。

第三，快乐体育教学模式尤其适合已经具备一定健美操基础的学生。这些学生能够更快地进入学习状态，并通过参与轻松愉快的教学活动，进一步提高他们的技能水平。同时，他们的基础知识和技能也能帮助他们更好地应对课堂上的新内容和挑战。

第四，这一模式还适用于具有良好创新意识和能力的学生。创新能力强的学生能在课堂上积极参与，提出新颖的想法，并通过实践不断改进自己的技能。他们的创造性思维不仅为课堂带来更多活力和趣味，而且促进了其他学生的学习和进步。

第五，实施快乐体育教学模式需要具备良好的教学场地和设施。充足的健美操器材和设备能为学生提供更多的练习机会和空间，确保每位学生都能充分参与到教学活动中。同时，良好的教学环境也有助于提升学生的学习体验和满意度。

4. 操作程序

在健美操教学中，快乐体育教学模式的具体操作程序如图 4-5 所示。

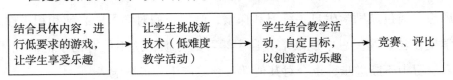

图 4-5　快乐体育教学模式的具体操作程序

（五）领会式体育教学模式

1. 建立背景

随着体育教学的发展，领会式教学模式逐渐在体育教育中得到广泛应用，并被引入健美操教学中。这种教学模式的核心在于通过改进教学过程的结构，使学生充分理解和掌握新的课程内容，同时纠正教学中存在的缺陷和不足。领会式教学模式特别注重学生运动技能的学习和培养。

通过系统的训练和细致的指导，学生能够在实践中不断提升自己的技能水平。然而，这种模式在某种程度上忽视了对学生认知水平的提升。虽然学生在运动技能方面取得了显著进步，但在认知理解和理论知识方面的提升相对较少。

2. 指导思想

领会式体育教学模式的指导思想涵盖了多个方面，旨在通过有效的教学策略提升学生的运动技能和学习主动性。

第一，领会式体育教学模式强调在教学过程中，学生应该先进行尝试，再进行系统学习。这一方法鼓励学生通过亲身实践来初步了解动作和技能，然后再通过教师的指导和理论学习进一步掌握和完善。这种先实践后学习的方法有助于学生更好地理解和记忆所学内容。

第二，领会式体育教学模式非常注重运动技能的培养和提升。通过反复练习和精细指导，学生能够不断改进自己的技术水平。这种模式通过实践操作让学生掌握健美操的基本动作和技巧，使他们在不断的练习中提升自己的运动能力。

第三，培养学生的学习主动性也是领会式体育教学模式的重要指导思想。通过鼓励学生自主练习和探索，激发他们对学习的兴趣和积极性。学生在尝试和反思中逐渐培养自主学习的习惯，这不仅有助于他们在体育学习中不断进步，也会对其他学习领域产生积极影响。

第四，领会式体育教学模式采用完整教学、分解教学、整体教学的循环方式。首先进行完整教学，让学生对所学内容有全面的了解；其次通过分解教学，详细讲解和练习每个部分；最后再进行整体教学，将各部分结合起来进行综合练习。这样的教学方法能帮助学生更系统地掌握技能，同时注重教学效果的测试与评价，确保教学质量。

第五，领会式体育教学模式主张多开展健美操竞赛活动，通过比赛提高学生的运动技能水平。比赛不仅能激发学生的学习积极性，而且能让他们在实际对抗中发现和改进自己的不足。通过竞赛，学生不仅能提高运动技能，而且能培养团队合作精神和竞争意识。

3. 操作程序

在健美操教学中，领会式体育教学模式的操作程序如图 4-6 所示。

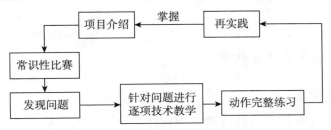

图 4-6　领会式体育教学模式的操作程序

4. 主要优缺点

在健美操教学中，领会式体育教学模式的优势主要体现在两个方面。一方面，这种模式让学生在学习过程中能够获得深刻的实践体验。通过不断尝试和调整，学生能够更好地理解和掌握正确的技术动作。实践中的反复练习不仅帮助学生纠正错误动作，还能增强他们对技术要领的记忆和理解。另一方面，领会式教学模式能够有效激发学生的学习兴趣和动机。在这种教学模式下，学生的自主性和积极性得到了充分的发挥，他们在不断的实践和反馈中体验到进步的乐趣，这种成就感进一步促进了他们对健美操的热爱和投入，从而显著提高学习效率。

然而，领会式体育教学模式也存在一定的局限性。首先，这一模式要求学生对健美操有较深的了解。只有具备基本知识和技能的学生，才能在教学活动中顺利开展练习和学习。因此，对于初学者来说，这种模式可能会显得过于复杂和具有挑战性。其次，学生在进行教学活动时，通常需要一段适应期。这意味着他们在最初阶段可能较难迅速进入角色，教师需要付出更多耐心和时间进行引导和鼓励，以帮助学生逐步适应和融入教学节奏。这种引导过程不仅对教师的教学能力提出了更高的要求，也可能延长教学周期。

总的来说，领会式体育教学模式在提升学生实践体验和学习动机方面具有显著优势，但同时也要求学生具备一定的基础知识，并对教师的引导能力提出更高的要求。在实际应用中，需要根据学生的具体情况进行调整和优化，以充分发挥其优势，克服其不足，从而达到最佳的教学效果。

（六）选择式体育教学模式

1. 建立背景

目前，在我国高校体育教学中，选项课的形式已被广泛应用。这种形式对于提升高校体育教育质量起到了关键作用。选项课教学模式以学生为中心，强调学生可以根据自己的兴趣和爱好自由选择课程进行学习，通常能够取得显著的教学效果。这种模式得到了教育者的高度认可和重视。选项课的教学模式与现代教育理念紧密契合，它强调学生在学习过程中的主动性和自主性，让学生能够选择自己感兴趣的体育项目进行深入学习和训练。通过这种方式，学生的学习热情和参与度大大提高，学习效果也因此得到了显著提升。

2. 指导思想

选择式教学模式旨在充分激发学生的自主性，允许学生根据自身特点和实际情况自由选择学习内容、进度、难度和伙伴等。这种模式最大限度地调动了学生的学习积极性，并且有效地培养了他们自觉参与体育学习和锻炼的意识与习惯。通过选择式教学，学生能够自主决定学习内容。这种自由选择使得学生可以根据自己的兴趣和特长进行学习，从而提高学习的投入度和效果。学生在选择自己感兴趣的体育项目时，更加愿意投入时间和精力，学习过程变得更加愉快和富有成效。此外，学生还可以选择适合自己的学习进度。每个学生的学习能力和节奏不同，通过选择式教学，学生能根据自己的实际情况调整学习进度，避免了传统教学模式中统一进度所带来的压力和困扰。这种个性化的学习安排不仅提高了学习效率，而且减少了学生的学习压力。

选择学习伙伴是另一个重要的自主选择方面。学生可以与志同道合的同伴一起学习和练习，这种合作学习的方式不仅增加了学习的乐趣，而且促进了学生之间的互动和交流。通过互相帮助和竞争，学生能够在团队中找到自己的位置，增强团队合作精神和集体意识。最后，选择学习难度也使得选择式教学模式更加灵活，且适应性强。学生可以根据自己的能力和挑战意愿，选择适合自己的学习难度。这种挑战自我的过程不仅有助于学生技能的提升，而且增强了他们的自信心和成就感。

3. 操作程序

在健美操教学中，选择式体育教学模式的操作程序如图4-7所示。

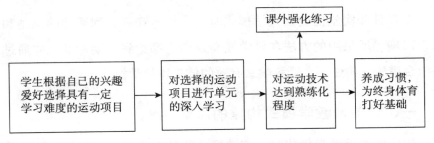

图4-7　选择式教学模式的操作程序

4. 主要优缺点

这种教学模式允许学生根据个人兴趣和特点选择学习内容，这不仅体现了以学生为中心的教学理念，也符合现代教育的要求。通过这种方式，学生能在学习中发挥主动性，选择对他们来说更有意义和吸引力的学习材料。同时，在这种教育模式下，学生不仅学习知识，还能够在多方面得到发展，包括学习动机、态度、心理素质及意志力等。这种方法有助于学生建立对学习的责任感和积极态度，为将来的学习和生活打下良好基础。

不过，虽然这种教学模式对有特定兴趣的学生非常有效，如对运动感兴趣的学生，但对那些没有兴趣的学生来说，可能就不那么有吸引力。这就意味着，如果学生对某一领域没有兴趣，他们可能无法从这种教学模式中获得预期的教育效果。另外，由于受技术难度、运动量及评价标准的影响，学生可能会对健美操学习持有一定的功利性态度，即他们可能主要是为了达到好的考核结果而学习，而不是出于对运动本身的兴趣或享受。这种态度可能会削弱教学的真正效果，使得学习成果不能完全体现学生的真实能力和学习过程的价值。

第二节　健美操教学模式的科学构建

在设计和实施健美操教学模式时，应当遵守一系列明确的原则和步骤，以确保所采用的方法在科学性和效果上都达到预期标准，并通过一些综合措施，构建一个既科学又有效的健美操教学模式。

一、健美操教学模式构建的原则

构建健美操教学模式时，应遵循一些基本原则以确保教学活动的有效性和学生的积极参与。这些原则旨在提高教学质量，促进学生全面发展。具体来说，应遵循以下原则（见图4-8）。

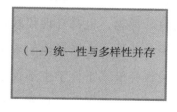

图4-8　健美操教学模式构建的原则

（一）统一性与多样性并存

在推动健美操教学水平持续提升的过程中，构建一个既统一又多样的教学模式体系尤为关键。所谓"统一性"，是指在体育教学领域内，教学模式应基于传统体育教学的理念和历史上的成功案例，确保教学活动的基本框架和教学质量的标准化；而"多样性"则涉及在教学实践中引入多元化的教学策略和方法，通过不同的教学模式相互作用和补充，以适应不同学生的学习需求和偏好，促进学生全面发展。统一性保证了教学活动在理念和方法上的连贯性和一致性，有助于形成稳定高效的教学环境。它确保所有教学活动都在一个共同的教学理念指导下进行，使教师和学生都明确教学目标和预期成效。多样性则为教学环境注入活力，通过不同的教学方式和活动，激发学生的学习兴趣和参与度。例如，可以通过视频教学、团体活动、个别指导等多种方式来适应学生的个性化需求。

具体到健美操教学上，统一性可能体现在教学大纲的制定、基本动作的教学标准以及评价体系的建立上，以确保教学质量和学习效果能达到教育部门的基本要求。多样性则可以通过引入不同风格的健美操，如爵士、现代舞蹈元素的融入以及通过科技手段如 AR（增强现实）技术的应用，增加教学互动性和趣味性，从而更好地满足学生的多元化需求。

（二）教学目标、内容、结构与功能相统一

在提升健美操教学水平的努力中，教学模式的精心设计和选择起到不可或缺的作用。为确保教学效果的最大化，必须在教学模式的构建过程中综合考虑并优化教学目标、内容、结构与功能之间的协调和一致性。教学目标应明确指导教学内容的选择和教学结构的设计，同时教学内容和结构应直接服务于这些目标的实现，并反映其功能性。

教学目标是教学活动的出发点和归宿，确定了学生通过学习应达到

的具体知识和技能水平，教学内容则是达到这些目标的具体载体，包括必须掌握的理论知识和实践技能。教学结构包括教学的组织方式和进程安排，需要灵活地调整以适应教学内容的特点和学生的学习需求。功能性则表现在每一个教学环节都应服务于目标的实现，确保每部分都有其明确的作用和意义。

（三）借鉴和创新相统一

在当代健美操教学模式的构建中，将借鉴与创新融为一体是提升教学效果的关键策略。这一原则强调从国际先进的教学理论和实践中吸收精华，与此同时，必须考虑到国内教学环境的具体条件，进行必要的调整和创新，从而形成符合我国特色的教学模式。借鉴的过程不是简单的模仿或复制外国的教学模式，而是要深入理解这些模式背后的教育理念和方法，将其与中国教育实际相结合，发掘适合国内发展的路径。这种深入的借鉴可以为我国的教育体系带来新的视角和启发，有助于避免教学过程中的一些常见错误和陷阱。同时，教学模式的创新不应停留在表面，而应深入教学内容、方法、工具和评价机制等多个层面。创新可以体现在引入新的教学技术，如虚拟现实和增强现实技术的应用，以及开发新的课程内容，如融合现代舞蹈元素的健美操动作。此外，创新也应包括对教学策略和学生互动方式的改进，使教学更加个性化、互动性更强。

二、健美操教学模式构建的步骤

在发展健美操教学模式时，应该遵循一系列明确的步骤来确保其设计的科学性和合理性。通常，构建健美操教学模式的过程包括以下五个步骤（见图 4-9）。

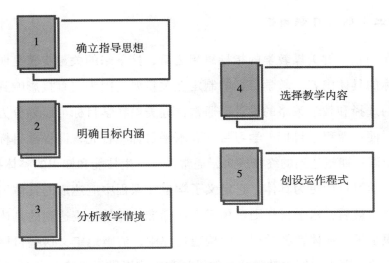

图 4-9　构建健美操教学模式的过程

（一）确立指导思想

在开展健美操教学模式的构建时，首先必须明确核心的指导思想，这一步是至关重要的，因为它将决定教学模式的整体发展方向。传统上，我国的学校体育教学一直以"健康第一"为核心理念。然而，随着教育改革的深入，新的教学理念如"以人为本"和"终身体育"等开始逐渐融入体育教学中，这些理念不仅丰富了体育教学的理论体系，也为健美操教学的设计提供了新的指导方向。这些指导思想强调学生的全面发展和长期健康，指导教师在设计教学活动时更加注重学生个体的需求和潜能的发展。在实际教学中，这意味着教学活动的设计不仅要注重学生技能和体能的提升，还要考虑到学生的心理健康和社交能力的培养。在制定健美操教学模式时，教师应以这些更新的教学思想为基础，综合考虑教学内容、方法和目标，确保教学活动既符合学生的实际情况，又能有效推进他们的综合能力提升。例如，可以通过设计包含团队合作元素的健美操课程，来促进学生之间的交流与合作，同时通过引入创新的教学工具和技术，如虚拟现实，来增强课程的互动性和趣味性。

（二）明确目标内涵

在确立了健美操教学的指导思想之后，接下来的关键步骤是明确教学目标的具体内容。教学目标的制定至关重要，因为它直接影响到教学内容的选择和教学策略的设计。通常，健美操教学目标可以划分为三个主要层面：课程总目标、学习目标和水平目标。首先，课程总目标概括了整个课程期望达到的终极成果，通常涉及学生技能和知识的整体提升。其次，学习目标更为具体，它定义了学生在课程中应达成的具体知识点和技能。最后，水平目标则聚焦于评估标准，即学生应达到的具体技能和知识水平。在体育教学模式的构建过程中，清晰地定义这些目标是极其重要的，因为它们为教学活动的设计和实施提供了明确的方向和基准。教师在设计教学活动时，需要紧密结合这些目标，确保教学方法和内容能够有效支持目标的实现。这种目标导向的方法不仅增强了教学活动的针对性和效果，还有助于评估教学成效和调整教学策略。例如，在设计健美操课程时，如果课程总目标是提高学生的体能和协调性，那么学习目标可能包括掌握基本的健美操步骤和组合，水平目标则可能是具体到每个学生能够独立完成一套标准的健美操动作。通过这样的目标体系，教师能够有序地推进教学活动，使教学更加系统和科学，有效地支持学生技能的发展和提升。这种明确的目标设置确保了教学模式的可操作性，有助于健美操教学活动的有效开展。

（三）分析教学情境

在制定健美操教学模式时，对教学环境的深入分析是不可或缺的一步。由于地理位置、经济条件、气候和教育水平的差异，我国不同地区学校的体育教学呈现出显著的多样性。相应地，对于健美操教学的具体实施，也必须考虑到这些多元和复杂的教学情境。

一方面，教学情境分析需要深入了解学生群体的具体特征，包括学生的年龄分布、性格特点、运动经验、学习态度及其体育需求和学习能力等。对这些因素的全面调查和分析有助于教师更好地理解学生的需求和预期，从而设计出更符合学生实际的教学计划。

另一方面，教学模式的构建还需考虑诸多客观条件，如可用的教学空间、教育设施的配备以及教师队伍的资质和经验等。这些元素直接影响到教学活动的效果。例如，充足和先进的教学设施可以提供更多样化的教学方法，而资深的教师团队能够提供更专业的指导。

（四）选择教学内容

在构建健美操教学模式时，精心选择和设计教学内容是至关重要的环节。这一过程应当确保教学内容不仅符合学生的兴趣和需求，而且能够适应不同的教学环境和资源条件，同时促进学生全面健康发展。

第一，健美操教学内容的选择需考虑内容的多样性。这意味着教学计划中应包含多种健美操形式和风格，从传统的健美操到现代舞蹈元素的融合以及其他创新形式。这种多样性不仅可以满足不同学生的兴趣和偏好，而且可以激发他们的学习热情，使他们更加积极地参与到学习过程中。

第二，教学内容的选择还应具备一定的灵活性和可替代性。这是因为在实际教学过程中，可能会因各种外部条件的变化（如设备的可用性、教室空间的限制等）需要调整教学计划。因此，教师在设计课程时应预留出可供调整和替换的空间，确保教学活动能在不同条件下顺利进行。

第三，健美操教学内容的设计还应服务于学生的全面发展，包括身体健康、情感发展和社会互动。这意味着教学内容不仅要注重技能的培养和身体的锻炼，而且应包括提高学生的自我表达能力、增强团队协作能力等方面。

在整合这些教学内容时，教师需要创造性地融合各种元素，设计既有趣味性也有教育意义的课程。这样的教学模式不仅能够提高学生的参与度，还能通过多样化的教学活动促进学生多方面能力的发展。通过这种综合性的教学内容设计，健美操教学模式能更好地满足教育目标，同时为学生提供一个充满挑战和乐趣的学习环境。

（五）创设运作程式

在健美操教学模式的构建过程中，最后一个关键步骤是制定具体的操作程序。这一阶段涉及将之前设定的教学理念、目标和内容转化为实际可执行的活动，其实践性特征确保了教学计划的有效实施和教学质量的优化。

操作程序的制定首先需要确定教学活动的具体顺序，包括安排课程的开始、中期和结束阶段的活动，确保教学内容的逻辑性和连贯性。例如，在健美操课程中，教师可能会先从基础动作教学开始，逐步过渡到更复杂的组合动作，最后安排综合性的表演或竞赛活动，以检验和巩固学生的学习成果。其次，选择合适的教学方法和手段也是构建操作程序的重要组成部分。包括传统的面授讲解、示范教学，或者更现代的方法，如使用视频教学、互动软件等技术工具，以增强教学的互动性和学生的学习体验。最后，组织课堂活动是实施教学操作程序中不可或缺的环节。教师需要根据教学内容和学生的具体情况灵活组织各种教学活动，如分组讨论、技能练习、角色扮演等，以促进学生的积极参与和技能提升。

第三节　健美操教学模式改革的建议

在当前的教育环境中，推动健美操教学模式的改革显得尤为重要。为了有效地创新并优化健美操教学体系，以下是一些推荐的建议。

一、加强学生主体意识的培养和提高

在当前教育环境中，教学模式的改革趋向于更加重视学生的主体地位和个性化发展。尤其在健美操教学领域，这种改革是必要的，以便于适应现代教育理念的演进。过去的教学模式通常完全由教师主导，学生在学习过程中往往处于被动接受的状态，主要关注技能的机械训练，而忽视了学生个性和创新能力的培养。

随着教育观念的更新，师生关系和教学地位的变化已经开始体现在教学实践中。过去的"教师中心论"已逐渐被淘汰，取而代之的是更加注重以学生为中心的教学模式。在这种模式下，学生的主体意识被大大强化，教学活动设计更多地围绕学生的需求和兴趣展开，使学生能够积极参与到学习过程中，从而更好地促进他们的全面发展。在健美操教学中，这种模式的转变尤为重要。教师不再是简单的知识传授者，而成为指导者和协助者，他们的任务是激发和支持学生的自主学习、创新思维和个性发展。通过这样的教学模式，学生不仅能够学习健美操的技术技能，而且能在过程中培养自己的创造力、解决问题的能力以及团队协作能力。

因此，改革健美操教学模式，强化学生的主体意识并支持他们的个性化发展，不仅是教学策略的调整，更是对现代教育理念的一种回应。通过这种方式，可以更有效地激发学生的学习动机，提高他们的学习效率，最终实现教学目标的全面提升。这样的教学模式改革将为学生提供更加丰富和多元的学习环境，有助于他们在现代社会中更好地发展和适应。

二、加强演绎型教学模式的更新与发展

在现代教育环境中，加强和发展演绎型教学模式对于提升教学效果至关重要，特别是在健美操教学领域尤为重要。演绎型教学模式基于强大的理论基础，从一套定义明确的理论假设出发，逐步引导到具体的实践操作，帮助学生从理论到实践形成一条清晰的认知途径。演绎法的核

心在于它的逻辑性和系统性，它不仅是一种教学方法，而且是一种全面的教学策略。这种方法首先介绍全局性的理念或理论，其次通过一系列结构化的步骤，将这些理论具体化，最终达到教学目的。例如，在健美操教学中，可以从解释肌肉运动的生理学开始，然后展示如何通过特定的健美操动作激活和强化这些肌肉，最后通过连贯的动作组合实际应用这些理论。

此外，演绎型教学模式强调的是从宏观到微观的教学逻辑，有助于学生构建系统的知识架构，从而在实际操作中更好地理解和应用这些知识。这种方法不仅适用于理论密集的学科，而且极其适合技能培训和实践型教学，如健美操等体育活动。因此，推动健美操教学模式的改革并强化演绎型教学的应用则显得尤为重要。通过这种教学模式，不仅可以提高教学的科学性和系统性，而且可以大大提升学生的学习效率和实践能力。教师可以设计一系列基于核心理论的教学单元，每个单元都围绕一个核心理论展开，通过示范、实践和反馈的循环，使学生能够深入理解并掌握健美操的关键动作和技能。

将演绎型教学模式纳入健美操的教学中，不仅能够确保学生获得坚实的理论基础，还能通过连贯的实践活动，增强他们的技能和自信。这种教学改革将为学生提供更加丰富和有效的学习环境，使他们能够在学习过程中体验到成就感和满足感，最终提升整体的教学质量。

三、开展俱乐部模式，延伸体育课堂教学

随着体育运动的现代化发展，体育俱乐部在社会中的角色逐渐凸显，其中包括职业与业余两种主要形式。职业体育俱乐部已经与市场紧密结合，实现了高度专业化的发展，而业余体育俱乐部则为广大民众提供了参与体育活动的便利渠道。在这种背景下，将俱乐部模式引入校园体育教学中，尤其是健美操教学，成为一种创新的教育策略，旨在提升学生的体育活动参与度和技能水平。

　　采用健美操俱乐部模式的目的是更有效地激发学生对健美操的兴趣和热情。在这种模式下，学生不再是传统教学活动中的被动参与者，而是能够根据自己的兴趣和能力选择参与活动的主导者。俱乐部提供的是一个更为自由和开放的学习环境，学生可以在这里自由选择参与各种与健美操相关的活动，从而在实践中提升自己的技能和体验。

　　此外，俱乐部模式为学生提供了一个展现个性和创造力的平台。在俱乐部活动中，学生可以自主选择参与的项目和训练强度，也可以与其他俱乐部成员进行交流和协作，共同完成表演或比赛项目。这种互动不仅增强了学生的社交技能，而且促进了他们在运动中的个性发展。实施俱乐部模式还意味着课堂教学的延伸。通过俱乐部活动，学生能将在课堂上学到的理论知识和技能应用于更广泛的实践中，同时也能通过俱乐部的各种活动接触更多运动技巧和策略。这种模式的实施不仅丰富了学生的学习体验，而且为他们提供了多样化的学习途径，以满足不同学生的需求和兴趣。因此，在未来教育改革中，引入并重视健美操俱乐部模式是十分有价值的。这样既能提高学生对健美操的兴趣，又能通过提供更多样化的学习和参与机会，帮助学生全面提升自身的健美操技能，从而在学习和个人发展上取得更大成就。

四、教学模式中贯彻"以人为本"的基本理念

　　在当今教育体系中，实施以学生为中心的教学模式已成为一种普遍趋势。我国学校广泛采用了选项课教学模式，这种模式的核心在于通过给予学生选择的自由来拓展教学范围，并且更加注重学生各方面能力的发展。特别是在健美操教学中，这种模式不仅帮助学生提升专项技能，而且强调通过教育提高学生的身体和心理素质，实现个性化发展。选项课模式允许学生根据自身兴趣和能力选择合适的课程，这种灵活性使得教学更加个性化且目标明确。在健美操教学中，学生可以选择不同难度和风格的课程，通过持续的训练提高自己的运动技能。这种教学模式的

实施是对"以人为本"教学理念的深入体现，它强调以学生的需求和发展为中心，使教学活动更具科学性和有效性。

此外，健美操教学不仅关注技能的提升，还包括人文素质的培养。在教学过程中，教师应将人文教育融入体育教学，帮助学生在提高健美操技能的同时，增强心理素质，促进情感和社交能力的发展。

因此，未来教育改革应继续推广和完善以学生为中心的教学模式。通过选修课程的实施，不仅能更好地满足学生的个性化需求，还能促进他们在多方面的均衡发展。这种教学模式的优化和深化，将有助于构建更加科学、合理和人性化的教育环境，为学生的全面发展奠定坚实的基础。

五、加强体验式教学的应用

体验式教学法在当代教育中越发受到重视，其核心理念在于强调学生在学习过程中的主动参与和深度体验。这种教学方式通过促进学生在实际操作和亲身体验中学习，来加深对知识的理解和技能的掌握，使教育过程不局限于理论的灌输，而是成为一种全面的学习体验。

在健美操教学中，体验式教学尤为重要，因为它能有效地提升学生的动作执行能力和理解深度。通过实际操作，学生可以直观地感受每个动作的效果和技术要求，这种直接的体验有助于他们更好地掌握健美操的技巧。

此外，体验式教学还鼓励学生之间的交流和分享，通过讨论和合作，学生可以从同伴那里获得反馈和新的见解，进一步丰富自己的学习体验。体验式教学的实施不仅要求教师具备引导学生深入学习的能力，还要求教师能设计出富有挑战性和互动性的教学活动。这些活动应当能够激发学生的学习兴趣，促使他们在实践中主动探索和解决问题。例如，在健美操课程中，教师可以设置模拟比赛、团队表演等多样的教学活动，让学生在真实的运动环境中测试和提升自己的技能。进一步来说，体验式教学还应该强化学生的自主学习能力。通过给予学生更多的自由度来选择学习的内容和方式，学生可以根据自己的兴趣和学习进度自主学习，这不仅提高了学习的灵活性，而且促进了学生个性化的发展。教师的角色在这一过程中从主导者转变为辅导者和协调者，他们的主要任务是提供必要的资源，指导学生克服学习中的难题，确保学习活动的有效性和安全性。因此，体验式教学模式是健美操教学中不可或缺的一部分，它不仅能够有效提高学生的健美操技能，还能促进学生全面素质的提升。在未来教育的改革与发展中，应当更加注重体验式教学的深化与创新，通过实践中的体验学习，让学生在享受运动乐趣的同时，实现身体和心理的全面发展。

六、适当地采用导师制教学管理模式

在不断追求教学质量提升的过程中，采用导师制作为一种教学管理模式成为提高健美操教学效果的有效策略。导师制教学管理模式通过充分发挥教师的专业技能，不仅能够在课堂内系统地培养学生的基本技能，而且在课外也能持续指导学生，实现教学的连续性和持续深化。在这种模式下，教师不仅是知识的传递者，更是学生学习过程中的引导者和伙伴。教师通过一对一或小组形式密切关注学生的学习进度和技能发展，为学生提供个性化的指导和反馈。这种深度的学习指导能帮助学生更好地理解健美操的技术细节，同时也能够针对学生的具体需要调整教学计划和内容。此外，导师制教学管理模式也强调课内外一体化的教学方式。在课内，教师通过系统的教学和实践帮助学生掌握技能；课外，教师则通过额外的练习和任务，加深学生的技能应用和理解。这种模式不仅使学生能够在教师的监督下持续进步，也鼓励他们在非正式的学习环境中自主练习，逐渐养成自主学习和练习的习惯。

通过导师制教学管理模式，学生能够获得更加个性化和细致的关注，这对于技能水平的提升及个人发展都极为有利。教师作为导师，不仅传授技能，更通过持续的互动，影响和塑造学生的学习态度与价值观，这对学生的长期发展具有深远影响。因此，在未来的教育改革中，进一步推广和深化导师制教学管理模式将是提升健美操教学质量的重要方向。这种模式的实施能有效提升学生的健美操技能，并促进学生在体育活动中的全面成长，培养他们的自律性、责任感及团队协作能力。这样的教育模式能够为学生的整体发展奠定坚实的基础。

第四节　创新健美操教学模式设计与应用

一、健美操教学模式的创新对策

随着时间的推移，体育教学模式已经发展成为一个较为成熟的体系，其中包括的多种方法已在健美操教学中得到广泛应用。为了进一步提高健美操教学的效果，有必要持续创新教学模式，广泛采取以下五种对策（见图4-10），确保它们能够满足健美操教学需求的持续演变。

图4-10　健美操教学模式的创新对策

（一）大力培养学生的综合能力

在现代教育中，健美操不仅是一种提高体能的运动形式，而且是一种全面提升学生综合能力的有效工具。为了充分发挥健美操教学的潜力，以下几个方面应当成为教学模式创新的重点。

1. 身体素质的提升

健美操教学应着重增强学生的身体素质，包括力量、耐力、柔韧性和协调性。通过系统的训练计划，学生不仅能够改善体形，提高身体健康水平，而且能够通过体能挑战增强自我意识和自信心。

2. 心理素质的培养

健美操教学还应注重提升学生的心理素质，包括自控能力、抗压能力和团队协作精神。通过团队活动和个人表现的机会，学生可以学习如何在压力下保持冷静，如何与他人进行有效沟通和协作。

3. 体育理论知识的深化

教育者应将体育理论融入健美操教学中，使学生不仅在实践中学习技能，也能理解运动背后的科学原理，包括肌肉学、生物力学、营养学等，这些知识的学习有助于学生更全面地理解运动的影响并将其应用于日常生活。

4. 运动技能的系统发展

系统的技能训练是健美操教学的核心，教学模式设计为从基础到高级逐步推进，适合不同水平的学生。教师可以通过分层次教学，确保每位学生都在自己的舒适区外获得挑战和发展。

5. 创新教学方法

利用多媒体教学工具、互动软件和其他技术，可以使健美操课程更加生动有趣。例如，使用视频分析来反馈学生的动作质量，或者通过虚拟现实技术模拟不同的训练环境，以增加课程的吸引力和教育效果。

（二）注重设计及利用先进的网络技术

在当代教育环境中，结合现代网络技术的健美操教学模式创新是提升教学质量和效果的关键。以下从几个方面详细说明如何通过先进的网络技术来优化健美操的教学设计和实施。

1. 教学资源的优化利用

教师应充分利用学校提供的丰富网络资源，设计更加多样化和互动性强的教学内容。例如，可以通过在线视频、教学软件和虚拟课堂等形式，为学生提供从理论学习到技能训练的全方位教学支持。

2. 创造互动学习环境

利用网络平台的交互功能，如论坛、即时问答和视频会议等，可以创建一个互动的学习环境。这种环境鼓励学生主动提问和分享，促进学生之间以及师生之间的沟通和学习，从而增强学习的动机和效果。

3. 实现个性化教学

网络技术的应用使得教学更加灵活，教师可以根据学生的具体需要设计个性化的学习计划和内容。例如，通过数据分析工具来跟踪学生的学习进度和效果，从而提供具有针对性的辅导和反馈。

4. 促进教学方法的创新

网络技术的引入改变了传统的教学方式，促进了教学方法的多样化和创新。如使用虚拟现实技术模拟健美操动作的执行，增加学习的趣味性和实际操作感。

5. 提高教学质量的可评估性

利用网络技术，教师可以更有效地收集和分析学生的学习数据，如参与度、学习成果和反馈信息等。这些数据可以用来评估教学效果，调整未来教学内容和方法。

6. 拓展教学影响力

通过网络技术，健美操教学将不受地理和时间的限制，可以达到更广泛的教学覆盖，使更多学生受益。同时，为学生提供了与国内外优秀教师和学生交流的机会，拓宽了学生的学习视野。

（三）注重健美操教学模式实施效果的评价

在健美操教学中，确保教学模式的有效性和适应性是至关重要的。为此，注重对教学模式的实施效果进行全面评价是优化教学过程的关键步骤，也是教学创新与发展的重要支点，以下几个方面详细阐述了如何系统地评价和优化健美操教学模式。

1. 设定明确的教学目标

健美操教师在设计教学模式之初，必须明确教学的具体目标，这些目标应详细到每一项技能的掌握程度和理论知识的理解深度。教学目标的清晰设定是后续评价的基础，可以确保评价过程针对性强和可操作性高。

2. 制定多维度评价体系

教学模式的评价应包括多个维度，如学生的技能提升、理论知识掌握、参与度、满意度等。采用多样化的评价工具，如问卷调查、技能测试、自评和同伴评价等，可以从不同角度收集反馈信息，全面了解教学模式的效果。

3. 实施定期和持续的评价

教学模式的评价不应仅在课程结束时进行，而应贯穿整个教学过程。定期的评价可以帮助教师及时发现问题并进行调整，持续的反馈机制则可以确保教学模式始终与学生的学习需求和教学目标保持一致。

4. 利用技术工具提升评价效率

现代教育技术，如学习管理系统（LMS）、数据分析软件等，可以有效地支持教学模式的评价工作。这些工具可以自动收集学生的学习数据，提供实时反馈，帮助教师快速准确地评估教学效果，并做出必要的调整。

5. 反馈的整合与应用

收集到的反馈信息应被系统地整合和分析，以便发现教学过程中的趋势和问题。教师需要根据这些反馈调整教学策略和内容，不断优化教学模式，确保其适应性和效果最大化。

6. 培训教师以提升评价能力

对教师进行定期的评价方法和工具的培训，可以提升他们的评价技能，确保评价的专业性和准确性。教师的专业发展在提升教学质量的过程中起着不可或缺的作用。

（四）坚持健美操教学模式借鉴与创新的结合

在构建健美操教学模式时，将借鉴和创新结合起来是至关重要的，这不仅可以引入已验证的有效方法，还能采取新的教学策略，从而提升教学的整体效果，以下从几个方面详细阐述如何实现这一目标。

1. 理论学习与实践更新

教师应不断加强对体育教育理论的学习，关注体育教学领域的最新研究和趋势。通过阅读专业文献、参加专业培训和研讨会，教师可以了解国内外的先进教学模式和理论发展，为教学创新提供理论支持。

2. 积极借鉴先进模式

教师应积极借鉴国内外在健美操教学方面的成功经验和先进模式，包括学习其他国家或地区在健美操教学中采用的有效方法、教学工具和课程设计等，从中汲取对本地教学环境有益的元素。

3. 本土化创新尝试

借鉴国外的教学模式不应该只是简单的复制，而应根据本国的教育环境、学生特点和社会需求进行相应的调整和创新。教师可以在借鉴基础上尝试新的教学方法，如结合本地文化元素、使用新兴技术或开发针对性的教学活动。

4.反馈机制的建立

在实施新的教学模式时，建立有效的反馈机制是必不可少的，包括从学生、同事和行业专家那里收集反馈，评估教学创新的实际效果，并据此调整和完善教学方法。

5.持续的教学实验

创新教学模式的过程应是持续和循环的。教师需要不断试验新的教学策略，评估其成效，并根据学生的学习成果和反馈进行必要调整。这种不断的试验和改进是推动教学模式不断进步的动力。

6.多方协作与交流

与其他教育工作者和研究人员合作，共享资源和经验，可以加速教学模式的创新过程。通过国内外的协作和交流，教师可以获得新的灵感和策略，使健美操教学模式更加丰富和高效。

（五）加强健美操教学模式的信息化建设

在当代教育技术迅速发展的背景下，加强健美操教学模式的信息化建设是提升教学质量和效率的关键策略。以下几方面详细说明了如何通过信息化手段，优化和创新健美操教学模式。

1.建立教学资源共享平台

开发和维护一个高校间的教学资源共享平台至关重要。这个平台可以作为各高校教师和学生交流健美操教学资源的中心，包括课程视频、训练手册、最新研究成果等内容。通过这种方式，教育资源的开放和共享不仅能促进教学方法的创新，还可以提高教学内容的多样性和丰富性。

2.利用多媒体技术提升教学质量

充分利用多媒体技术，如视频分析软件、在线互动工具及虚拟现实等，以增强教学的直观性和互动性。这些技术可以帮助学生更清晰地理解复杂的健美操动作，同时也使教学更加灵活和个性化。

3. 完善选课信息系统

建设和完善选课信息系统对于加强健美操教学模式的信息化建设来说至关重要。这样的系统不仅可以简化学生选课过程，而且可以提供实时的选课反馈和数据分析，帮助教师和学校管理层更好地了解学生需求，从而调整和优化课程设置。

4. 实施数据驱动的教学决策

利用现代信息技术收集和分析教学数据，以实现基于数据的教学决策，包括学生的学习进度、成绩分布、课程反馈等信息。通过这些数据，教师可以更精确地评估教学效果，及时调整教学策略，以适应学生的学习需要。

5. 推动教师信息技能的提升

为教师提供必要的信息技术培训，以确保他们能够有效地利用各种信息化工具进行教学。教师技能的提升不仅可以增强教学模式的实施效果，而且是提高教学整体质量的基础。

二、现代教育背景下创新的健美操教学模式的应用

在当前的教育环境中，不断创新和发展健美操的教学模式尤为关键，这有助于显著提升教学质量和效果。目前，一系列新颖的教学模式已经被广泛应用于健美操课程中，接下来将详细介绍这些创新教学模式在健美操教学中的实际应用情况。

（一）多媒体教学模式

在现代信息化社会中，数字化技术广泛应用于各个领域，体育教学也不例外。特别是在健美操教学中，多媒体教学模式已成为一种重要教学手段。这种教学方式主要是在装备完善的多媒体教室中进行，这些教室通常配备有多媒体计算机、投影仪、数字视频展示台、中央控制系统、投影屏幕以及音响系统等现代化教学设施。利用这些先进的多媒体设备，教师能够实施更加丰富和动态的教学方式。多媒体教室不仅可以用于常

规的多媒体教学，还可以承担专题演讲、报告会、学术交流以及其他演示和娱乐活动，大大增强了教学的互动性和视觉效果。这种多功能的教学环境提升了学生的学习效率，也增加了学习的趣味性，从而有效地提高教学质量。

在现代健美操教学中，有效利用多媒体技术是提升教学质量和效率的重要手段。多媒体技术的应用不仅让理论教学更加生动形象，而且极大地便利了学生的学习和师生间的互动。具体实施多媒体教学手段时应重点考虑两个方面：一方面，为了使健美操的理论教学更加直观和吸引人，首先需要建立一个完整的多媒体教学系统。这个系统应包含视频录像、图片、Flash 动画等多种教学媒体，合理整合和使用这些资源可以使教学媒体效用最大化。通过这种方式，复杂的健美操动作和理论可以通过多种视觉和听觉材料被简化和动态展示，极大地提高学生的理解和记忆能力。另一方面，可以利用多媒体技术建立校园网络平台，为学生提供一个访问健美操知识和信息的便捷途径。这不仅局限于教学内容的单向传播，更包括创建一个互动性强的平台，使学生能够随时提问和反馈，教师也可以实时回应学生的疑问和需要。

此外，该平台还能促进师生和学生之间的讨论和交流，增强课堂外的学习动力和社交互动。多媒体技术的引入不是对传统教学模式的简单补充，而是一种质的飞跃，使得教学过程更加高效、直观和互动。这种教学方式能更好地适应现代教育的需求，提供给学生一个更为丰富和多元的学习环境，从而有效提高学生的学习兴趣和教学效果。

（二）移动网络教学模式

目前，常用的移动网络教学模式主要有以下三种，体育教师可结合具体的健美操教学需求合理选择与应用。

1. 基于手机短信的移动教学模式

在现代社会中，手机已经成为人们日常生活不可或缺的一部分，尤其是在信息传递和交流方面。利用手机短信进行教学，是对传统教育方式的一次革命性创新。这种教学模式充分利用了手机的基本功能，即短信通信，简化了教与学的过程。教师可以通过短信发送教学内容和通知，学生则可以回复自己的疑问或反馈，实现即时的师生互动。此外，该模式还支持在线测评和信息查询，使得教育活动不再受地理和时间的限制。基于手机短信的移动教学模式不仅操作简便，而且成本低廉，非常适合资源有限的环境。通过这种方式，教育资源可以更广泛地传播到每个需要的角落，无论城市还是偏远地区的学习者都能受益。这不仅推动了教育的普及化，而且促进了教育方式的多样化和现代化。

2. 基于 App 的移动教学模式

在信息技术迅速发展的今天，社交应用程序（App）已经成为日常生活和教育领域中的重要工具。社交 App 不仅改变了人们的交流方式，也极大地促进了教育方式的革新。特别是在移动教学领域，基于 App 的教学模式逐渐成为一种流行趋势，提供了便捷的教育资源和交流平台。以微信为例，这个被广泛使用的社交平台已经扩展到教育领域，成为有效的教学工具。微信不仅能够促进师生之间的即时通信，还可以通过其公众平台发布和管理教学内容。例如，"VR 程序设计"公众平台就是专为帮助大学生通过计算机二级考试而设立的程序设计课程。在这个平台上，学生可以加入不同的微信群组进行学习和讨论，教师则通过群组推送课程资源和信息，使学生能随时随地访问学习材料，并在微社区中进行深入的讨论和互动。

此外，这种基于 App 的教学模式极大地增强了教育的可访问性和灵活性，使学生在非传统的学习环境中也能持续进行学习和讨论。它不仅为教育提供了一个多元化的平台，而且通过互动和实时反馈，极大地提高了学生学习的动机和效率。学生可以在一个开放但受管理的环境中探索知识，而教师则能实时监控学习进度并提供必要的指导和支持。

第五章　健美操课程教学分析与指导

第一节　健身健美操技能分析与教学指导

一、健身健美操运动技能分析

（一）健身健美操运动技能的基本动作

1.手型动作

在健身健美操运动中，手型动作的设计和运用不仅是对舞蹈技巧的借鉴，更是整个动作美学的重要组成部分。通过吸收舞蹈中的手型元素，健美操中的手型动作既展示了运动的技巧性，也增加了视觉的艺术感。健美操手型的多样性反映了舞蹈手势的丰富性和表达力。例如，绷紧手腕、五指并拢伸直或用力分开的动作，不仅训练了手部肌肉的控制力，还让整个动作显得更为精确和优雅。此外，手掌向上翘起时五指自然弯曲的推掌以及无名指和小指弯曲互握，通过拇指与食指的响指动作，都极大地丰富了动作的层次感和表现力。尤其是借鉴自芭蕾舞和西班牙舞的手势，如五指前屈并稍微内收的芭蕾手型和从掌指关节处逐渐弯曲的西班牙舞手势，更是体现了健美操对舞蹈艺术的深度融合。这些手型不仅增强了健美操动作的美感，而且提升了运动者的表演技巧和舞台表现力。[①]

2.上肢动作

上肢动作在健身健美操中占据至关重要的地位，其设计不仅考虑到身体的协调性和力量的培养，而且强调动作的流畅性和美学。通过精心

---

① 陶李军，李海.现代健美操运动技能分析与教学研究[M].北京：中国纺织出版社，2018：68.

设计的三种基本上肢动作——举、屈、绕，健美操能有效地提高运动者的身体灵活性和肌肉控制能力。首先是"举"的动作，这一动作要求运动者站立时两脚分开，与肩同宽，手臂围绕肩关节进行有力的上下前后左右摆动。这不仅有助于增强肩部的力量，而且能提升整个上身的稳定性。其次是"屈"的动作，这一动作中，运动者需保持自然站立姿势，两脚分开，同时肘关节在弯曲和伸直之间交替进行，配合胸部、肩部和头部的同步运动。这种动作的设计旨在提高手臂的灵活性和爆发力，同时也锻炼了上身的协调性。最后是的"绕"动作，以肩膀为轴，手臂进行复杂的环绕动作，如前后左右内外的弧线环绕，要求手臂动作在空中的路径清晰，确保每个动作的起始和结束位置都非常精确。这三种上肢动作的共同特点是它们都需要高度的控制力和精确性，这不仅能有效地锻炼和增强上肢肌肉，而且能提高身体整体的协调性和灵活性。

3. 躯干动作

在健美操中，躯干动作是构建整体运动结构的核心部分，涉及胸部、腰部和胯部的协调动作，这些动作不仅有助于增强身体的核心力量，而且能改善体态和增加身体的灵活性。通过细致的动作分解，学生可以更好地理解每个部位动作的技巧和效用。第一，胸部动作主要分为移胸、含胸和挺胸三种形式。在执行移胸动作时，运动者需要在髋部位置固定的情况下，通过腰腹的带动让胸部在左右之间做大幅度移动，这种动作有助于增强胸部和上躯干的灵活性。含胸动作是在呼气时进行，通过低头、弓背、收腹和收肩来放松身体，有助于放松胸腔和改善呼吸。挺胸动作是在吸气时执行，通过抬头、展肩、提臀来加强胸部的展示，这有助于提升气质和自信。第二，腰部动作涵盖了屈伸、转动和环绕三种基本技巧。屈伸动作通过两脚自然开立，匀速缓慢地伸展腰部，使腰部向前后左右做拉伸运动，这种动作有效拉伸了腰部肌肉，增强腰部的灵活性和力量。转腰动作更加注重腰部的灵活运用，通过两脚开立与胯同宽，腰部带动身体左右转动，这不仅锻炼了腰部肌肉，而且增强了平衡能力。

环绕动作通过手臂和腰部的协调运动，让腰部在清晰的路线上做圆滑的弧线或圆周运动，增加了动作的艺术感和表演性。第三，胯部动作包括顶胯、提胯和环绕动作。顶胯动作通过一腿支撑，另一腿屈膝内扣，节奏性地将髋部向各个方向顶出，这种动作有助于提高下肢力量和协调性。提胯动作是通过双脚开立，与胯同宽，协调手臂和腿部动作，有节奏地将胯部向上提拉，增强了腿部和腹部的力量。胯部的环绕动作是通过两脚分开，自然站立，胯部沿圆滑的弧线轨迹向左右方向做圆周运动，这不仅锻炼了髋关节的灵活性，也增加了整体动作的流畅性和连贯性。这些精细的躯干动作设计不仅展现了健美操的技巧性和艺术性，而且通过各种动作的有机结合，有效地提升了运动者的身体素质和表现力，使得健美操成为一项集体育、艺术与娱乐于一体的全面性运动。

4. 下肢动作

在健身健美操中，下肢动作的多样性和技术性是提升整体运动效果和参与者体验的关键。这些动作不仅有助于强化腿部肌肉，增加下肢的灵活性和力量，而且对提高身体协调性和平衡能力至关重要。首先是立姿动作，包括直立、开立和点立。直立是最基本的站立姿势，要求运动者抬头挺胸，双腿紧闭，保持身体的竖直状态；开立是双脚分开，与肩同宽的站立状态，这种姿势有助于稳定身体，为更复杂的动作做好准备；点立涉及更多的平衡技巧，如单腿站立或双腿提踵立，这些动作增加了下肢的力量和控制能力。其次是弓步动作，运动者在保持自然直立的同时，大步向前迈出，进行前后左右侧的弓步屈膝，这不仅能够锻炼腿部的力量，还能提高关节的灵活性。踢腿动作则要求两脚分开，与肩同宽，双腿轮流做出有力且迅速的前后左右踢腿动作，这种动作强调速度和爆发力，是增加腿部力量和协调性的有效方式。再次是弹踢动作，弹踢动作融合了力量与灵活性，双脚开立，与胯同宽，双腿执行前后左右的弹踢，这些动作不仅有助于提升腿部的弹性，还能增加动作的美感。最后是跳跃动作，包括并腿跳、分腿跳和踢腿跳等，这些动作的多样性和强度对于提升心肺功能和增强下肢力量非常有效。

这些精心设计的下肢动作在健身健美操中起到至关重要的作用，它们不仅提升了训练的强度和效果，而且使得整个运动过程更加丰富和有趣。通过这些动作的训练，参与者能有效地提高自己的体能和运动技巧，同时享受到健身健美操带来的健康益处。

（二）健身健美操运动组合动作

在健身健美操中，组合动作的设计和实施对于提高运动效果和增强身体功能具有至关重要的意义。特别是头部和上肢的动作组合，不仅影响着运动的整体表现，而且直接关联到身体的健康和灵活性。首先，头部动作的组合需要特别注意，因为头颈部的灵活性和稳定性对于整个身体的运动都极为关键。健身健美操中的头部动作主要包括屈、转、绕、绕环等，这些动作的组合不仅有助于加强颈部肌肉，提高颈椎的灵活性，而且能有效预防颈部伤害，并促进脑部血液循环。通过这样的练习，可以显著减少脂肪堆积，增强颈椎间韧带的弹性，从而提高头颈部的整体健康状况。其次，上肢动作的组合在健美操中同样不可或缺。上肢作为变化最多的身体部位，其动作的多样性和复杂性要求运动者有较高的协调性和力量。常规的上肢训练，如手臂的屈伸、摆动、旋转等，不仅能增强手臂和肩膀的力量，还能提升上身的稳定性和协调能力。通过系统的训练，运动者可以在健美操中实现更加流畅和精确的动作表现。

通过精心设计的头部和上肢动作组合，健身健美操能够有效地提升参与者的身体素质，增加动作的美感和表现力，同时也为健康带来了积极的影响。这种训练不仅有助于锻炼身体，而且能通过提高柔韧性和力量，大大降低运动伤害的风险，使得健身健美操成为一种全面且高效的体育活动。

二、健身健美操运动技能教学指导

（一）健身健美操运动技能形成的教学过程

健身健美操中的动作技巧和规律对于运动者来说是至关重要的。每种动作的练习都需遵循一定的科学原则和技能形成规律，这是提升技能水平并确保训练效果的关键。透过恰当的方法和系统的训练，运动者可以更加高效地掌握各种动作，从而提高整体的运动表现。

1. 动作的认知阶段分析

在健美操运动练习过程中，运动者通过内在的思维活动，对健美操动作进行认知，这一过程主要包括动机产生、动作感知、技能探索三个环节。首先是运动者学习动机的产生环节，该环节重在激发运动者强烈的求知欲和好奇心；其次是运动者标准动作的感知环节，这个环节需要运动者熟悉教练员示范并讲解的动作，以期为日后的学习奠定扎实基础；最后是运动者动作技能的探索环节，这个环节要求运动者能够结合动作技能与自身经验，实现所学技能的拓展与延伸。

在健美操训练中，运动者对动作的认知过程起到着核心的作用。这一过程不仅涉及大脑的高级功能，如联想思维和无意识模仿，而且深刻地影响着运动技能的习得和精进。了解并利用这些认知机制，是提高训练效率和运动表现的关键。第一，运动者需要明确每个健美操动作的具体作用和意义。这不仅有助于激发其学习动作的兴趣和动机，而且能增强练习的针对性和效果，明确目标能够让运动者在练习过程中有更清晰的方向和更高的效率。第二，运动者在学习新动作时，应密切注意教练的讲解和示范。通过仔细观察和倾听，运动者可以形成正确的动作表象，这是确保技术正确性和减少伤害风险的基础。良好的观察力可以帮助运动者捕捉动作的关键细节，从而更准确地复制和内化所学技巧。第三，将新学的动作与既有的运动经验结合是深化动作认知的重要步骤。运动者应将新动作与过去的训练经验联系起来，这样不仅能加深对动作的理解，而且能促进技术的整合和运用。通过这种方式，运动者可以在实践中不断调整和完善技术，逐步提升自身的运动技能水平。

2. 动作的粗略掌握阶段分析

在健美操初学者的训练过程中，外部环境的影响和大脑的适应机制起着决定性的作用。新手在接触新的运动技能时，外界的多种刺激可能会对其学习效果产生显著的干扰。这些刺激导致大脑皮质的异常活动，进而影响运动信号的正确传递，造成学习过程中的多种问题，如动作僵硬、节奏感差和缺乏连贯性等。为了应对这些挑战，初学者需要在教练的指导下，通过模仿示范动作来逐步建立对健美操技术动作的基本认识和掌握。这种模仿不仅帮助运动者形成正确的动作模式，还可以减少大脑皮质间错误信号的发生，有助于提升动作的流畅度和精确度。此外，通过重复练习和逐步增加练习的复杂度，运动者可以更好地适应训练环境，减少外界刺激的干扰，增强专注力和定力。在这个过程中，教练员的角色至关重要。他们不仅提供技术指导和动作示范，还需要创建一个相对稳定和干扰较少的训练环境，帮助运动者集中注意力，优化学习过程。通过这种系统的训练方法，初学者可以逐步应对初期的挑战，形成对健美操动作的感性认知，并在此基础上，发展出更高级的技能和更深层的理解。这种循序渐进的训练策略不仅有助于新手快速上手，而且能确保他们在练习健美操的道路上长期稳步前进。

在健身健美操的初级学习阶段，运动者对动作的掌握至关重要，需要遵循一系列明确的训练原则和方法来确保有效学习。这些指导原则不仅帮助初学者逐步建立正确的动作技巧，还有助于提高训练的整体效果和效率。首先，模仿练习是初学者掌握基本动作的关键。通过模仿教练或教师的示范动作，运动者可以初步建立肌肉的本体感觉和动作的基本形态。这种初级阶段的模仿可以帮助他们理解动作的基础结构，并开始感受每个动作的肌肉协调和力量分配。

其次，训练应遵循循序渐进的原则。从简单的动作开始，逐步过渡到复杂的技术动作，这种方法避免了初学者因贪图速成而导致的技术错误或伤害。同时，教练应强调动作的直观性，通过清晰的示范和具体的解释帮助运动者建立正确的动作认识。

再次，训练中还需要突出重点，专注关键的技术环节，而不是一开始就过分追求动作的每个细节。这有助于运动者在不被过多信息干扰的情况下，聚焦于最重要的技术要素。教练的鼓励同样不可或缺，它可以显著提高运动者的学习动力和练习的热情。

最后，对于较为复杂的技术动作，采用分解教学法是一种有效的策略。这种方法可以让运动者专注于单一的动作部分，逐个克服难点，直至能够将所有部分整合，顺利完成完整的动作。通过这些精心设计的训练策略和指导原则，运动者在健美操的学习初期就能够建立坚实的基础，为后续的进阶训练打下坚实的基础，逐步提升自己的技能和表现。

3.动作的改进和提高阶段分析

当运动者初步掌握健美操基础动作后，接下来的关键步骤是通过持续的练习进一步精炼和增强这些技能，这个阶段被称为动作的精进和提升阶段。在此阶段，运动者的技术水平将显著提高，能够更加准确和流畅地执行各种动作，同时减少非必要的动作，确保动作的协调性和流畅性。在这一过程中，运动者的大脑皮质将发挥关键作用，有效地处理和分析外界信息，从而提高动作的精确度和连贯性。随着不断的练习，运动者能更深刻地理解各个健美操动作的核心要素和技术细节，并能够用清晰的语言来描述这些技术动作，这不仅有助于学生自我理解，也有助于教师在教学和演示中更有效地传达动作要点。

此外，频繁的实践和重复练习将显著提高运动者在执行动作时的协调性和节奏感，降低出错的可能性。运动者将能够执行更为复杂的组合动作，动作之间的过渡更加自然和流畅。这一阶段的训练将帮助运动者形成自己独特的动作风格，同时确保在各种环境下都能稳定表现，不易受外界干扰。

在健美操的动作改进和提高阶段，运动员对各种技术动作已经不再感到新奇刺激，因此大脑皮质不再轻易表现出兴奋或抑制。此时，运动员对时间和空间的把握更为精准，对外界刺激的反馈能力也有所增强，能够自主调整冗余动作和错误动作，修改动作细节，从而保证动作的熟练流畅和韵律协调。在这个阶段，运动员需要注意以下六点要求：第一，在练习健美操各个技术动作时，应该在进行完整练习的基础上，辅以分解练习，以提高技术动作的练习难度。这种方法不仅能巩固基础动作，而且能逐步提升技术水平。分解练习有助于运动员更好地理解动作的每个细节，从而在整体练习中更加得心应手。第二，运动员应深入理解组成动作的各个环节之间的关系。这需要以感性认识为基础，从理性的角度形成正确的动作认知。通过对动作细节的分析，运动员可以更加熟练地掌握动作的要领和节奏，从而提高整体表现。第三，对于已经掌握动作技术要领并形成正确动作认知的运动员，教练员可以不必再进行动作示范，只需用精准的语言指导运动员即可。这不仅可以提高训练效率，而且能让运动员更加专注自身的感受和变化，促进自我认知和自主调整能力的提升。第四，增加动作难度，提高动作的细分精度是这一阶段的重要目标。通过不断挑战更高难度的动作，运动员可以在技术上取得突破，进一步提升自身的能力和水平。同时，提高动作的细分精度也有助于动作的美观和流畅。第五，纠正错误动作，提高动作质量是关键。在训练过程中，教练员应及时指出运动员的错误动作，并提供具体的纠正方法。运动员则应积极配合，通过反复练习以纠正错误，从而提高动作的准确性和质量。第六，模拟比赛现场，培养运动员的抗压能力、应变能力和抗干扰能力是不可忽视的环节。在模拟比赛的环境中，运动员可以体验到比赛时的紧张和压力，从而更好地锻炼自己的心理素质和应变能力。同时，模拟比赛还可以帮助运动员适应各种突发情况，提高抗干扰能力。由此可见，在健美操动作的改进与提高阶段，运动员需要在完整练习的基础上，辅以分解练习，深入理解动作各环节之间的关系，用精准的语言指导代替动作示范，增加动作难度和细分精度，纠正错误动作，提高动作质量，并通过模拟比赛现场培养抗压能力、应变能力和抗干扰能力。只有这样，才能在这一阶段实现动作的熟练流畅和韵律协调，不断提升技术水平。

4. 动作的巩固与应用自如阶段分析

在动作的改进与提高过程中，运动员形成了正确的动作表达。然而，这种新形成的动作模式尚未成熟，需要通过反复练习来巩固，才能在未来实现对动作的自由运用。随着日复一日的强化训练，运动员的大脑皮质变得更加成熟，能够实现对兴奋状态的实时调节与抑制，使得动作更加协调、准确和优美，且细节上没有错误。

此外，面对环境条件的变化，运动员的动作练习也不再轻易受到影响，一些动作可以在无意识中流畅完成，初步实现动作表达的自动化。这意味着，运动员不仅能够在多变的环境中保持动作的稳定性，还能在不经意间完成高质量的动作表现。在这个阶段，运动员需要不断重复练习，以巩固动作模式。这种反复练习有助于提高动作的精准度和一致性，使运动员在任何条件下都能自如地运用动作，从而达到巩固与应用自如的目标。

在健美操技术动作的巩固与应用自如阶段，运动员在练习过程中应注意以下几点：第一，运动员应逐步增加训练的运动负荷，在较大的生理和心理压力下进行训练，以此来巩固和提升健美操动作技能。这种方法有助于运动员在高强度环境中保持技术的稳定性和准确性，进一步提升整体运动能力。第二，通常来说，技术动作的自动化程度越高，运动技能就越不容易退化。因此，在这一阶段，运动员应以完整练习为主，并通过反复练习来巩固和强化健美操动作技能。完整练习不仅能帮助运动员保持动作的一致性，而且能提高其对动作节奏和协调性的掌握。第三，尽管运动员在建立动作自动化后，动作的流畅性和协调性得到了显著提高，但仍可能会出现一定的错误动作。由于这些错误动作是在低意识控制下完成的，一旦发生错误，运动员往往难以察觉，若多次重复便会巩固这些错误动作。因此，即使在动作自动化阶段，运动员也需要持续检查和纠正错误动作，确保每个细节都能达到标准。第四，运动员需要基于所学动作的特点，分析其在运动项目中的地位与作用，了解动作的应用环境并在练习时有所侧重。例如，在进行对抗性动作练习时，需要充分考虑动作可能出现的情况和变化，从整体战略层面考虑动作的调整。而对于单一型动作，则需要通过反复练习来提高动作的质量和精度。第五，运动员应将身体素质练习与健美操技术动作练习结合起来，只有这样才能全面提升健美操训练水平。通过结合身体素质训练，运动员可以提高力量、柔韧性和耐力，这些素质的提升对健美操动作的质量和表现有积极的促进作用。

（二）多类型健身健美操教学方法

健身健美操的类型有很多，下面主要讲解踏板操、拉丁健美操和水中有氧健身操的技术动作练习方法。

1.踏板操分析

踏板操是一种伴随动感音乐进行的健身健美操，运动员穿着宽松的服装，站在踏板上，随着音乐的节奏上下舞动。踏板操的动作和步伐与大多数健美操相似，但区别在于踏板操需要借助踏板完成动作。因此，踏板操对运动员的协调性有较高要求。踏板操主要锻炼的是下肢和臀部，这种运动可以消耗能量，减少脂肪，改善女性的肌肉线条，并增强心肺功能。通过踏板操的练习，运动员不仅能够提升下肢力量，而且能提高整体身体素质，使身体更加健康，比例谐调。

（1）踏板操基本技术。踏板操的基本技术主要涵盖缓冲弹动、控制和重心三个方面。①缓冲弹动。缓冲弹动是踏板操有氧运动的基础，它依赖于髋关节、膝关节和踝关节的弹性屈伸来形成缓冲效果。这种缓冲不仅能减轻下板时地面对身体的冲击力，还能在上板时锻炼腿部肌肉，促进动作与动作之间的顺畅衔接，帮助下肢和臀部肌肉自然收缩，增强肌肉的弹性和力量。②控制。控制是指通过调节肌肉的松弛与紧张，实现肌肉之间的协调配合，以确保身体的稳定和自然挺拔。在踏板操的整个运动过程中，运动员需要控制基本姿态，特别是在上下左右移动时，要及时控制腰部、腹部和臀部的肌肉。这种控制可以平衡身体，稳固踏板，确保下肢和臀部动作的安全和顺利进行。控制不仅提高了动作的准确性，还减少了运动员受伤的风险。③重心。重心的控制是踏板操有氧练习中保证人体安全和动作流畅的关键。在运动过程中，随着技术动作的变化，身体的重心也会不断移动。在踏板操中，上下踏板时，人体重心随之改变，这时运动员需要双脚交替用力，确保身体与脚的动作方向一致，保持动作的流畅性和稳定性。正确的重心移动不仅有助于提高动作的效率，而且能防止运动受伤。通过理解和掌握这三项基本技术，运动员可以更好地进行踏板操训练，不仅能提高身体的协调性和灵活性，而且能增强心肺功能，改善下肢和臀部的肌肉线条，达到健身和塑形的效果。在实际训练中，运动员应不断练习这些技术，使之逐渐成为自然反应，从而在高强度的有氧运动中保持动作的稳定性和优美性。

（2）踏板操基本动作。踏板操的基本动作包括上板、下板和过板三个部分。①上板。上板动作是指一只脚蹬地，另一只脚踏上踏板，将身体重心移到踏板上的过程。这一动作需要注意脚步的稳定性和重心的平衡。②下板。下板动作是将重心从踏板上移回地面，由支撑腿承受身体重量。上板和下板是踏板操中最基本的动作，通常包括左脚上板、左脚下板、右脚上板和右脚下板的组合。③过板。过板动作是指从踏板的一端通过板面移动到另一端的过程，主要包括并步过板、并跳过板和转体过板等基本形式。无论是横向移动还是纵向移动，过板动作的要点都是保持动作的一致性和流畅性。

（3）跳踏板操应注意的事项。检查踏板的稳定性。在进行踏板操之前，首先要确保踏板稳固不滑动。这是防止意外受伤的关键，确保每次动作都能在安全的基础上完成。第一，选择合适的踏板高度。踏板的高度应根据个人的体能和锻炼需求来选择。高度越高，运动强度就越大。在踏上踏板时，膝关节的弯曲角度不应小于 90 度，以避免对膝盖造成过大压力。第二，控制落脚并保持脚尖朝前。在上板时，要控制落脚的力度，避免用力过猛。脚尖应保持朝前的方向，这有助于维持身体的平衡和正确的动作姿态。第三，正确的脚部位置。脚部着地时，应先用脚跟接触踏板，然后过渡到全脚掌，确保整个脚掌落在踏板的中央位置。这不仅可以增强动作的稳定性，还能减少脚部受伤的风险。第四，保持正确的身体姿态。在进行踏板操时，保持正确的身体姿态是至关重要的。应抬头挺胸，收紧腹部，身体微微前倾，角度呈 70°～80°。这种姿态可以帮助运动员保持平衡，提高动作的效率和安全性。通过注意以上事项，运动员可以在进行踏板操时有效避免受伤，并最大限度地发挥锻炼效果。踏板操不仅有助于提升心肺功能，还能改善下肢和臀部的肌肉线条，使身体更健康，比例谐调。在练习过程中，务必保持警惕，确保每个动作都能准确无误地完成。

2. 拉丁舞健美操分析

拉丁舞健美操是一种结合了有氧健身操和富有个性的拉丁舞动作的新型健身操。与踏板操平稳欢快的音乐不同，拉丁舞健美操的伴奏音乐更加热情奔放，节奏感更强。拉丁舞对髋部动作有特殊要求，这使得拉丁健美操特别有助于加强腰部的锻炼。通过这种训练方式，运动者不仅能享受音乐带来的愉悦，而且能有效地提升腰部力量和灵活性。

（1）拉丁健美操基本步伐。① Merengue 步。Merengue 步是拉丁健美操中最简单、最基本的步伐，类似于健身操中的踏步动作。Merengue 步可以并腿移动，也可以分腿移动。练习时，膝关节稍微向内扣，同时带动同侧身体向另一侧转动，肩膀和手臂也要随之摆动。②恰恰步。恰恰步的节奏形式是一和二（one and two），通常称为两拍三动。以左侧移动的恰恰步为例，左腿先向左迈出一步（第一拍），右腿紧接着并步（第二拍），然后左腿再向左迈出一步（第三拍）。这种步伐不仅可以向左侧移动，还可以向右侧、前侧后侧移动。恰恰步可以通过并步或交叉步的方式完成，既可以单独练习，也可以与其他步伐结合进行。③ Mambo 步。Mambo 步是传统健美操中常用的步伐，节奏均匀，没有切分节拍，可以与转体动作相结合，自由地向前、后、左、右移动。因其简单易学且灵活多变，所以适合初学者学习。④ Samba 步。Samba 步的节奏形式是两拍三动，与恰恰步相比，Samba 步的大拍时间更短，且每次动作完成后需要短暂停顿。以向左的 Samba 步为例，先用右腿向左跨出一步，重心随之左移，同时身体右转；然后左腿后点一步，左腿微微屈膝，重心移至右腿，最后再将重心移至左腿，左脚在原地轻点一次。随着身体重心的移动，髋部左右摆动。Samba 步伐既可以单次使用，也可以连续多次使用，增加动作的流畅性和节奏感。⑤ Salsa 步。Salsa 步的节奏形式是 one and two and，也就是两拍四动。以原地 Salsa 步为例，首先快速完成三次原地踏步或摆动，在第四次时将任意一侧腿踢出去，并稍作停顿。在练习 Salsa 步时，需要注意在两拍的时间内完成四个动作，因此必须从腿部发力，确保身体的摆动速度能够跟上节奏。通过熟练掌握这些基本步伐，练习者可以更好地进行拉丁健美操运动，这不仅能提高协调性和灵活性，还能享受音乐和舞蹈带来的乐趣。这些步伐的多样性和节奏感，使得拉丁健美操成为一种既有趣又有效的健身方式。

（2）拉丁健美操健身的注意事项。①在健身服装的选择上，应特别注意选择鞋底柔软的运动鞋，这样可以更好地保护脚部，增加运动的舒适性和安全性。②健身时，跟随音乐的节奏，扭动髋部和腰部，同时保持正常呼吸是非常重要的。协调的动作和均匀的呼吸能够帮助健身者更好地融入健身操的节奏，提高锻炼效果。③如果在锻炼时感到呼吸不畅，应立即停止，休息片刻后再决定是否继续。强迫自己继续运动可能会对身体造成不必要的压力和损害。④健身时，要避免过度用力扭腰，应以感觉舒适为准。过猛的扭腰动作可能会对腰部造成损伤，因此保持适度的动作幅度是关键。⑤如果在健身过程中出现腿部疲劳、局部疼痛、眩晕或心率过快等不适现象，应立即停止练习。这些症状可能是身体发出的警示信号，继续锻炼可能会加重不适。⑥健身时，如果发现身体各个关节过于紧张，应立即调整姿势，放松关节。过度紧张的关节不仅会影响动作的流畅性，而且可能导致受伤。⑦由于拉丁健美操对动作的协调性要求较高，因此在练习时，保持放松的心态非常重要。不要害怕动作做不好被人嘲笑，应专注于享受运动所带来的乐趣。自信和放松的心态不仅能提高锻炼效果，而且能增加锻炼的愉悦感。通过注意这些事项，健身者可以更安全、更有效地进行拉丁健美操锻炼，不仅能享受音乐和舞蹈带来的乐趣，而且能在过程中提升身体的协调性和灵活性，达到良好的健身效果。无论是初学者还是有经验的练习者，都应时刻关注身体的反应，保持正确的运动姿态和积极的心态，从而在健身过程中获得最大的受益。

3. 水中有氧健身操分析

水中有氧健身操是在水中进行的一种结合身体水下动作、游泳动作和舞蹈动作的新型健身项目，因此也被称为水中健美操。它不仅具有了有氧运动的好处，而且利用水的阻力和浮力，使得锻炼更加有效和安全。

（1）步伐。水中健身操的步伐动作包括水中踏步和水中走步。①水中踏步：踏步时，需要注意的是，双脚不能同时着地。在单脚着地的同时，将抬起的腿的膝关节调至直角，但不要露出水面。同时，上体保持正直，落地时先用脚尖点地，然后让整只脚平稳触地。这种踏步动作有助于增强腿部力量和提高身体的协调性。②水中走步：走步时，步伐应保持均匀，速度适中。可以在水中前后左右自由移动。这种走步动作不仅能锻炼腿部肌肉，还能提高心肺功能和全身的协调性。

（2）踢腿。踢腿动作包括前踢腿、后踢腿和侧踢腿三种。①前踢腿：前踢腿的动作要领是在双手叉腰单腿站立的情况下，将另一条腿抬起并弯曲，使大腿与上身保持直角，大腿与小腿也保持直角，然后逐渐伸直小腿。抬腿时，注意绷紧脚和膝盖，保持上身直立，大腿不能露出水面。这个动作主要是锻炼大腿和小腿的肌肉。②后踢腿：后踢腿的动作要领是双手扶住水池的石阶，在单腿站立的情况下，向后抬起另一条腿，保持上身直立姿态，做屈伸练习。这个动作有助于锻炼臀部和下背部的肌肉。③侧踢腿：侧踢腿的动作要领是双手扶住水池的石阶，在单腿站立的情况下，向侧方抬起另一条腿，保持上身直立姿态，做屈伸练习。侧踢腿主要是锻炼臀部和大腿外侧的肌肉。

（3）划水。水中有氧健身操的划水动作包括双手划水、前后单手拍水以及体前双手内外拍水。双手划水的动作要领是两腿自然分开站立，双手五指并拢，双臂前举，按照数字8的轨迹从里向外划动，同时收紧腰部，向后大幅度匀速划水。在还原动作时，需要内收双臂，双手合掌前伸。这个动作有助于锻炼上肢和核心力量。向前单手拍水需要两腿分开与肩同宽，双手轮流向前拍水，手臂处于伸直且放松状态。这个动作可以有效地锻炼肩膀和上臂的肌肉。向后单手拍水时，两腿分开，与肩同宽，双手轮流向后拍水，手臂依旧保持伸直且放松的状态。这个动作有助于增强上背部和肩部的力量。体前双手拍水分为向内拍水和向外拍水。向内拍水时，两腿分开或跪立，与肩同宽，双手放于体前，同时呈轮状向内拍水。这个动作可以增强胸部和上肢的肌肉力量。向外拍水时，与向内拍水类似，两腿分开或跪立，与肩同宽，双手放于体前，同时呈轮状向外拍水。这个动作有助于锻炼上肢的外侧肌肉群。

（4）马步转体。马步转体动作需要双腿分开站立，屈膝半蹲，双臂侧下举。然后上体匀速大幅度向左右拧转。这个动作能有效锻炼腰部和核心肌群，增加身体的灵活性和稳定性。

（5）弓步伸展。弓步伸展的动作要领是双腿半蹲，右腿后伸成左弓步，同时双臂摆至前举。还原成半蹲姿势后，换另一侧腿，左右交替重复练习。这个动作有助于拉伸和强化腿部及核心肌肉。

（6）屈膝抱腿。屈膝抱腿的动作要领是右腿屈膝上抬，左腿屈膝半蹲，同时双手抱住右小腿。还原成直立状态时，打开双臂成侧平举，双腿交替进行练习。此动作可以增强腿部和核心力量，同时提高身体的平衡性。

（7）开立侧屈。开立侧屈动作是双腿开立，宽于肩膀。一手叉腰，另一手掌心向内摆动，带动上体做侧屈动作，左右交替练习。这个动作有助于拉伸侧腰和加强核心肌群。

（8）前屈后伸。前屈后伸的动作要领是双腿自然开立，两臂由下向前带动头部抬至整个上体接触水面，然后还原。再由手臂向后带动上体后屈至最大幅度并还原，重复练习。这个动作可以充分伸展腰部和背部肌肉。

（9）髋部旋转。髋部旋转动作要双腿开立，两手手指向下扶住髋部，依次用力推动骨盆，沿顺时针方向旋转，然后逆时针方向旋转，左右交替练习。此动作有助于增强髋部的灵活性和力量。

通过以上这些动作的练习，水中有氧健身操可以全面提升身体的协调性、灵活性和力量，有效地锻炼全身肌肉，同时利用水的阻力和浮力，减少对关节的冲击，降低运动受伤的风险。

（三）健美操运动教学的设计与评价

1. 健美操运动教学的设计理念

（1）坚持以学生为出发点。在健美操运动教学中，学生是教学的主体，因此教学设计应以学生为中心。设计教学方案时，要注重有利于学生的学习和全面发展，这是教学方案设计的核心理念。教学设计应根据学生的体能特征进行细致展开，充分挖掘学生的运动潜力，激发他们对健美操学习的积极性和主动性。要突出个体差异，做到因材施教，从而实现每个学生的全面发展。

（2）运用系统方法进行设计。在设计健美操教学方案时，必须采取系统化的方法，确保从全局和整体思路出发。这种方法强调对整体教学环境以及部分与整体之间的联系和相互制约关系的深入理解。通过这种系统视角，可以更有效地解决问题，优化健美操教学的整体效果，从而推动教学水平的全面提升。在具体设计过程中，教师应对可用的健美操教学资源进行详尽的分析，并据此制定一个全面而详细的教学方案，确保各方面协调一致，以达到最佳教学效果。

（3）注重整体的发展。在健美操教学中，虽然技术动作的传授是不可或缺的一环，它确保了健美操教学的核心价值。然而，按照现代体育教学理念，教学目标应该是全面和多元的，不应仅仅局限于教授学生体育技能。

因此，在设计健美操教学计划时，教师需要关注学生的整体发展。这意味着，教学不仅要让学生掌握必要的健美操技能，更要通过教学和课堂互动帮助学生理解集体与个体之间的关系，培养他们的社交技能和团队协作能力。教学应该帮助学生树立正确的社会角色观念，增强他们的社会责任感，从而使学生在未来的社会生活中发挥更大的作用并实现个人价值。通过这样的教学设计，健美操课程将不仅是技术训练的场所，更是学生品德、社交能力及自我认知成长的平台，为学生未来在社会中的全面发展奠定坚实基础。

（4）突出教学的确定性与不确定性。在健美操教学过程中，必须认识到其中的确定性与不确定性元素，并合理地平衡这两方面。教学的确定性体现在学生身心发展和运动技能掌握的规律性上。根据这些规律性特点，教学设计应从教学整体规律出发，采用系统化的设计方法，包括在客观分析体育教学规律和特点的基础上，精心设计教学工作程序和环节。在这个过程中，应保证教学活动的针对性，力求缩短教学时长并提高教学效率，从而确保教学方案既切合学生的学习需求又高效实用。同时，教学的不确定性主要来源于学生的个体差异和教学环境的变化。每位学生的学习能力、接受速度和体育素养各不相同，教学环境也可能因多种因素而异。面对这些不确定性，教学设计时不必追求面面俱到，而应保证课堂教学能按照既定计划顺利进行，同时也要灵活应对可能出现的特殊情况。通过这样的教学设计，可以有效地结合教学的确定性与不确定性，确保健美操教学活动既有序高效又有足够的灵活性和适应性，最终达到提高学生全面发展的教学目标。这种教学方式不仅提升了学生的健美操技能，而且培养了他们在不同情境下的应变能力，为他们的长远发展奠定坚实的基础。

2. 健美操运动教学评价的具体内容

（1）知识与技能评价。知识与技能评价主要关注学生对健美操及相关健康知识的掌握和运用情况，以及对健美操专项技能的掌握与运用情况。这项评价应考虑不同学校所选用的健美操教学内容的差异，因此，健美操教学课的运动技能评价也会有所不同。评价内容可以包括学生对动作规范的理解、技术动作的准确性以及在实际应用中的表现等。

（2）学习态度评价。学习态度的评价主要包括学生的出勤情况和学习表现以及学生参与健美操运动的意识和行为表现。具体来说，可以评估学生是否按时出勤、是否积极参与课堂活动、是否展现出对健美操学习的热情和主动性。这项评价有助于了解学生的学习态度和参与程度，激励他们保持积极的学习心态。

（3）体能评价。在体能评价过程中，应该充分考虑学生的个体差异，根据不同学生的体能发展目标和内容，让学生自主选择体能测试项目。体能评价可以包括耐力、力量、柔韧性和协调性等方面的测试，目的是全面了解学生的体能状况，并有针对性地提供改进建议，帮助学生逐步提升体能水平。

（4）情感表现评价与合作精神评价。情感表现评价关注学生在健美操学习过程中的心理和情感状态。具体来说，可以评估学生能否勇敢地克服各种困难和挫折，积极主动地参与健美操学习；能否战胜胆怯和自卑，充满自信地参加各种健美操活动；是否理解和尊重他人，并在健美操学习过程中增强自身的人际交往能力；以及能否善于运用健美操调节自身的情绪等。合作精神评价则关注学生在健美操学习中的团队合作能力。具体评估内容包括学生能否坚持健美操学习，并对自己的学习行为负责；是否尊重裁判，遵守规则，注重集体主义精神。

3. 健美操运动教学评价的实施

（1）健美操教学评价方法的实施。在健美操教学评价中，采取一种结合定性与定量方法的综合评价系统是至关重要的。这种评价系统旨在全面了解学生的学习表现及其整体健康状况。具体来说，定量评价利用体能测试和技能测验等具体数据来评定学生的运动能力，而定性评价则侧重于评估学生的学习态度、情感表现以及行为。实施这种评价方法时，教育者应该融合定性与定量评价，同时结合绝对和相对评价，以及将终结性评价与过程性评价相结合。首先，对于可量化的指标，如体能测试成绩，可进行定量评价，而对于如态度和参与度等不易量化的方面，则采用定性评价，并对量化的结果进行深入的定性分析。其次，结合绝对评价和相对评价方法可以更公平地衡量每位学生的实际进步和表现。绝对评价确保了评价标准的一致性，而相对评价则允许教师根据学生的个体差异进行合理的评价调整。

此外，过程性评价贯穿整个教学周期，通过持续的监测和评估学生的学习进程，教师可以及时调整教学策略以适应学生的需要。而终结性评价则在学期末通过汇总学生的表现来评估他们的学习成果，从而判断教学效果和教师的教学水平。在整个学期开始时，教师应进行诊断性评价，以确定每位学生的起始学习水平。随着学期的进展，形成性评价应及时进行，以掌握学生的学习进度和提供反馈。最后，在学期结束时进行终结性评价，这不仅反映了学生的总体学习成果，也是对教学过程的最终评估。通过这样的评价体系，教师能够提供更有针对性的支持，优化教学方法，同时也促进学生在健美操学习中的全面发展。

（2）健美操教学评价标准的实施。在实施健美操教学评价标准时，教师需要采取系统和多元化的方法来确保评价的公正性和全面性。第一，评价标准的制定应紧密结合健美操的具体教学内容和学校的实际教学情况。这意味着健美操教师需根据课程内容标准和学生的学习需求，设计出能够客观反映学生学习成效的评价标准。这些标准应涵盖技能掌握、理论知识、参与度等多个方面。第二，评价方法应多样化。在评估学生的健美操表现时，应融合多种评价标准，包括绝对性标准、相对性标准和体内差异性标准。绝对性标准依据固定的学习目标进行评分，确保所有学生按同一标准进行评价；相对性标准则考虑学生之间的表现差异，侧重评价个体进步的幅度；体内差异性标准则关注学生个人在不同时间节点的表现变化。通过这样的评价体系，教师不仅能更准确地衡量每位学生的健美操技能和理论知识水平，还能观察到他们的进步和成长。此外，多元化的评价方法还有助于教师理解学生的个体差异，从而更有效地调整教学策略，满足不同学生的学习需要。这种综合性的评价方法不仅增强了教学的适应性和灵活性，而且提高了教学质量和学生的学习满意度。

（3）健美操教学评价形式的实施。在实施健美操教学评价时，采取适合不同地区和学校具体条件的灵活方式至关重要。一种有效的评价形式是让学生首先进行自我评价，然后进行相互评价。这种方法鼓励学生反思自己的表现和学习进度，提升自我监控和自我调整的能力。随后，通过同伴之间的互评，学生可以从他人的视角获得反馈，增进对自身表现的理解并学习评价他人的技巧。这种评价形式不仅促进了学生的个人成长，而且有助于培养他们的社交技能和批判性思维能力。最终，教师根据学生的自评和互评结果，综合评定学生的整体学习情况，确保评价的全面性和公正性。

第二节　竞技健美操技能分析与教学指导

一、竞技健美操运动的基本动作

竞技健美操也称为体操健美操或竞技性健美操，是一种结合音乐、舞蹈和体操元素的运动。这项运动要求运动员展示高水平的力量、灵活性、平衡和协调能力。下面将对竞技健美操中的基本动作及其控制进行简述。

（一）竞技健美操运动的基本控制

1. 站立控制

在站立控制训练中，有几个主要练习方法可以帮助改善姿态并增强身体的核心稳定性。①基础站立练习。先进行不依靠墙壁的站立练习。从头到脚，进行一系列动作：昂首挺胸，肩膀下沉，肩胛骨向外下拉，同时挺直腰背，收紧腹部，并将腿部内夹紧。在这一过程中，要特别注意感受身体在没有墙壁支撑下的自然状态，尝试与靠墙时的感觉保持一致，这有助于培养正确的站立姿势。②靠墙壁站立练习。在这一阶段，需要将背部、头部、肩部、臀部和小腿贴紧墙壁站立。确保脚后跟与墙之间保留大约3厘米的空间，同时腿部和臀部保持紧张状态，背部挺直，腹部收紧。这种练习有助于纠正身体的微小偏差，确保在不依赖视觉判断时，身体各部分正确对齐。③抬脚跟站立练习。在掌握基础站立后，可以进行抬脚跟站立的练习。双手叉腰，慢慢提起脚跟，练习控制身体垂直上升。在此过程中，重点感受后背的力量支撑，并体会身体垂直上升时的稳定性。④行走练习。基本功掌握后，进行抬脚跟行走的练习，可以是向前或向后行走。在行走过程中，身体重心会不断移动，这项练习旨在提升对身体垂直轴的控制能力，帮助健身者在动态中维持稳定的站立姿势。

2. 纵跳控制

纵跳控制可分为原地纵跳控制和承重起跳练习。①原地纵跳控制。开始时，采用基本站立控制姿势，双膝微屈准备。从此姿势蹬地并利用踝关节的力量进行纵跳，关注在跳跃过程中身体垂直轴的控制。练习时，重点是提气、收腹并挺直腰部，尽量向上顶头以最大化跳跃高度。落地时，有意识地使用膝盖和踝关节的缓冲作用，柔和着地，以减少冲击并保护关节。②承重起跳练习。在掌握原地纵跳基础后，进一步增加难度，通过在脚踝处绑上沙包来增加负重。这种加重训练不仅能锻炼腿部肌肉，而且能增强双腿的垂直弹跳能力。进行承重起跳时，同样需要保持良好的体态控制，注意力集中在使用核心力量来支持身体的稳定，同时确保动作的准确性和安全性。这两种纵跳练习方法不仅有助于提升跳跃技巧和身体协调性，还能强化腿部力量和整体身体控制能力。通过这些训练，可以有效提高运动表现，同时增加身体的灵活性和反应速度。练习中应持续关注技术的精准执行，以确保训练效果和防止运动伤害。

（二）竞技健美操运动的身体姿态

1. 站立姿态

（1）颈部练习。颈部应保持直立，略微收紧下颌，确保头部不歪斜，眼睛直视前方。为了加强这一练习，可以尝试在头顶放一本书，在保持书本平衡不掉落的同时，缓慢向不同方向移动头部，这样可以增强颈部的稳定性和灵活性。

（2）肩部练习。开始时，双肩用力向上耸，保持垂直于地面的姿势，直到感到肩部有酸痛感。然后，慢慢用力让肩部下沉，反复进行这一过程，最后彻底放松肩部。这个练习有助于增强肩部的肌肉控制力和耐力。

（3）臀部练习。站立时，脚并拢，通过向下压脚掌并同时紧缩臀部和大腿肌肉，感受肌肉的紧绷。接着，轻微地抬起髋部，然后重复这一循环动作。这种练习有助于增强下半身的稳定性和力量。

（4）综合核心练习。将臀部夹紧，同时用力收紧腹部，深吸一口气并感受身体向上提升的过程。保持这个姿势一段时间后再放松。这一练习可重复进行，以增强身体的核心稳定性。

（5）背靠墙站立练习。首先，脚并拢站立，确保头部、肩胛骨和臀部紧贴墙壁，脚后跟与墙保持约3厘米的距离。进行胸式呼吸，保持上述姿势不变。练习中要注意腿部、腹部和臀部保持紧绷，胸部挺起，腰背挺直，肩胛骨和肩部向下放松，下颌收紧，头部向上抬。

（6）站立姿势的独立练习。在基础站立姿势练习熟练后，不再依靠墙壁，单独站立并重复之前的动作。练习时要持续关注身体肌肉的控制力，确保呼吸平稳和均匀。

通过这些系统性的练习，可以有效地改善站立姿势，增强身体的整体协调性和稳定性，为健康的体态打下坚实基础。

2. 头颈姿态

头颈部的灵活性和姿态控制对于整体健康至关重要，以下系列练习旨在增强头颈部肌肉，改善其灵活性和力量。

（1）抬头练习。站立时，双手叉腰，慢慢将头和颈部向后伸展，然后逐渐恢复到初始位置。开始时，动作要缓慢，随着熟练度提高，可以逐渐加快动作速度。进行抬头了练习时要专注于抬头过程中颈部肌肉的张力和放松。

（2）低头练习。从双手叉腰的站立姿势开始，缓慢地低下头部并挺胸，接着将颈部向前倾斜，尽量伸长颈部，然后慢慢恢复。与抬头练习类似，初期以慢速进行，感受低头时的肌肉活动，并逐步加快。

（3）向右转头练习。在双手叉腰的基础上，缓慢地将头转向右侧，确保下颌和右肩处于同一垂直面。完成后缓慢还原到起始位置。练习过程中逐渐增加转动的速度，感受转动过程中颈部肌肉的受力。

（4）向左转头练习。双手叉腰，自然站立。慢慢向左转头，使下颌与左肩对齐，然后逐渐还原到起始姿势。开始慢速执行，随着逐渐熟悉，增加动作速度，注意感受转动时颈部肌肉的控制。

（5）左侧屈练习。站立，双手叉腰。将头缓慢向左侧屈，尽量加大角度，然后缓慢返回到初始位置。注意感受左侧颈部肌肉在侧屈时的延展和控制。

（6）右侧屈练习。与左侧屈练习相同，但方向相反。头部向右侧屈，感受右侧颈部肌肉的活动，然后慢慢回到开始姿势。

通过这些练习，可以有效提高头颈部的灵活性和控制力，减少因姿势不当而引起的紧张和疼痛。定期进行这些练习有助于保持颈部健康，防止相关的肌肉紧张和伤害。

3. 上肢姿态

（1）手型的练习方法。手型动作主要分为以下 4 种类型：①掌型。竞技健美操的掌型主要包括两种：五指分开型和五指并拢型。五指分开型要求手指伸直，尽可能地扩大手掌面积，保持手指在同一平面；五指并拢型则是指尖相触，手指保持平行，大拇指轻微弯曲。在训练中，应先熟悉掌型的基本要求，然后尝试在不同空间方向进行练习。②拳型。此型在展示力量和强度方面尤为重要，常在竞技健美操中使用以增强表现力。③指型，如剑指，是通过弯曲大拇指、无名指和小拇指，同时伸直食指和中指来完成的。④特殊风格手型。由于竞技健美操中音乐元素的多样性，运动员会根据音乐风格使用不同的手型，如西班牙风格和阿拉伯风格等，这些手型都有助于表达特定的艺术风格和情感。在训练过程中，理解每种手型的特点和用途是提高表现力的关键。

（2）手臂动作练习方法。手臂动作主要分为以下 8 种类型：①上举手臂。将手臂沿身体前方提升至头顶，保持与肩同宽。②侧举手臂。手臂从身体两侧抬起至肩部高度，掌心可向上或向下。③前举手臂。手臂从下方向前抬高至与肩同宽，手形可为五指并拢或分开，掌心的方向多样，如握拳、相对或向上等。④后举手臂。手臂从前方向后拉至稍低于背部，尽量向后延伸，宽度同肩。⑤前上举手臂。双臂绕前抬至大约45度角，形成一定的前倾。⑥前下举手臂。双臂向前下方伸展，位置处于完全前举与垂直放下之间的45度角。⑦手臂抱前。手臂弯曲在胸前，与地面平行，小臂与胸部保持约10厘米的距离。⑧侧举屈臂。在侧举的基础上，前臂与上臂保持垂直状态。每个动作的练习不仅关乎动作本身的准确性，而且涉及如何根据不同的需求调整手臂的姿势和力度。

4. 躯干姿态

（1）躯干稳定性训练方法。首先是重量仰卧起坐。选择一个符合自身肌力水平的实心球，通常重量为2～3千克。在进行仰卧起坐时，双手抓球置于胸前，尽量将球推向下颚方向。随着练习的深入，可以逐步增加球的重量。此项训练的核心在于加强腰部和腹部肌肉的控制，因此，动作的速度应适当加快。在连续坐起和躺下的过程中，主要进行腰腹部肌肉的离心运动，同时，身体需要慢慢向后倾斜，躺下的速度应是坐起的两倍，这样有助于更好地控制身体的回落速度，并避免由于动作过快造成腰部伤害。其次是健身球俯卧撑。开始时，俯卧撑地，双手支撑身体，脚背放在健身球上。进行这一动作时，应保持胸部含胸收腹。双手与球之间的距离一般为半臂长，但具体长度可以根据个人的力量水平调整。随着训练的进行，可以逐渐增大双手与球的距离。这一训练过程同样包括身体的离心运动，即身体在两臂从直到弯曲的支撑下缓缓向下移动，这一阶段的持续时间应长于身体向上推起的时间。身体从下至上的动作，即向心训练，应迅速完成。在训练中，控制身体的稳定速度和适宜的俯卧撑速度是非常重要的，以确保训练效果并避免受伤。

（2）躯干灵活性训练方法。首先，从肩部的活动开始，包括交替提肩和同时提肩以及单独或双肩进行的前后圆周运动；其次，转向髋关节的灵活性训练，动作如髋关节顶起和环绕髋关节的旋转；最后，进行躯干的各向移动练习，包括前后以及左右的倾斜和转动，旨在增强身体各部分的灵活性和协调性。这一系列动作有助于提升整个身体的灵活性，对日常活动和运动表现都有积极影响。通过这样的训练，可以有效提高身体各关节的活动范围和躯干的灵活性。

（三）竞技健美操运动的身体弹动

1.踏步训练方法

（1）基础踏步。进行踏步练习时，保持上身挺直。脚落地首先以脚尖接触地面，随后整个脚掌平稳着地，以确保膝关节在腿完全放下时能伸直。双臂弯曲，自然随身体摆动。练习中，当脚尖触地后，慢慢让脚掌完全着地，同时膝盖略微弯曲以缓冲落地的压力。随后，双腿交替进行，确保两腿在摆动时都能适度屈膝。同时，双臂应在身体两侧自然摆动，以保持平衡和节奏。

（2）弹动踏步。这一阶段，踏步要随着背景音乐的节奏进行。在踏步的同时，双臂和腿部应协调摆动。腿部动作包括屈膝抬高后再落地，同时支撑腿也轻微屈膝。腿部摆动后，着地时需迅速伸直。在这一练习过程中，初学者应先以较慢的节奏开始，以适应动作，待熟练后可以逐渐加快节奏。直立稳定地完成踏步是这一阶段训练的基础，最为重要的是保持身体平衡和控制节奏。通过这些步骤，可以有效加强腿部肌肉和协调性，同时提高整体的身体灵活性和稳定性。

2.腿部伸展和蹬力训练方法

（1）基本蹬伸训练。在进行这一训练时，要选择一个踏板作为辅助工具。开始时，一脚踩在踏板上，迅速向上蹬直，确保整个过程中身体保持垂直状态。此练习主要是交替锻炼左右两腿的力量和协调性。

（2）加重蹬伸练习。在常规的蹬伸动作中增加难度，方法是在腿部（通常是小腿）绑上沙包作为额外负重。这样不仅增加了训练强度，而且帮助身体适应更大的负荷。同样，左右腿要交替进行，以保持训练的均衡。

（3）提踵承重训练。可以选择单脚或双脚站立在踏板上，同时在踝关节处绑上沙包。这种训练利用踝关节的力量进行重复的提踵动作，可有效锻炼踝关节的力量和稳定性。

（4）原地膝弯弹跳。这项练习是在音乐节奏的伴随下进行的，需同时活动踝关节和膝关节，进行有节奏的屈伸动作。练习中脚尖需接近地面，双手臂配合下肢的动作一起进行辅助训练。

（5）原地髋膝关节弹跳。开始时，双脚并拢站立，随着音乐节奏的变化，脚尖轮流抬起和放下，同时膝关节进行屈伸运动。脚跟需尽量贴近地面，双臂屈肘自然摆动，配合腿部动作以增加协调性和动态平衡。

3. 踢、跳

（1）弹性踢腿练习。首先专注于单腿的弹跳与踢腿，使用膝关节和踝关节的弹性力量进行动作，同时另一条非支撑腿适当伸展膝踝关节。初始阶段，单腿反复进行弹跳与踢腿；随后，两腿交替执行，确保支撑腿的踝关节也保持弹性屈伸。这种训练从静止到移动逐渐过渡，有助于增强腿部力量和协调性。

（2）四拍纵跳练习。这项练习分为四个节拍，前两拍在原地进行膝盖屈曲的弹跳，手臂与腿部配合前后摆动；第三拍进行垂直向上的跳跃，双臂上举；第四拍是着地时的短暂缓冲，同时手臂放松至身体两侧。这种序列化的跳跃训练有助于提高爆发力和空中控制能力。

（3）连续小纵跳。在原地做连续小跳，保持足尖接触地面，并随音乐节奏进行起落。在进行这种练习时，踝关节需要不断进行屈伸动作，双臂自由前后摆动，协助保持节奏和平衡。

（4）加重持续纵跳。在脚踝绑定沙包后进行此练习，先半蹲预备，手臂向后摆动帮助起跳，随着腿部的蹬伸进行跳跃，双臂随之向上抬高。着地时膝盖屈曲用于缓冲，重复跳跃以强化腿部力量和耐力。训练中应注意保持适度的身体紧张状态，落地时有意识地进行缓冲。

（5）吸腿跳与踢腿跳。进行此练习时，支撑腿利用膝踝的弹性力量进行弹跳，同时非支撑腿执行提膝或向前踢腿动作。支撑腿的脚跟略离地面，保持膝关节轻微弯曲，以适应不断的弹跳动作。

（6）开合跳练习。从双腿分开的站立姿势开始，进行弹跳并逐渐使双腿收拢，继续进行弹跳，然后以有序的方式进行开合跳。这一训练需要反复进行，以增强下肢的力量和协调性。

二、竞技健美操运动的难度动作

竞技健美操运动的难度动作主要包括跳跃类难度动作、俯卧撑类难度动作以及柔韧与变化类难度动作（见图 5-1）。下面将对这些难度动作进行分析。

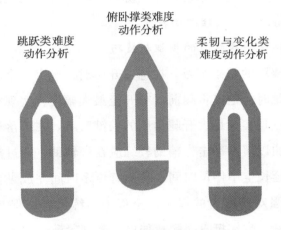

跳跃类难度
动作分析

俯卧撑类难度
动作分析

柔韧与变化类
难度动作分析

图 5-1　竞技健美操运动的难度动作

（一）跳跃类难度动作分析

1. 屈体分腿跳的训练方法

（1）紧致跳跃。开始时，双脚紧靠在一起，同时膝盖弯曲，用力跳起。跳跃过程中，需在空中将膝盖保持弯曲并尽量抱紧身体，使膝关节尽可能地接近胸部，以完成这一动作。

（2）纵向统一跳。在此动作中，脚并拢起跳，目标是垂直上升并落回同一点。起跳时膝盖弯曲，同时全力向上跳起，双臂也顺势向上摆动，增加动力，在跳跃的最高点，双脚再次并拢准备落地。

（3）分腿空中跳。这一动作开始与前两个类似，双脚并拢并膝盖弯曲准备跳跃。跳起后，在空中迅速屈体同时分开双腿，然后在落地前再次将双脚并拢。这一系列动作要确保充分利用腿部力量，辅以脚踝的爆发力完成整个跳跃过程。

这三种屈体分腿跳的练习不仅要求以腿部力量为主要动力源，而且需要脚踝关节的弹性支持。训练者应不断重复这些动作以增强腿部的爆发力和空中控制能力，同时也需注意空中姿态的精确执行，以提高整体的跳跃技术和空中稳定性。通过这些练习，可以有效地提升训练者的跳跃高度和身体协调性，增强运动表现。

2. 纵劈腿跳转俯撑练习的步骤与技巧

（1）纵劈腿跳的基础练习。在练习开始时，选定一个固定的起跳和落点。向上弹跳时，迅速将腿前后分开至最大幅度，实现空中纵劈。此时，身体的顶点是实现最大开腿角度的关键时刻。在下落过程中，膝盖应保持轻微弯曲以缓冲冲击。辅助教练应在旁辅助，通过扶持练习者的髋部，帮助其延长空中停留时间，从而有更多时间完成纵劈动作。落地时，教练需加强对练习者的保护。全程中，练习者应保持身体的垂直控制，腹部收紧，胸部挺直，腰背伸展，臀部紧致，肩部下沉，头部向上顶。

（2）从站立到俯撑的过渡动作。从自然站立姿势开始，身体慢慢前倾直至双手触地，进入俯撑状态。保护者应站在练习者侧面，以便在前倾时及时扶稳练习者的腰部，控制其下降速度以避免受伤。在执行过程中，应该注意身体各部位的紧张状态，落地时肘部应及时弯曲进行缓冲，手指分开，使得手掌从指尖逐渐承受体重，同时头部与身体保持一条直线。

（3）前后分腿跳至俯撑动作。从垂直跳起开始，两腿快速向前后分开，尽量控制两腿间的角度不超过135°。在达到跳跃顶点后，迅速将前腿向后摆，上体向前倒，最终以俯撑姿势稳妥落地。

（4）完整的纵劈腿跳到俯撑结束动作。此动作中，从双腿用力跳起开始，空中执行纵劈腿动作，终结于俯撑姿势。整个动作要求腿部尽可能地伸直和劈开，脚面保持绷直。

这一系列练习旨在提升腿部力量、灵活性以及空中动作的控制能力。在练习过程中，确保动作的流畅性和安全性是非常关键的，特别是在进行高难度的空中纵劈和俯撑动作时。通过反复练习，可以有效提升身体的协调性和反应速度，增强肌肉的控制力。

（二）俯卧撑类难度动作分析

1. 单臂俯卧撑难度动作

（1）标准俯卧撑下的腹部控制练习。开始这项练习时，采用标准俯卧撑的姿势：两脚并拢，两臂展开至与肩同宽，整个身体要尽量保持一条直线。关键在于使用腰部和腹部肌肉以及臀肌的力量，将这些部位的肌肉紧绷，以维持这一姿势的稳定性。为了进一步加大练习难度，并提升腹部控制力，可以尝试在保持基本俯卧撑姿势的同时，通过两脚用力蹬地，将身体的重心轻微向前移动。这样不仅加强了腹部肌肉的使用，而且能有效提高身体协调性和平衡能力。通过持续练习，可以在增强核心稳定性的同时，提升整体的身体控制水平。

（2）通过提高腿部位置加强腹部控制的俯卧撑练习。这种训练方法以标准俯卧撑的形式开始，手臂打开与肩同宽，同时，双脚放在比地面高的平台上。在这个过程中，重点是紧缩腰部、腹部及臀部肌肉，尽量使身体保持一条直线。随着练习的深入，逐渐增加双脚的抬高高度，以此增加练习的难度并强化腹部的肌肉控制。在执行这些动作时，应注意保持身体重心集中在腰腹区，避免过度向前倾斜。此练习不仅可以加强腹部肌肉的稳定性，还有助于提升整体的核心力量和身体控制能力。通过不断的实践和调整，可以有效提高对腹部肌肉的控制和整体的身体平衡。

（3）动态健身球俯卧撑增强腹部控制。此练习从标准俯卧撑姿势开始，手臂展开与肩同宽，双脚放在健身球上。这种姿势要求腰部、腹部及臀部肌肉保持紧张，以保持整个身体成一条直线的姿态。使用健身球增加了动作的不稳定性，因此，需要更多的腹部控制力来保持平衡。为了进一步增加训练强度，可以在背部添加额外阻力，如放置杠铃或其他类似重物，这样不仅增加了训练的难度，而且能进一步提升腹部肌肉的控制能力。在进行此练习时，要特别注意保持身体重心集中在腰腹部，避免身体过度前倾，以防失去平衡。动态健身球俯卧撑不仅测试了身体平衡和协调能力，也高效强化了核心肌群，特别是腹部肌肉。通过不断调整身体姿态和增加阻力，可以有效地提高核心稳定性和整体身体控制力，为进行更高级的体能训练打下坚实基础。

（4）俯卧撑结合阻力训练强化腹部控制。本练习以标准的俯卧撑为基础，起始时双脚并拢，手臂展开至与肩同宽，通过收紧腰腹和臀部肌肉，使整个身体保持一条直线的状态。为了增加练习的挑战性，并进一步提升核心控制能力，可以在背部添加额外阻力。使用如杠铃等重物，不仅增加了身体的负担，也提升了练习的整体难度，从而更有效地锻炼和增强腹部肌肉的控制力。在执行此动作时，保持身体平衡和姿势的正确性至关重要。维持这一姿势一定时间，可增强肌肉的耐力和稳定性。这种增加阻力的训练方法不仅能有效提高核心区域的力量，还能帮助提升身体协调性和控制力。通过反复练习，可以显著增强腹部的力量和耐力，为更高强度的训练做好准备。

（5）单臂单腿俯卧撑增强腹部控制。此练习从双脚分开、与肩同宽的姿势开始，然后过渡到单臂和单腿支撑的俯卧撑。在执行此动作时，需要保持支撑臂的肘关节伸直，而非支撑的臂可以自由活动。此外，应紧收腰部和腹部以及臀部肌肉，力求让身体保持一条直线。这种姿势应在较长时间内保持，以此挑战并增强核心区域的稳定性和控制力。单臂单腿俯卧撑是一种高难度练习，它不仅测试平衡和力量，还特别针对腹部肌肉进行锻炼。这种姿势的保持需要高度的身体协调和力量控制，特别是在进行长时间支撑时。通过这种练习，可以有效增强核心肌肉，提高整体的身体控制能力和稳定性。

此外，定期进行这种训练可以显著提升个人的核心力量和体能表现，为进行更复杂的身体活动打下坚实基础。

（6）单臂支撑双腿俯卧撑进行核心肌肉训练。这项练习从双脚分开、宽度与肩膀相等的姿势开始，采用单臂支撑身体，确保支撑臂的肘关节保持伸直状态。非支撑手臂可自由活动，不受限制。关键在于紧缩腰部、腹部及臀部肌肉，力求使身体在整个练习过程中保持一条直线的状态。这一动作应保持较长时间，以提升身体的稳定性和核心控制力。若想增加这项练习的难度，可以在维持身体重心略向前倾的状态下，通过双脚用力蹬地增加支撑难度，从而进一步锻炼和增强身体控制能力。单臂支撑双腿俯卧撑不仅是对肌肉控制的极好测试，而且能有效提升核心区域的稳定性和力量。定期执行此动作，能显著提高个人的体能水平和协调性，为更高级别的物理活动和运动表现奠定基础。通过持续的练习和挑战，可以达到更高的身体控制和力量水平。

2. 双臂俯卧撑难度动作

（1）从双膝跪地到全身延展的俯卧撑练习。开始这一动作时，双膝跪于地面，小腿可选择并拢或交叉放置。上半身采用标准俯卧撑的姿势作为起始动作。在这个准备姿势的基础上，逐渐将双腿向后伸展直至全身形成一条直线，以前脚掌作为支撑点。接下来，在这个姿势上进行标准的俯卧撑动作。在进行整个动作序列时，重点在于保持腰部和腹部肌肉的紧张状态，确保整个身体在运动过程中保持直线，避免臀部上翘或下沉。这种从跪地俯卧撑到全身延展的过渡，不仅有助于加强核心肌群的稳定性，还能有效提升上半身和下半身的协调性。通过这种逐步延展的训练方法，可以让练习者在保持正确姿势的前提下，逐渐增加练习的难度，从而更有效地锻炼身体的力量和控制能力。这种练习适合初学者及需要从基础动作逐步过渡到全身练习的运动者。

（2）进行墙壁俯卧撑以增强体力和控制能力。练习者先站立，面向墙壁，与墙保持大约一米的距离。身体向前倾斜，直到两手平放在墙上，手掌高度与胸部持平，形成一种预备的俯卧撑姿势。这个动作要求身体从头到脚绷成一条直线，通过墙壁来完成标准的俯卧撑。随着不断练习，身体的力量和控制能力逐渐增强，可以逐步降低双手支撑的高度，将身体重心进一步下移，直至最终能在地面上执行完整的标准俯卧撑。在此过程中，特别需要注意的是保持腰部、腹部和臀部肌肉的紧张，确保全身在任何时候都保持直线状态，无论是在墙壁上还是逐渐过渡到地面的俯卧撑皆是如此。这种从墙壁俯卧撑到地面俯卧撑的渐进式训练方法，不仅可以有效地增强上半身力量，还能提高身体的整体稳定性和控制力。对于初学者或正在恢复体力的练习者来说，这是一种循序渐进提升体能的有效方式。

（3）逐步缩减手距的俯卧撑训练。开始此练习时，设置双手与肩略宽的距离，保持这一宽度开始进行俯卧撑训练。随着练习的深入，逐渐缩短双手之间的距离，使手臂更加靠近。在整个过程中，应逐步增加动作的幅度，直至双手间距达到执行标准俯卧撑所需的紧密距离。在进行这种缩减手距的俯卧撑过程中，重要的是保持身体的稳定性和控制力，确保在调整手部位置的同时，腰腹部和臀部肌肉始终保持紧张状态，以保持整个身体呈直线的姿势。这种逐步缩小手距的方法不仅有助于增强胸部、肩部和三头肌的力量，而且能提高核心稳定性，从而在增强上半身力量的同时，也加强整体身体的协调性和平衡能力。

（4）提高下肢完成俯卧撑的训练方法。在这种俯卧撑练习中，将双脚放在高于地面的物体上，双手撑地开始进行标准的俯卧撑动作。关键在于收紧腰腹及臀部肌肉，确保身体从头至脚保持一条直线。随着训练的进行，逐步提高双脚所在的高度，以此不断增加练习的难度和强度。在执行这个动作时，应特别注意保持腰腹部位作为身体的重心，避免身体重心过于向前倾斜，以维持稳定性和避免受伤。这种高脚俯卧撑不仅能加强核心肌群的稳定性，还有助于提升整体的力量和耐力，特别是上半身和核心部位。通过逐步提高脚部位置，可以有效地调整训练强度，适应各种体能水平，为更高级的训练奠定基础。

（三）柔韧与变化类难度动作分析

1. 平衡前倒成纵劈叉训练方法

（1）初级平衡训练。此阶段的训练旨在增强身体的控制力和完成高难度动作的能力。开始时，可在同伴的帮助下进行提腿平衡锤练习，以此来提升踝关节的控制力和难度动作的执行能力。随后，训练者应逐渐过渡到无须辅助的独立练习，以加强独立完成动作的能力。

（2）斜板训练法。训练者首先需保持身体直立，胸部收紧，下颚向内，采用提腿平衡的姿势，然后前倒在斜板上。这一过程需要重复练习，以便完全掌握技巧。随着技术的逐步成熟和动作质量的提高，应逐步降低斜板的倾斜角度，最终将练习地点转移到平地上，实现从简单到复杂的训练过渡。

2. 横劈叉前穿的进阶训练方法

开始时，训练者俯卧，胸部和腹部收紧，双腿分开形成横劈叉的姿势。双臂伸直，用以支撑整个身体，同时双脚置于高出地面约 30 厘米的支撑物上。在这个姿势下，缓慢地进行前后移动，逐步增加移动的幅度以增强身体的灵活性和控制力。随着技术的逐步提高和身体的慢慢适应，逐渐将双脚放至地面继续进行相同的练习。这一阶段的训练有助于加强腿部肌肉的灵活性和整体身体的协调性，为完成更复杂的横劈叉动作打下坚实的基础。

三、竞技健美操运动技法训练

(一)竞技健美操动作力度训练分析

1. 表象训练

表象训练是一种精神训练方法，主要是通过练习者自身对动作的内部感知和理解来掌握动作的力度、发力顺序、反应速度以及身体的姿态和步伐。在这种训练中，练习者需要在心中构建一个清晰的动作执行图景，通过心理复现实际练习中的每一个细节，以此来强化对动作的感知和执行能力。这种方法对提高动作精度和力度感知非常有效。在表象训练的过程中，教练员的角色尤为关键。教练必须密切监控练习者的表象过程，并及时纠正其中的错误感知，避免错误练习的固化，这可能会导致技能学习上的逆效应。教练可以通过口令或具体指示（如"加强力度"或"快速节奏"）来引导练习者调整力度或速度。在必要时，教练也可通过物理接触，如轻触或指导练习者的肢体，来帮助他们更准确地感知和调整动作。此外，结合镜面训练，即在镜子前进行动作练习，可以进一步帮助练习者观察并校正自己的动作，使其更符合技术标准。这种视觉反馈是表象训练的重要补充，能有效加深练习者对正确动作的理解和记忆。

2. 协助训练

在竞技健美操的训练中，协助训练是提升运动技能，特别是动作力度和精准度的一种非常有效的方法。此训练模式特别适用于运动员早期阶段，可帮助他们快速准确地感知和掌握各种动作技巧。在进行协助训练时，教练员的角色至关重要。教练需密切观察并实时调整练习者的动作，以确保动作的力度、节奏、身体姿态和步法正确无误。例如，在指导练习者完成"左臂上举，右臂前举"的动作时，教练可以手抓练习者的手腕，引导其手臂强劲而准确地摆动到预定位置，并让练习者深刻感受到每一个动作的力量发动和停顿。此外，利用哑铃等辅助设备也是协助训练中常用的一种方法。选择与练习者体重相匹配的哑铃，可以有效增强其肌肉的感知能力，从而提高动作的精确性和力度控制。同时，设置标杆等物理标记在运动员的动作达到的位置，如前举和上举的标准点，能够帮助练习者更精确地控制动作范围，并通过重复练习，极大地增强其对动作细节的感知和执行能力。

3. 负重练习

负重训练是一种增强肌肉力量和运动感知的有效锻炼方法，通过使用哑铃或其他举重设备来完成一系列复杂的动作，如屈膝、伸展、摆动和环绕等。在这种训练模式中，练习者通常要执行一定重量的动作，通常是 10RM 至 15RM（最大重复次数），这种方法能够有效地提升肌肉的力量和控制能力。在负重训练的过程中，不仅要求力量的提升，还要求动作的准确性和流畅性。练习者应在训练中不断重复这些动作，逐步提升使用的重量，同时保持动作的标准。随着练习的推进，可以将训练与不同的音乐节奏相结合，这不仅可以增加训练的趣味性，还可以提高动作的节奏感和时间感。此外，镜面练习亦是负重训练中的一个重要组成部分，它允许练习者观察自身的动作执行过程，及时发现并纠正动作中的错误。这种即时反馈对于提高动作的精确度和增强肌肉的感知能力至关重要。

（二）竞技健美操动作速度训练分析

1. 助力训练

在竞技健美操的训练中，助力训练是一个关键的方法，用于加快练习者的动作执行速度，并帮助他们更好地掌握动作的节奏感。通过这种训练，运动员能够在外界的帮助下，提高对快速动作的适应性和执行能力。在进行助力训练时，教练员的角色非常关键。教练需要精确控制助力的时机和力度，确保助力的提供既有助于提升动作的速度，又不会导致运动员产生依赖或技术错误。练习者在教练的帮助下，应专注于感受每个动作的节奏和力度变化，这不仅有助于提高他们对竞技健美操动作速度要求的理解，还能显著提高他们完成基本技术动作的速度。助力训练不仅增强了运动员的技术执行速度，也加深了他们对动作细节的感知和理解，使他们能够在比赛中更准确、更高效、更完美地执行复杂动作。这种训练方式是提升竞技健美操运动员表现的重要手段之一。

2. 高频重复性训练

在竞技健美操中，高频重复性训练是一种关键的练习方法，旨在通过短时间内的高频率动作重复来提升运动员的反应速度和能力。这种训练策略尤其适用于那些在比赛中因反应速度慢而影响整体表现的运动员。在进行高频重复性训练时，教练员需要明确设定每个动作或技巧的具体训练时间，确保每一次练习都能在保证技术准确性的同时，提升其执行速度。训练中，运动员应力求每次执行的速度都超过前一次，这样的高强度和高频率训练有助于运动员加深对动作细节的理解，进一步提升其自然反应速度。此外，这种训练方法还有助于运动员熟悉和掌握动作的技术要求和运动轨迹，通过不断的重复练习，逐步达到动作的自动化和高效化。最终，运动员将能在比赛中更快地完成技巧动作，显著提高其整体表现和竞争力。

3. 变奏训练

变奏训练是一种灵活的训练方法，它要求运动员根据音乐节奏的变化灵活调整自己的动作步伐，以实现动作与音乐的完美匹配。这种训练方式让练习者体验在不同音乐节奏下完成相同动作的差异，从而增强其动作的适应性和表现力。在快节奏的音乐下进行变奏训练时，运动员可能会发现自己的动作跟不上音乐节奏，导致动作执行延迟或不准确。这种情况下，教练员的角色显得尤为重要，他们需要及时指导运动员调整和规范动作，确保即使在快节奏下也能高质量地完成每一个动作。变奏训练不仅局限于快节奏的调整，还包括在音乐节奏保持不变的情况下，改变动作的执行速度，这可以是结合快速动作和变速动作的综合训练，旨在打破运动员在一定速度水平上的动作习惯，激发其进一步提高技能的潜力。通过这种多样化的训练方法，运动员不仅能提升对音乐节奏的感知和适应能力，还能在动作执行中学会如何更好地控制动作速度和节奏，从而在竞技健美操的表演中达到更高的艺术表现和技术水平。变奏训练是推动运动员不断进步和创新的重要训练策略，有助于他们在高水平竞赛中脱颖而出。

四、竞技健美操的教学指导

（一）竞技健美操表现力教学分析

竞技健美操中的表现力是指运动员通过身体动作和表情来传达情感和情绪的能力。在比赛中，这种表现力对结果有着直接影响。运动员需利用其对健美操动作和音乐的深入理解，结合观察力和想象力，以及对自己技能的自信，巧妙地将这些元素融入自己的表演中。通过精确的身体技巧和丰富的面部表情，运动员能够形象并生动地展示这些情感，从而强化观众的参与感和共鸣。这种情感的有效传递不仅增强了表演的吸引力，还能显著提升运动员在比赛中的表现水平。

在竞技健美操中，运动员的表现力是内在精神和外在动作的融合体现。为了增强这一能力，可通过以下几种方法进行教学与训练。

1.观察法分析

观察法是一种通过直接观察来识别并纠正不足的训练方法，可有效提升竞技健美操运动员的表现力。此方法具体包括以下两种主要形式。

（1）镜面观察。这种方法通过在镜子前练习，使运动员能直接观察并评估自己的技术动作、身体姿态和面部表情。通过自我反思和主观感受，运动员可以对自己的动作和表情进行实时调整，以规范技术动作并增强表现力。这种即时的反馈机制非常有效，特别是在缺乏高科技设备的环境中，镜面观察成为提升表现力的一个实用选择。

（2）录像观察。这种方法利用现代的录像技术，包括摄像机和其他录制设备，来记录运动员的表演。通过回放录制的视频，运动员可以深入分析自己的表现，比较细节并识别动作的不足之处。这样的后期分析能帮助运动员从一个更客观的角度审视自己的表现，在以后的训练中加以改进，进而逐步提升技术水平和表现力。

录像观察法在运动训练中的应用具有显著的双重优势：首先，它为运动员提供了一个直观的平台，以清晰地识别并改进其动作的不足之处。这种方法不仅增强了运动员的自我观察能力，还激发了他们主动参与改进训练的动力。其次，录像观察法突破了时间的限制，允许运动员在任何时候回放和细致分析自己的表现，包括动作的协调性、准确性、力度和节奏感，以及面部表情的适当性和自然度。这使得运动员能够深入了解自身的表现，有针对性地进行具体的技术改进。

2. 表情法分析

（1）镜面训练法。镜面训练法是通过面对镜子进行面部表情的练习。运动员在镜子前尝试各种表情，不仅可以锻炼面部肌肉，确保每个表情到位，还能体会不同表情对观众的吸引力和感染力，从而进行更具针对性的训练。这种方法使运动员在表情上更加自如和自然，有利于提升其整体表现力。

（2）眼神控制法。在表情训练中，眼神的控制尤为重要。通过专门的眼神训练，可以充分锻炼眼部周围的肌肉，使眼睛更加有神。在竞技健美操中，运动员不仅要掌控身体姿态，还需要通过充满感染力的眼神来传递内心的丰富情感。这样的训练能够达到内外结合的效果，使表现力更上一层楼。

（3）赛中调节法。赛中调节法是指在竞技健美操比赛中，运动员通过调整面部表情来调节自己的竞技状态。在比赛前，运动员往往会感到紧张和焦虑，这时需要有意识地放松面部肌肉，可以轻轻按摩面部，帮助肌肉放松。如果运动员在赛前感到精神低落，可以刻意微笑或多看别人的笑脸，或回想一些愉快的经历，以此控制自己的面部表情，保持积极的竞赛状态。这种方法不仅可以帮助运动员在比赛中保持良好的心态，也能提升他们的整体表现力。

3.组合训练法分析

（1）自信组合。在健美操的日常训练中，运动员不仅需要追求动作的完美和优雅，还必须展现出充满活力和积极向上的精神状态。通过自信的微笑和积极的态度，运动员能够更好地体现健美操运动所传递的青春、自信和健康的内涵。这种内外兼修的训练方法有助于运动员提升整体表现力。

（2）激情组合。在训练过程中，教练员需要通过各种方法激发运动员的情绪，保持训练的积极性和热情。例如，可以让运动员观看优秀健美操运动员的比赛直播，以提高他们的专注度和兴趣，从而保持积极的训练状态。这种方法有助于提高训练效果，使得运动员在训练中更加投入，进而提升其竞技水平。

（二）竞技健美操运动队伍的重点培养

培养竞技健美操队伍应重点从以下几方面着手。

1.竞技健美操运动选材

（1）竞技健美操运动选材的重要性。随着竞技健美操运动的不断发展和国际比赛的日益激烈，动作难度也在逐渐加大。这对运动员的身体素质和运动能力提出了更高的要求。因此，在选拔竞技健美操运动员时，必须充分考虑当前运动发展的趋势和需求，以提高选材的科学性和实效性。成功的选材可以显著提升运动员的训练和比赛水平。尽管世界健美操运动的历史并不长，但其技术水平进步迅速，各国选手间的竞争也日趋激烈。随着对竞技健美操专项技术和训练理论的深入研究，教练员在探索高新技术训练的同时，也高度重视科学选材工作。各地和学校的健美操代表队的组建和训练也得到了前所未有的关注。选材的核心是从众多候选者中选拔出最适合从事健美操运动的人，并对其进行重点培养和训练，使他们具备卓越的竞技能力，在比赛中取得优异成绩，从而推动竞技健美操运动的发展。科学选材不仅是提高个人成绩的关键，也是推动整个项目发展的重要因素。在当前形势下，科学选材已成为竞技健美操运动发展的当务之急。通过系统的选材方法和科学的评估手段，可以有效地挑选出最有潜力的运动员，为他们提供有针对性的训练和支持，从而提高整体竞技水平。选材工作的科学性和有效性直接影响到运动员的培养质量和未来的竞赛成绩。

（2）竞技健美操运动选材的指标。在竞技健美操的选材过程中，综合考虑各类指标是至关重要的。以下是几种主要的选材指标：①形态类指标。竞技健美操对运动员的体形有特定要求，这不仅关系到技术动作的执行，也涉及审美角度的需求。通过对顶级赛事运动员的体形数据进行分析，可以看出成功的运动员通常具备与健美操动作力学和美学标准相符的体形。因此，选材时需要精确评估包括运动员身高、腿长、臂长、胸围、腰围等在内的形态指标。②身体素质指标。运动员的身体素质包括力量、速度、耐力、柔韧性、灵敏性和平衡性等多方面。良好的身体素质是运动员将基本技巧和技能完美融合的基础。随着竞技健美操规则的更新和技术的进步，对运动员的身体素质也提出了更高的要求，尤其是柔韧性和力量的要求更为严格。在选材时，教练员需考虑运动员的遗传因素，挑选具有优良身体素质潜力的运动员。③生理机能指标。心功能指数是衡量运动员心肺功能的最简便方法，通过测量安静心率、运动后即刻心率和恢复心率，可以评估运动员的心肺耐力。运动员心率的高低通常反映其心肺功能的强弱。这一测试与健美操动作负荷相近，是选材中的重要参考。④心理类指标。心理素质在竞技健美操中占据重要地位。运动员需要具备稳定性、积极性、坚忍的意志和良好的思维能力。选材过程中，应重视运动员的心理调适能力和压力管理能力。此外，神经类型的考察也十分关键，应选择神经兴奋性高且稳定的运动员。⑤气质类指标。气质对运动员的训练响应和比赛表现有着直接影响。活泼型运动员通常反应快、学习速度快，而安静型运动员则在动作掌握上更为稳重。选择时，通常偏好这两种气质类型，以适应健美操的高要求。⑥技术类指标。由于竞技健美操的高技术性，选材时需要特别考虑运动员在关键技术动作执行上的表现。这包括评估其在规定动作中的技术水平，以及根据其年龄和训练水平的不同调整选用的动作指标。竞技健美操的选材是一个多方面的综合评估过程，需要教练员对运动员的各项能力进行全面而深入的分析，以确保选出最具潜力的运动员。

（3）竞技健美操运动选材的原则。在竞技健美操运动选材的过程中，必须遵循几个核心原则以确保选择出最合适的运动员：①个性化原则。选材过程中应考虑到竞技健美操的独特需求和运动员各自的个性特点。选择和制定选材指标时，需要结合运动员的个人特性和训练阶段的具体要求。这种方法不仅突出了健美操运动的集体性和个性化特点，而且确保了选材与健美操运动的特性紧密结合，以选拔出最适合的人才。②持续性原则。考虑到儿童和青少年的生长发育特点，选材指标应具有前瞻性和持久性。身高和体重的变化尤其重要，同时还需考虑到国际比赛对运动员体形和体态的要求。在制定选材标准时，应全面考虑这些因素，以确保选材标准符合运动发展的长远需求，并适应国际竞技场的标准。③发展潜力原则。选材标准应充分考虑运动员的发展潜力。基于青少年的身体发育特点和竞技健美操运动的发展趋势，选材时应优先考虑那些具有较大成长潜力的指标。这不仅需要考虑运动员当前的表现，而且要考虑到他们未来的发展可能性，从而选择能长期为竞技健美操做出贡献的运动员。④综合评估原则。选材过程中需要综合考虑多种因素。由于每个运动员都有其独特的长处和短板，选材时需要详细分析其各项能力和素质的测试结果。通过权衡各主要因素，对运动员的综合竞技能力进行全面评估，以做出最合适的选材决策。选材工作遵循这些原则不仅能有效提升竞技健美操运动员的整体水平，还能保证运动员的成长和发展与运动本身的需求相匹配，为实现竞技目标和运动员个人发展双重成功奠定坚实基础。

2.竞技健美操的科学训练

（1）制定科学的训练计划。竞技健美操训练是一个高度系统化的过程，其成功依赖于精心设计的训练计划。一个科学的训练计划能够确保训练的连贯性和良好效果，同时有助于培养全面发展的运动员。训练计划的科学制定是实现最终竞赛目标，即获得卓越成绩的基石。制定训练计划的核心是明确训练目标，这些目标应针对运动员的具体需求和特点进行调整。成年运动员的训练计划通常围绕比赛周期和竞技状态的形成来设计，目标是在比赛中取得优异成绩。而青少年运动员的训练则更侧重于技能和身心发展，计划应考虑到他们不同成长阶段的特点，并在各个训练阶段突出不同的重点。竞技健美操的训练计划多种多样，但通常应包含几个基本要素：评估运动员当前状态，确定训练目标和关键指标，划分训练周期及各阶段的具体任务，规划训练强度的动态调整，选择合适的训练手段并确定相应的负荷量以及制定必要的恢复措施。在实施这些计划时，关键是要聚焦重点，确保训练活动能够有效提高运动员的表现，进一步确保整个训练过程按照预定的路径有效推进。

（2）在不同阶段实施针对性训练。竞技健美操的训练全过程分为五个主要阶段，包括选材阶段、基础训练阶段、专项提高阶段、最佳竞技阶段以及竞技保持阶段，如表5-1所示。每个阶段都针对运动员发展的不同需求，确保训练的连续性和系统性。

表5-1 竞技性健美操多年训练计划的阶段划分及安排

阶段划分	主要训练任务	主要训练内容	主要训练特点	主要训练负荷
选材阶段	发现人才，进行优秀健美操运动员的选材	了解各种游戏性的健美操运动形式，学习各项基本动作	培养对健美操的兴趣	严格控制运动量，不能追求难度

阶段划分	主要训练任务	主要训练内容	主要训练特点	主要训练负荷
基础训练阶段	发展一般运动能力	发展各种运动素质	循序渐进	适宜的量度
专项提高阶段	发展专项竞技能力，加强训练理论的学习	基本技术的再加工，重点培养专项竞技能力	训练工作中思想教育和心理训练的比重都要相应增大	逐步承受较大的专项训练负荷
最佳竞技阶段	发展专项竞技能力，加强训练理论的学习	集中进行专项训练，并积极参加运动竞赛	训练工作中思想教育和心理训练的比重都要相应增大	负荷通常呈波浪形，有起有伏，有张有弛，保持明显的节奏
竞技保持阶段	继续提高身体素质和机能能力，对体现个人优势的难度动作精雕细刻	抓好思想教育和心理训练，注意一般身体素质的训练	教练员细致地做好工作，维护运动员的名声	负荷通常低于专项提高阶段和最佳竞技阶段

3. 竞技健美操培养运动员的心理素质与合作能力

竞技健美操不仅要求运动员具备出色的身体素质和技术技能，还需要他们具备强大的心理素质。运动员的心理状态对其训练和比赛表现至关重要，因为能适当调整心理活动的运动员往往能在关键时刻发挥出最佳水平。因此，系统地培养运动员的心理素质是提高其竞技表现的关键。此外，21 世纪的竞技体育强调团队合作的重要性。特别是在竞技健美操中，团队合作精神显得尤为重要，这种精神体现在整个团队为达成共同目标而展现出的团结互助和共同努力。现代健美操赛事越来越重视团队合作，寻求具有优秀合作能力和团队精神的运动员变得尤为重要。在高等院校的竞技健美操中，通常涉及多个团体的合作，单个运动员的表现直接影响整个团队的成绩。因此，加强运动员的团队合作意识不仅能增强其集体责任感，还能在比赛中促使团队达到更高的训练水平。培养这种团队意识还有助于增加队员间的默契，降低运动过程中的伤害风险。

因此，现代竞技健美操的训练理念强调心理素质和团队合作的双重培养，旨在不仅要提升运动员的个人技术水平，也要提高其心理调节能力和社会适应性。通过这种全方位的发展，可以促进运动员的整体成长，并为其未来在高水平竞赛中的成功打下坚实基础。

4. 竞技健美操运动的不断创新

（1）提高运动员的思维能力。在竞技健美操中，培养运动员的思维能力是至关重要的。这种能力涵盖思维的广度、深度、灵活性和独立性，其中包括想象力、联想思维和多向思维等关键元素。①想象力。想象力关键在于能够自由地变化、组合、扩展和处理信息，从而创造出新的形象。创新的起点往往源自丰富的想象，它需要广泛的知识和丰富的实践经验作为支撑。在竞技健美操中，教练员应当根据运动员的表现，灵活地与已知动作结合，这对动作的创新发展至关重要。②联想思维能力。这种能力使人能从一个事物联想到另一个事物，甚至是从表面上毫无联系的事物之间找到内在联系。具备强大联想思维的教练可以利用现有知识和经验，开阔创新思路，从而在健美操动作的创新过程中，将现有动作与其他项目的技术联系起来，形成新的创意。同时，捕捉瞬间的灵感也是提高创新能力的关键。③多向思维能力。这种能力指的是从多个角度和方向思考和解决问题的能力，它比单向思维更能激发创新思维。在竞技健美操中，多向思维能帮助教练和运动员从多个层面深入理解技术动作，通过逆向思维、侧向思维和发散思维探索新的动作路径和方案，促进动作的科学创新。培养这些思维能力不仅有助于运动员在竞技健美操中创造性地解决问题和执行动作，也能显著地提升他们在比赛中的表现力和创新能力。通过系统性的训练和实践，可以有效提升运动员的整体表现，使其在高水平的竞赛中脱颖而出。

（2）提高竞技健美操的创新设计能力。提升竞技健美操的创新设计能力至关重要。这种能力涉及将创新的构思具体化并实际检验其可行性。在现实中，尽管许多人能想出具有潜力的创意，但由于缺乏实现这些想法的能力，大多数创意未能实现。在竞技健美操中，创新设计能力不仅包括教练员的策划和执行能力，还涉及运动员的执行能力。教练员的创新设计能力表现在他们能否有效地组织和执行新的动作设计。这需要教练员不仅有创新的想法，而且能够根据运动员的具体情况，如身体素质、心理状态及技术水平等，来合理设计动作的难度。教练员需确保创新动作既具有挑战性，又能被运动员所接受和完成。对于运动员而言，实际能力就是指在教练构思出新动作后，运动员是否有能力完成这些更具挑战性的动作。运动员的能力包括身体条件、心理准备和技术水平等方面。这意味着教练在设计新的动作时，必须全面考虑运动员的现有水平，确保设计的动作既创新又实际，能够有效提升运动员的技能。

第三节　时尚健美操技能分析与教学指导

　　健美操运动作为一项广受欢迎的体育活动，已经在全球范围内得到了良好的发展和推广。随着时间的推移，健美操逐渐衍生出了许多新兴且时尚的分支项目，这些新兴项目因其独特的魅力和特色，吸引了广泛的人群参与其中，尤其是在学校中拥有庞大的师生群体。本节将专注于这些时尚健美操项目的技术分析和教学指导，特别是爵士健身舞和健身绳操这两种项目的基本动作教学。通过详细的技术分析和具体的教学策略，本研究旨在提供有效的指导方法，以便帮助教练和学员更好地掌握这些动作，从而提升健美操的整体教学质量和运动效果。

一、时尚健美操爵士健身舞分析与教学指导

（一）爵士健身舞的动作要素与表现

　　爵士健身舞的动作技巧和表现方式在其动作设计中至关重要，能够

显著影响舞蹈的整体效果和观赏性。以下是爵士健身舞中一些关键的动作要素及其表现技巧的详细分析。

（1）通过屈膝下蹲的动作让身体重心下降，接近地面，这种方式不仅有助于增加动作的稳定性，还能增强表演的强度感。

（2）维持一个低重心，增加下肢的柔韧性，同时放松上半身的关节，每个音乐节拍都对应着特定的动作变换，这样做可以极大地丰富舞蹈的动态表现和视觉效果。

（3）快速地移动身体重心，特别是在水平方向上的移动，需要精准和迅速，以保证舞蹈的流畅性和连贯性。

（4）确保身体的每个部分，如头部、肩部、腰部、臀部以及躯干都能独立而充分地参与到舞蹈中，这样可以增加动作的复杂性和表现力。

（5）注重动作的线条感，维持角状的体态可以突出舞蹈的力量和美感，使得每个姿态都具有强烈的艺术表达力。

（6）对复杂的动作进行细致的分割处理，根据音乐节奏的变化来切分动作，强化动作的韵律感。例如，可以将一个复杂动作中的头部或手部动作按照音乐的重音部分进行分割，使动作与音乐完美同步。

（7）多样化的节奏处理，使得身体可以通过两到三个不同的韵律快速展示预定的动作，这种变化不仅增加了舞蹈的难度，也提高了其艺术感染力。

精心设计动作元素和技巧的爵士健身舞不仅是一种健身方式，也是一种具有高度表现力的舞蹈艺术，能够充分展示运动员的技术能力和创造力。

（二）爵士健身舞组合动作教学分析

1. 第一个 8 拍

这一节的舞蹈组合包含精确的身体和视线移动，分为三个主要部分。

1～2 拍：开始时，舞者面向八点钟方向，目光定向一点钟。重心落在左脚上，同时右脚向前迈步，双臂略弯曲自然垂于体侧。接着身体转至两点钟方向，目光转向一点钟，左脚迈至右脚前方，双手自然垂下。动作结束时，身体转回正前方，左脚位于右脚前，双臂平举至与肩同高，手握拳，双肘抬至胸前水平。

3～4拍：随后，舞者身体再次转向八点钟方向，目光转向一点钟，右脚向左脚方向迈出一步，并位于左脚前方。双手从头部后侧移动至头顶，手背相对。

5～8拍：此段中，左脚脚尖轻触地面，左腿伸直向左迈出一大步，随即重心转移至左腿。右脚脚尖接触地面，膝盖轻微弯曲。双臂从头顶下落至肩部高度，手臂保持轻微的弯曲，左臂向内形成锐角，右臂向外形成钝角。左手抬至高于头顶后缓慢下降至肩部高度，肘部弯曲形成90度角，而右手自然下垂，靠近大腿外侧。

2. 第二个8拍

在这个8拍的舞蹈序列中，运动的连贯性和动态表现形成了舞蹈的核心。

1～4拍：起始时，右腿逐渐向左腿靠拢，随后左腿前移至右腿膝盖前方，并向侧方踢出，接着着地。在这个动作过程中，腿部稍作屈膝，体现动态平衡，双脚随后踏步，体现舞步的连续性。与此同时，左手逐渐下降，双手通过身体两侧缓慢升起至肩部，然后向外展开，最终举至头顶。上半身前倾，下颌收紧，双手指尖轻触地面，构成一个复杂的身体姿态。

5～6拍：从地面起身，面对两点钟方向，目光定向于一点钟。执行一系列动作，首先是右侧的弓步，右手在空中画圈后落回原位，然后左腿向右腿后方移动，身体伴随双手支撑在胯部，脚下踏步。接着身体转向八点钟方向，眼睛仍然注视着一点钟方向，执行左侧弓步，左手在空中画圈。

7～8拍：此阶段，右腿向左腿移动，双膝轻微弯曲，脚尖点地。左手下降，右手抬高超过头顶，掌心朝前，同时臀部略微上翘。这一系列动作不仅展示了健身者身体的灵活性和控制力，还增加了舞蹈的视觉效果和动感。

3. 第三个 8 拍

在这个 8 拍的爵士健身舞序列中，动作展示了身体和手臂的复杂协调，以及对节奏的敏感反应。

1～4 拍：开始时，头部向右侧倾斜，同时右腿抬起，双手握拳，左手前伸至身体前方，右手高举过头顶，双肘轻微弯曲。接着头部转向左侧，手掌展开，左手置于胸前，掌心向上，右手置于肩侧，掌心向下。随后身体转向两点钟方向，目光锁定一点钟方向，重心转移到右腿，左腿向旁边迈步，脚尖轻点地面，再次靠近右腿，右手覆于胯上，左手平举后缓缓降至胯部。

5～8 拍：身体转向八点钟方向，眼睛注视一点钟方向，左腿前置，脚尖轻触地面，双手手背相对，高举于头顶。然后右脚向前迈出一步至左脚前方，双手向两侧展开并向下压，手掌向地面。之后，身体转回两点钟方向，目光定向一点钟方向，右腿前置，重复双手高举动作。左脚随后向前迈至右脚前方，双手再次向两侧展开并向下压，手掌朝向地面。

4. 第四个 8 拍

在这个 8 拍的舞蹈序列中，舞者展示了一系列动态和充满节奏感的动作，增强了整体的舞蹈表现力。

1～4 拍：起始动作中，舞者身体转向一点钟方向，右脚向侧方迈出，脚尖轻触地面，双腿分开位置略宽于肩，双手虚握在头顶上方。接着，右腿向左后方退步，右脚脚尖再次点地，同时眼睛转向七点钟方向，左手放于背后，右手屈肘靠近胸前。这一系列动作随后在相反方向重复执行，以增加动作的复杂性和律动感。

5～8 拍：左脚先向前迈一步，接着右脚向前踢出，双手自然随着腿部动做摆动。当右脚步至左脚前方，舞者踏步并稍抬起左脚脚跟，双手同时举至头顶，手背相对。最后，在第八拍时，舞者前倾上身，下半身屈膝下蹲，双手指尖轻触地面，完成这一系列动作的高潮部分。

5. 第五个 8 拍

从低姿势缓慢站起，舞者首先将重心稳定在左腿上，右腿膝盖轻微弯曲，左脚脚尖轻点地面。随后，随着右脚脚尖方向的改变，身体依次向八点钟和一点钟方向转动。在整个转身过程中，双手自然摆动，增加了舞蹈的表现力与律动感。这一系列动作不仅考验舞者的平衡能力，也展示了其在控制身体转向中的精准度和流畅性。

6. 第六个 8 拍

在这个 8 拍中，舞者通过一系列精确且节奏感强的动作来展示身体的协调性和表现力。

1～4 拍：舞者以右腿前置的姿态开始动作，脚步轻点地面。左手抬起并伸直，掌心向下，而右手则平举到侧面，掌心同样向下，双手呈 90° 角。接着身体进行一周逆时针方向的旋转，回到起始位置。旋转完成后，右手响指，左脚随即向前迈步；紧接着左手响指，右脚也向前迈步。

5～8 拍：舞者将左右手依次举过头顶，手心向外，手背合拢。随后右腿抬起，膝盖呈 90° 弯曲，手肘微屈，双手握拳向下拉伸。随后手向肩侧打开，右腿落地，掌心朝向地面。身体随后逆向旋转一圈，右手环绕头部一周，回到准备状态。最后，舞者双腿张开与胯同宽，双手回到握拳状态，左手端平于胸前，而右手屈肘放于肩前，最终将双手掌心下放至大腿处。

7. 第七个 8 拍

在个 8 拍中，舞者通过一系列身体动作展示了优雅的动态平衡和身体表达。

1～4 拍：开始时，舞者先将肩膀向右推动，手微握成拳，然后缓缓将身体回正，胸部自然放松并轻轻吸气，接着向左转肩，形成肩部动作的律动。紧接着，右腿向身侧轻踢，双臂同时展开，掌心向下置于肩膀两侧。

5～8 拍：左脚落后于右脚，双腿屈膝，左脚脚尖点地，呈现一个轻松的步态。左手直立于身体前，掌心朝外，而右手肘微弯。左手臂和前臂交叉，双手手掌贴合，手心朝外。然后头部向右偏移，胯部向后突出；随后头部向左偏移，左手轻轻抬起右手，胯部向左移动。最后，头部回正，右腿屈膝上抬至 90°，右手放置于臀部，左手抬高超过头顶，掌心向左。

8. 第八个 8 拍

1～4 拍：舞者首先向七点钟方向转身，采取左弓步姿势，使右脚稳固着地，右手在胸前弯曲肘部，手呈虚握拳状态，左手自然下垂至身体侧面。这个动作接着在相反方向重复执行，以增加动作的复杂性和律动感。

5～8 拍：接着，舞者向一点钟方向转身，视线定向七点钟方向。左腿膝盖弯曲，落在右腿前方，同时右腿保持跪地姿势。左手自然落在身体侧面，右手在胸前弯曲握拳。视线随后转向一点钟方向，左腿向身体侧面打开，左手掌心朝左举过头顶，右手伸直放于身体下侧。动作结束时，右腿移至左腿后方，双手在身体后方展开。

9. 第九个 8 拍

1～4 拍：动作开始时，舞者将重心稳定在左腿并站起，接着顺畅地向两点钟方向转身，目光锁定在一点钟方向。随后，重心转移到右腿上，左腿膝盖轻微弯曲，脚尖轻触地面。在这一连串动作中，双手的动作也非常关键，手背相对，从身后缓缓高举过头顶，最终到达身体前方，增加了动作的连贯性和视觉效果。

5～8 拍：此阶段较为简洁，首先是翘起臀部，形成一个明显的体态变化，然后慢慢收臀。这简短的动作强调了身体控制的精确性和动态的表达，尽管动作简单，但在整个舞蹈流程中起到了承上启下的作用。

10. 第十个 8 拍

1～4 拍：舞者首先向八点钟方向转身，目光定向一点钟方向。随着左右脚交替迈步，双手也相应进行动作，左右手依次屈肘向前伸展，最终以左手在上、右手在下的方式交叉前伸。接着，向一点钟方向转身，同时向左扭转上半身，左腿从后方移至体侧，脚尖点地，形成略宽于肩的双腿分立姿势，右脚脚尖轻点地，左手肘在体侧弯曲，掌心向上。然后，上半身向右扭转，左脚脚尖轻点地，右手肘在肩侧弯曲成 90 度角，左手肘依旧在体侧，掌心保持向上。

5～8 拍：舞者执行一次完整的 360 度逆时针方向旋转。开始时，身体面向七点钟方向，眼睛注视一点钟方向，双手自然放于身体两侧，手稍微握拳。在上半身转向一点钟方向时，双手放松拳头。随后继续转身至七点钟方向，目光转向五点钟，双手自然放于腰间。然后转向三点钟方向，右腿前置，左脚脚尖点地，维持双手掐腰的姿势。最后，再次向一点钟方向转身，右腿继续保持前置，用左脚脚尖轻触右脚脚尖。

11. 第十一个 8 拍

1～2 拍：开始时，舞者向八点钟方向转身，目光锁定一点钟方向。重心转移到左腿，右腿膝盖弯曲，确保膝盖的方向与目光一致，右脚脚尖轻触地面。右手随即拍打右侧的胯部。继续转身向一点钟方向，左右腿交错站立，右手举过头顶，掌心朝前。

3～4 拍：右手下落，手肘在胸前弯曲，手掌轻贴在左肩上，左手随后也复制这一动作。随后双腿分开站立，双臂向两侧展开，掌心向前立起，回到初始的准备姿势。

5～8 拍：动作继续，左腿向体侧伸出，跨至右腿后方，双手轮流在肩侧伸直，掌心立起，另一只手掐腰。此动作需重复执行一次。然后舞者向七点钟方向转身，重心重新回到左腿，右腿膝盖弯曲，脚尖点地，膝盖朝向六点钟方向。左手放在身体后方，右手环绕至脑后，随后右手沿腹部左侧下落，目光转向五点钟方向。

12. 第十二个 8 拍

1～2 拍：舞者面向一点钟方向，左手保持静止，右手向身体下方伸展，手腕翻转，使手心朝前。随后，重心转移到右腿上，左腿膝盖轻微弯曲，脚尖点地，右手肘在身体侧方向上弯曲，掌心向上。

3～4 拍：视线转向七点钟方向，右腿脚尖点地，膝盖保持弯曲，重心落在左腿上。右手肘继续向上弯曲，靠近体侧，手背朝下。

5～6 拍：动作与第 3 到第 4 拍相同，保持右腿脚尖点地和膝盖弯曲的姿势，重心仍在左腿上，右手肘保持向上的弯曲位置，手背朝下，以强化之前的姿势。

7～8 拍：舞者向一点钟方向转身，同时开始摆手，从左脚开始向前方迈出三步。在迈出左脚的同时，右手置于身后，左手肘弯曲，手握拳置于身体前方；反之，当右脚迈步时，左手需置于身后，右手肘弯曲，手握拳置于身体前方。

13. 第十三个 8 拍

1～2 拍：起始动作中，舞者以右脚向前迈出一步，置于左脚前方。右手和随后的左手依次举过头顶，手心向外，手背相贴。接着，右腿膝盖弯曲至 90° 并提起，同时双手握拳，手肘下拉至弯曲，形成一个动态而有力的姿态。

3～6 拍：左脚随后落在右脚后方，舞者向肩两侧展开双手，掌心朝向地面。伴随左脚向前迈一步，着地于右脚前方，身体转向两点钟方向，目光锁定一点钟方向。左手移至肩前，右手环绕头部后方。随后，身体转向七点钟方向，重心转移到左腿上，右腿膝盖弯曲，脚尖点地，双手自然掐腰。再次转身至一点钟方向，两腿分开略宽于肩，左手平端于胸前，右手肘弯曲成拳，轻触左手手背，双手保持 90 度角。

7～8 拍：舞者准备过渡到下一个动作，双手置于大腿上，膝盖轻微弯曲。随后，双手支撑地面，为接下来的俯卧撑动作做好准备。

14.第十四和第十五个8拍

舞者执行了一系列俯卧撑动作，这不仅是身体力量的展示，也是舞蹈节奏与肢体控制的一种表现。

15.第十六个8拍

1～4拍：舞者跪于地面，双手开始逆时针绕过头顶一整圈，同时眼睛跟随手部移动，形成视觉上的跟随效果。这个动作不仅展示了身体的灵活性，也增加了整体动作的表现力。

5～8拍：舞者抬头并将双手交叉握在头顶上。然后上身慢慢后倾，双手轻轻放下至两腿上，展示了优雅的身体控制和力量的平衡。这一动作过渡顺畅，展现了舞者的柔韧性和表达力。

三、时尚健美操健身绳操分析与教学

（一）健身绳操基本动作教学分析

1.摆动

摆动是健身绳操的基础动作之一，主要通过双手或单手握住绳头进行。动作中应以肩部为中心轴进行绳子的前后或左右摆动。执行此动作时，重要的是保持肩部的放松，力度要均匀分布以确保绳形保持稳定，避免绳子出现不规则的摆动。

2.绕环

绕环是另一种核心技术，双手或单手持绳，以肩部、肘部或腕部为轴心，在身体周围进行圆形旋转。进行绕环时，需要精确控制绳环的轨迹，确保绳子不接触到舞者身体。此动作的精确性对于执行复杂绳技尤为关键。

3.跳绳

跳绳技术包括双脚跳、单脚跳和高抬腿跳等多种形式。跳绳可以执行单摇、双摇或交叉摇等动作。跳绳时双臂应自然伸直，以手腕为转动轴。跳起时身体要保持轻松并具有弹性，落地时则需要适当缓冲。单摇跳是基本且简单的技巧，在每次摇绳后跳跃一次，如单摇双脚跳、单摇交叉跳和单摇双脚交换跳等。双摇跳也称作两摇跳，是一种更复杂的技术，意味着每次跳跃绳子都要绕身两圈，包括双摇双脚跳、双摇单脚跳和双摇双脚交替跳等。

（二）健身绳操组合动作教学分析

1.预备姿势

站立时，双手握住折叠四次的健身绳，绳子保持在身体前方。

2.第一个8拍

1～2拍：右脚向右移动，同时双臂向前平举，然后还原。

3～4拍：左脚向左移动，同时左臂向前上举，右臂前下举持绳，然后还原。

5～6拍：右脚再次向右移动，同时双臂向上举至肩侧弯曲。

7～8拍：左脚向左移动，同时双臂再次向上举后还原。

3.第二个8拍

1～2拍：右脚向右前方迈出一步，左脚尖点地，同时双臂向上举。

3～4拍：左脚并于右脚，同时双臂向后绕至下举。

5～8拍：重复1～4拍的动作，但方向相反。

4.第三个8拍

1～2拍：右脚向右侧一步并移重心，同时双手持绳头向右摆动。

3～4拍：重复1～2拍的动作，方向相反。

5～8拍：右脚向右侧变换步伐，同时双臂向右经上、左至右绕环一周。

5.第四个8拍

1～4拍：右脚开始跑跳步，左手握双折绳头，右手握绳中段在体侧以右手腕为轴做向前的小绕环。

5～8 拍：下肢动作同上，左手置于右胸前，右臂上举以右手腕为轴做水平的小绕环。

6. 第五个 8 拍

1～4 拍：右腿和左腿依次向前弹踢，双手分别握绳头做体侧 "8" 字绕环。

5～8 拍：后屈腿跳，同时做四次体侧 "8" 字绕环。

7. 第六个 8 拍

1～4 拍：高抬腿前摇跳。

5～8 拍：后屈腿前摇跳。

8. 第七个 8 拍

1～4 拍：高抬腿交叉前摇跳。

5～8 拍：后屈腿交叉前摇跳。

9. 第八个 8 拍

1～8 拍：重复第五个 8 拍的 1～4 拍的动作。

10. 第九个 8 拍

1～4 拍：右脚向前走四步，左手置于右腰间，右臂上举，以肘为轴绕绳（绳缠身）。

5～8 拍：右脚向后退四步，左手仍置于右腰间，右臂上举，以肘为轴绕绳（放绳）。

11. 第十个 8 拍

1～4 拍：左脚开始向左走四步，同时转体 360 度，双手握绳，头上摆动一周。

5～8 拍：右脚开始向右走四步，同时转体 360 度，右手握住双绳头，左手握绳中段将绳四折还原至预备姿势。

这套健身绳操组合动作，通过有节奏的步伐和双臂的协调运动，能够有效提高身体的协调性和灵活性。每一个 8 拍动作的设计均结合了上下肢的配合，使得全身各个部位都得到锻炼。随着动作的不断重复和变换，不仅能增强肌肉力量，还能提升心肺功能，是一套非常全面的健身操组合。通过对每个动作的详细分析和解释，能够帮助练习者更好地理解和掌握每个细节，从而达到最佳的锻炼效果。

第六章　健美操课程教学效果的实施策略研究

第一节 影响健美操课程教学效果的因素分析

一、教师因素

在健美操课程教学中，教师扮演着主导角色，是教学活动的重要组织者和实施者，同时也是课程设计的核心人物。教师的职业道德、综合体育素质以及教学经验和能力，都会直接影响健美操课程的组织与实施，从而对教学效果产生重要影响。教师的职业道德决定了他们对教学的态度和责任心，综合体育素质是保证教学质量的基础，而丰富的教学经验和娴熟的教学能力则是提升课程效果的关键因素。这些因素共同作用，决定了健美操课程能否有效开展和达到预期的教学目标。

影响健美操课程教学效果的教师因素主要包括以下几方面（见图6-1）。

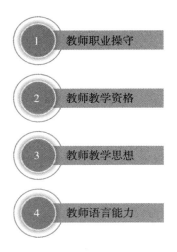

1 教师职业操守

2 教师教学资格

3 教师教学思想

4 教师语言能力

图 6-1 影响健美操课程教学效果的教师因素

（一）教师职业操守

教师的职业操守直接影响他们在健美操课程教学中的认真程度和投入程度，因此，教师的职业操守对教学效果有着重要影响。体育教师具备良好的职业操守，可以使他们严谨认真地对待健美操教学，有助于不断提高教学效果。具体来说，教师的良好职业操守应包括以下内容。

1.教师公正

教师公正是教育公正的重要体现，具体指教师在教育活动中表现出的公平与正义。这是体育教师个人德行的表现，也是他们内在品质的一种反映。在健美操课程的教学实践中，教师公正对科学组织和开展教学活动、对学生的客观评价和合理要求有着重要影响。拥有良好公正品质的体育教师，在教育过程中能够以公正平等的态度对待每一个学生，表现出正直无私、不偏袒的行为，能够做到一视同仁，从而促进所有学生的发展。

在教学过程中，教师公正的表现不仅能激励学生积极参与课程，还能使他们在公平的环境中获得自信与进步。体育教师通过公正的教学行为，可以客观地评价学生的表现，合理地给予每个学生适当的指导和反馈，这对学生的全面发展尤为重要。公平的评价机制可以避免学生因教师偏心或偏袒而产生的挫败感，使每个学生都能在公正的氛围中展示自己的能力和潜力，从而提高整体教学效果。此外，教师公正还能增强学生对教师和课程的信任感，促进良好的师生关系。学生感受到教师的公正对待后，会更加信任教师，更愿意接受教师的指导和建议，进而在健美操课程中取得更好的成绩和进步。良好的师生关系也能促进课堂氛围的和谐，增加教学的互动性和趣味性，使教学过程更加顺利和高效。

2.教师责任感

教师责任感是教师的一种自发和自愿的行为表现，反映了教师对学生需求的积极响应以及对社会期待的认同和职业担当。在健美操教学中，教师责任感显得尤为重要。具备高度责任感的教师，会认真对待自己的教学工作，关注学生的全面健康成长，并以促进学生健康发展为目标，不断优化教学过程，完善教学体系，提高教学质量。

责任感驱使教师在教学过程中始终保持高度的投入和积极性。他们注重传授健美操的技术和技巧，并关注学生在课程中的实际体验和进步。通过精心设计和组织教学活动，责任感强的教师能够创造一个有利于学生身体和心理健康发展的学习环境。这样的教师不仅会在课堂上认真教学，还会在课后对学生进行个性化的辅导和支持，确保每个学生都能在健美操课程中获得良好的发展。此外，教师责任感还体现在他们对教学效果的持续改进上。责任感强的教师会不断反思和改进自己的教学方法，寻求新的教学策略和手段，以适应学生的不同需求和发展水平。他们会积极听取学生的反馈，关注学生在学习过程中遇到的困难和问题，并及时调整教学计划和方法。这种持续改进的态度有助于建立一个动态发展的教学体系，使教学效果不断提升，学生的学习体验和成就感也将随之增加。责任感也促进了教师对学生成长的全面关注。责任感强的教师不仅关注学生在健美操技能上的进步，还关心他们在体能、心理素质、团队合作等多方面的发展。他们通过多样化的教学活动，帮助学生提高综合素质，培养他们的自信心和团队精神。这样的教师既是健美操课程的传授者，也是学生健康成长的引导者和支持者。

（二）教师教学资格

教师教学资格指的是从事教学职业所必需的知识、能力、经历等条件或职业身份。实际上，资格包括两个方面：条件和身份，两者密不可分。国家对各行业的职业资格证书的授予具有双重意义，即实际意义和象征意义。实际意义是指证书的持有者具备特定的知识、能力和经历，具备胜任特定职业的条件；象征意义则是代表证书持有者的社会角色和职业身份。

　　对于教师职业来说，具备相应的教师资格是从事教学工作的前提条件。教师在从事这一职业之前，需要具备相应的教育教学能力、知识储备和职业道德。只有具备这些基本条件后，才能胜任教师这一角色，并在实践中不断提升自身的专业素养和职业水平。教师资格不仅是个体从事教育工作的必要条件，也是保障教育质量的重要因素。我国《教师资格条例》对教师资格的获取规定了明确的条件，这些条件包括：首先，教师必须具有教育教学能力。这意味着教师不仅需要掌握学科知识，还要具备有效的教学方法和手段，能够引导学生理解和掌握知识，并激发他们的学习兴趣。其次，教师需要具备符合国家规定的从事教育教学工作的身体素质条件。这是为了确保教师能够胜任教育教学工作，保持良好的身体健康状况，能够应对教学过程中可能出现的各种挑战。最后，教师必须具备相应任职学校要求的学历。这表明教师需要具备一定的学术水平和专业知识储备，以保证教学质量和教育效果。需要特别指出的是，获得教师资格证仅仅是成为教师的第一步，并不意味着持证者就能完全胜任教学工作。教师资格证仅表明持有者具备了从事教育工作的基本条件，但要成为一名合格的教师，还需要不断提升专业素质、职业道德素质和教学能力。具体来说，教师需要具备良好的职业道德，能够以学生为中心，公平、公正地对待每位学生。同时，教师还需要不断学习和更新相关的知识，提升专业技能，以适应教育教学的发展需求。

　　在教学过程中，教师的专业素质和教学能力直接影响到教学效果和学生的发展。教师需要具备科学的教学方法和策略，能够根据学生的特点和需求，灵活调整教学内容和方式，以提高学生的学习效果。此外，教师还需要具备良好的沟通和协调能力，能够与学生、家长和同事共同进行有效的交流与合作，共同促进学生的全面发展。

（三）教师教学思想

　　体育教学思想在体育教学的组织和实施过程中起着重要的指导作用，

健美操教学在不同历史时期展现出独特的时代特征，这正是教学思想影响的体现。从宏观角度来看，我国体育教学思想的发展经历了一个漫长的演变过程，与国家建设密切相关。

从教师个人的角度来看，教师对宏观体育教学思想的理解和在微观健美操课程中的落实对教学设计和策划产生重要影响。教师能够深刻把握整体教学思想，并在具体课程中实施，这将直接影响健美操教学的效果。教师的教学思想既体现在对课程目标和内容的设置上，还体现在教学方法的选择和教学活动的组织中。例如，在实际教学中，教师可以通过丰富多彩的教学活动和生动有趣的游戏环节，激发学生的学习兴趣，增强他们的参与感。这不仅有助于提高教学效果，还能促进学生在体育活动中的全面发展。此外，教师应不断地学习和更新相关的知识和技能，以适应不断变化的教学需求。

良好的教学思想能够帮助教师更好地设计和实施健美操课程，确保教学内容与学生需求相匹配，进一步提高教学的针对性和有效性。通过科学合理的教学设计和灵活多样的教学方法，教师能够创造出温馨和谐的教学环境，帮助学生在健美操课程中获得更多的学习和成长机会。

（四）教师语言能力

教学本质上是一种语言艺术，特别是在健美操教学中，教师通过有效的语言传达知识与技巧，并灵活运用教学语言。因此，语言能力成为体育教师开展健美操教学的一个关键条件和影响因素。

在健美操教学中，体育教师的语言能力主要包括三个方面，即口头语言、肢体语言、书面语言。具体分析如下。

1. 口头语言表达

在健美操课程中，教师的口头语言表达是指通过语言清晰地传递教学内容和表达自己的思想情感的能力。掌握流利的口语表达技能对于教师有效进行健美操教学至关重要。

在体育理论的教学中，教师会运用多种口头语言类型，包括启发性、赏识性、激励性以及反思性语言。这些不同类型的语言各有其独特功能（见表6-1），恰当地选择和使用这些语言类型可以有效促进健美操教学。为了有效利用这些口头教学语言，教师需要遵循特定的指导原则（见表6-2）。

表 6-1　教师口头语言表达类型

语言类型	表达作用与效果
启发性语言	帮助学生理解相关知识，锻炼其逻辑思维能力；赏识性语言能激发学生的个性发展，培养学生信任、友爱、尊重等高尚美德
激励性语言	充分调动学生学习积极性和主动性，挖掘他们的学习潜力
反思性语言	帮助学生巩固学过的知识，提炼更精华的学习方法，促使学生对知识的理解更加丰富、全面，借此提高学生的自我评价、自我分析、自我发展的能力等

表 6-2　教师口头语言表达要求

教师语言表达要求	要求阐述
正确表达	符合语言的一般规范和语法要求
明确表达	符合本人的原意，不要产生误解和歧义
准确表达	让学生听得明白，充分理解
逻辑清楚	注意前后顺序，不让学生思维混乱
精简凝练	不说与教学内容无关的话，减少重复内容，让学生听起来简单明晰
用语规范	说话的时候注意不要使用不规范用语
生动形象	教学语言切忌呆板，尽可能富有表达力、形象性和激情，具有一定的感染力
音质优美	教学语言应该悦耳动听，注重音律

2. 肢体语言表达

肢体语言在健美操教学中扮演着不可或缺的辅助角色，它不仅增强了教师的语言传达效果，还能提升教学活动的感染力和创新性。以下是一些关键的肢体语言表达要求，用以优化健美操教学效果。

第一，教师的肢体语言需要有明确的目的性，这有助于学生更好地理解教学内容中的重点和难点。通过明确的目标导向，教师可以有效地使用身体动作来强调教学要点，使学生更容易捕捉并理解关键信息。

第二，教师的肢体动作必须准确无误，以确保通过动作传达的信息是正确的。正确的动作不仅帮助学生学到所需的技能，也保障了教学质量和学生的学习效果。

第三，教师的动作应当清晰有效，特别是在进行教学示范时。教师需要从多个角度和位置展示技术动作，以确保每一个学生都能清晰地看到示范，从而把握动作的精髓。这种全方位的示范对于学生理解和模仿动作至关重要，有助于他们正确学习健美操的技巧。

3. 书面语言表达

在健美操理论教学中，教师的书面表达技巧尤为重要。这包括室内授课时的板书、书面写作及绘图等，直接影响学生对教学内容的理解与吸收，进而影响教学成效。

书面语言表达的准确性和科学性是教学成功的关键。在课堂板书中，体育教师应确保文字书写的规范性，遵守国家关于简化字的规定，避免使用非标准的简化字。规范且清晰的书写可以避免学生花费额外时间去辨认潦草的字迹，从而提高课堂效率。此外，健美操技术动作的讲解往往需要借助绘图来更直观地阐释动作技巧。体育绘图作为一种表达人体动作的简明方式，在健美操教学中有着广泛应用。这种绘图应简洁明了，直观易懂，以便学生能迅速把握动作的精髓。尽管体育绘图不同于专业美术绘画，但也有一定的要求，需要教师在绘制时考虑动作的特点——是动态还是静态，是正面视角还是侧面视角，是单一动作还是连贯动作。

选择适当的角度和表现方式是关键，以确保学生可以从图中获得所需的教学信息。

（五）教师学历

教师的学历水平对其教学质量有着显著的影响，尤其是在健美操教学的设计、组织和实施过程中。学历反映了教师所获得的知识、经验和体验的综合水平，这些元素往往以隐性知识的形式存在，有时不易直接解释其产生的影响。学历不仅是教师知识和经验的衡量标准，更是其教学行为、教学决策和思路形成的重要基础。这种背景知识使教师能够对教育现象和教育对象有更深入的理解和评价，从而在教学中做出更为准确且有效的决策。具备高学历的教师通常拥有丰富的教育经历和广阔的教育视野，这有助于他们在教学过程中运用多样的教学方法和技巧，从而更好地开展健美操教学。高水平的学历不仅增强了教师的知识储备，还提升了他们的思维方式、创新能力和个人文化素养，使他们能够更有效地应对教学中的各种挑战。然而，需要明确的是，高学历虽然在很多方面对教师的教学质量有积极的推动作用，但这种影响并非绝对的。教师的教学效果是其综合教学经验、能力和多种教学条件相互作用的结果。教师需要不断地在实际教学中积累经验，提升教学技能，这些因素共同决定了教师在教学实践中的成效。

综上所述，教师的学历是其教学能力和教学质量的重要基础，但优质的教学成果需要教师在实践中不断学习和成长，以及灵活运用其教学资源和能力。通过这种方式，教师可以更全面地发挥其教学潜力，能更有效地促进学生的学习和发展。

（六）教师能力

在健美操教学领域中，教师的教学能力尤为关键。这种能力涉及教师如何精确选择、搭配、组织和优化健美操教学体系中的各个要素。在教学实践中，教师必须确保这些要素得到科学和恰当的应用，这是实现高效教学效果的基础。教师需要具备在多变的教学环境中灵活运用各种教学资源的能力，以确保教学内容的适宜性和连贯性。通过这种系统性的教学方法，可以有效地提升学生的学习效率和健美操技能的掌握，从而达到优化教学效果的目标。教师的这些能力不仅反映在其日常的教学活动中，更表现在其对教学过程中出现的各种挑战的应对能力。

（七）教师经验

教学经验是教师通过参与教育活动和处理教育事件所积累的宝贵财富，这些经历在教师的职业生涯中留下了深刻的印象，并对其心理和行为产生了显著影响。对于所有学科的教师而言，尤其是健美操教师，教学经验是不可或缺的资源。这些经验不仅丰富了教师的知识和技能，也提升了他们应对各种教学挑战的能力。通过实际的教学活动，教师逐渐形成了有效应对学生需求和教学难题的多样策略，从而提高了教学质量和效率。

对于健美操教师而言，每个教育场景和事件都是积累教学经验的机会。这些经历逐步在教师的职业生活中留下深刻印象，无形中影响和塑造了他们的教学方法和心理状态。这样的经验积累是多样化的，涵盖了教师在实践中遇到的各种实际情况（见表6-3）。

表6-3　教师实践经验类型划分

划分依据	具体类型	
内容	技能性教育经验	体验式教育经验
来源	叙事性教育经验	反思性教育经验
性质	消极的保护性教育经验	积极的建设性教育经验

丰富的教学经验对于健美操教师在设计科学的教学模式、选择合适

的教学方法以及顺利执行教学活动等方面发挥着至关重要的作用。通常情况下，对于初入职的教师来说，要开展一套完整的健美操教学可能会面临较多挑战，因为他们尚未积累足够的实践经验。相反，对于那些拥有丰富经验的资深教师或专家级教师而言，这些任务则相对容易完成，这主要得益于他们长时间积累的教育经验。

在健美操教学领域中，教师拥有的教学经验的数量和质量是至关重要的。这些经验不仅帮助教师更好地理解教学内容和学生需求，还能有效地指导教师在教学过程中做出恰当的决策。实际上，具备丰富教学经验的教师能够更灵活地调整教学策略，更准确地评估教学方法的有效性，并针对学生的具体情况进行教学上的调整和优化。因此，教学经验是提升健美操课程教学效果的一个关键因素，它在帮助教师构建高效课程和提升学生学习成效方面起到决定性的作用。

二、学生因素

学生是健美操教学过程中的核心参与者，他们的特性和需求对教学活动的设计、组织和执行具有决定性影响。为了有效地进行健美操教学，教师需要深入地了解学生的具体情况，这包括进行学习者分析和学习需求分析。

在健美操课程的实施过程中，认识到学生的学习能力和风格是至关重要的。教师应该考虑学生的学习意向和具体需求，这样才能确保教学活动能够满足学生的个性化需求。通过这种方式，教师可以更精准地调整教学策略，使之更加符合学生的实际情况，从而提高健美操教学的整体效果。这种对学生特点和需求的关注不仅有助于提升学生的学习效果，还能增强学生对健美操课程的兴趣和参与度。

（一）学生学习能力

学生的学习能力是影响健美操教学成效的关键因素。这种能力决定了学生如何接收和处理教学中传递的各类信息，进而影响他们掌握健美操技能的程度。有效的健美操教学需要教师对学生的学习能力有深刻的理解，以便适应不同学生的学习速度和风格。

为了提高教学效果，教师应根据学生的具体学习能力灵活调整教学方法和策略。这包括采用不同的教学工具和技术，以及调整课程的难度和节奏，确保每位学生都能在舒适的学习环境中最大限度地吸收和理解教学内容。

（二）学生学习兴趣

学生的学习兴趣是影响他们能否主动、积极参与健美操教学的关键因素。人们通常会对自己感兴趣的事物投入更多的精力进行学习和探索。因此，激发学生对健美操的兴趣是提升教学效果的第一步。[①]

在健美操课程中，教师需要特别关注并培养学生对该运动的兴趣。这不仅是教学过程的一个基本目标，也是确保学生能够积极参与并从中受益的重要策略。通过增强学生的学习动机，可以显著提高他们的参与度和主动性，这对于初期教学而言尤为重要。为了有效提升学生的学习兴趣，教师可以采取多种策略。例如，通过引入创新和互动的教学方法，如团队竞赛和互动游戏，可以使课程更加生动有趣。此外，展示健美操的实际益处，如健康改善和体型塑造，也可以激发学生的长期兴趣和持续参与。同时，教师还应该注意个性化教学，调整活动以符合不同学生的兴趣和能力水平。这种方法不仅能够提高学生的个人参与感，还能促进他们在健美操技能上的具体进步。

（三）学生学习风格

学生的学习风格在健美操教学中起到至关重要的作用，直接影响着

---

① 陈晓蕊.影响健美操教学效果的诸多因素[J].内江科技，2010（3）：7～9.

教学的成效。由于每位学生的学习方式不尽相同，这就要求教学方法和模式能够适应各种不同学生的学习风格。如果教学设计不能与学生的学习风格相匹配，那么教学可能不会达到预期效果。学生的学习风格包括视觉型、听觉型、动手操作型等，每种风格的学生在接收和处理信息的方式上均有所不同。例如，视觉型学生可能更适合通过观看视频和图表来学习，而动手型学生则可能更倾向于通过实际操作来理解健美操的动作。为了提高教学效果，教师在设计健美操课程时需要考虑这些差异，采用多样化的教学策略来满足不同学生的需求，可能包括采取结合视觉、听觉和动手活动的教学方法，确保每种学习风格的学生都能从课程中获益。

此外，教师还应进行定期的学习风格评估，以便更准确地了解学生的偏好，并据此调整教学计划。通过这种灵活和包容的教学方式，教师可以更有效地引导学生参与学习，进一步提升健美操教学的整体质量和效果。这种对学习风格的重视不仅有助于提高学生的学习动机和参与度，也有助于其实现更高的教学成就。

（四）学生学习需求

学生的学习需求是健美操教学中的核心考虑因素，因为学生是教学活动的主体和对象。在整个健美操教学过程中，学生的主动参与和需求应当被放在优先位置，这对确定教学目标、组织教学方法和开展教学活动至关重要，并直接关系到教学效果的实现。教师在开展健美操教学时，需要全面考虑学生的身心发展需求和体育学习需求。这涉及学生当前的学习状态和需求，还包括他们长期的发展目标。通过这种综合考虑，教师能够设计出更符合学生发展的教学计划，既满足他们现阶段的学习需求，也为他们未来的成长奠定基础。在健美操课程的设计和实施中，教师应该根据学生的具体需求来调整教学内容和方法。例如，针对学生的身体发展特点和学习兴趣，选择适合的教学活动和练习方式，确保教学既能激发学生的学习热情，又能有效地促进他们的身心健康。

考虑到学生的长期发展，健美操教学不仅旨在提升学生的健美操技能和运动水平，还应致力于通过系统的教学活动，促进学生综合素质的全面提高（见表6-4）。

表6-4　学生的多元化健美操学习需求

体育方面	掌握健美操运动知识，获得参与健美操运动最为基本的能力，为走出校园之后坚持健美操学习奠定良好的体能和技能基础
智育方面	促进学生想象力、思维能力、分析能力、判断能力等发展，以促使学生的智力得以更好的开发
德育方面	对学生来自内在和外在的双重障碍予以克服，并对学生的顽强毅力和坚定的意志品质进行培养，以使学生能以积极的态度面对各种困难，适应以后的个人发展
美育方面	培养学生的良好鉴赏美、创造美的能力。如对美的鉴赏能力、感受能力、创造能力、表现能力

三、教学条件因素

教学条件在健美操的实施和目标达成中起着关键作用，为健美操课程提供必要的物质支持和合适的教学环境。

（一）教学物质条件

为了确保健美操教学达到高质量的效果，对教学的物理条件和环境的需求需要进行细致的研究。具体而言，健美操教学条件的研究领域十分广泛，涉及教学环境、现代化教育工具的使用，以及具体的体育设施、教学场地、最新运动器械和教学环境管理等方面。

优良的健美操教学设施和硬件条件为理论与实践教学提供了强有力的物质支持。改善和增加健美操相关的设施和器材可以丰富教学内容，提升学生的学习体验，这种投入对于提高健美操教学的整体质量和实践效果具有显著的积极作用。此外，随着教育技术的不断发展，利用现代化教育工具和设施可以进一步优化教学过程，使学生能够在更好的学习环境中掌握健美操技能。因此，对健美操教学条件的持续改进和研究，对于推动健美操教学的发展和提升学生的学习成效至关重要。

为确保健美操教学活动的顺利进行，提供一个优质的教学环境是必要的。在健美操课程开始前，教师需对教学场地进行细致的准备和检查，包括多媒体设施、使用的器材、教室的光线与空间布局、地板状况等多个方面。具体来说，教师应评估以下几个关键点。

（1）教室光线情况。确保教室内部光线充足，为学生提供明亮的学习环境。

（2）教室的静谧度。检查教室是否足够安静，无外界干扰，这对于提高学生的注意力非常重要。

（3）空间充裕性。确认教室空间是否足够宽敞，确保每位学生都有充足的空间进行健美操练习，避免拥挤。

（4）教学设施完备性。检查所有教学设施是否齐全且处于良好的工作状态，包括多媒体设备等。

（5）教室设备的卫生与安全。确保课桌、椅凳、讲台和地板的布置符合卫生和安全标准。

（6）环境美化。评估教室的装饰和布局是否符合美学标准，创造一个视觉上舒适和激励学习的环境。

通过对这些教学环境要素进行细致的调整和改进，教师可以为健美操课程创造一个符合学生学习需求的环境，不仅安静、舒适而且美观，从而大大提高健美操教学的效率和质量。这样的环境将有助于激发学生的学习热情，促进其在健美操方面的技能提升。

（二）教学文化环境

在校园内部构建一个积极的健美操文化环境对于提高师生参与健美操活动的积极性及教学效果是至关重要的。当教师和学生都热情参与健美操时，教学目标更容易达成，教学活动也会更加有效。

校园中的健美操文化环境强化了参与和练习的氛围，还使得健美操成为校园内师生共同追求的健身活动。这种文化氛围有助于将健美操课程与校园活动整合，推动健美操的全面教学，包括课内和课外教学的有效结合。在这样的环境下学生不仅在健美操课程中受益颇广，还被鼓励参与更广泛的体育活动，这有助于提高他们的体能和健康水平。因此，为了有效地开展健美操教学，学校需要重视并优化其健美操文化环境，同时关注体育人文环境的整体建设。通过营造一个鼓励学生学习和练习的健美操氛围，学生将自然而然地被这种环境影响和教化，更容易地将健美操的学习和参与融入他们的日常生活中，成为一种习惯。这样的文化环境对于提高健美操教学的质量和效果具有显著的推动作用。

（三）教学规章制度

教学规章制度对于健美操课程的有效实施和预期教学成果的实现起着至关重要的作用。通过明确制定和实施这些规章制度，可以保障健美操课堂纪律，确保教学活动的顺畅进行，从而有助于达到教学目标。

在单次课程中，明确的课堂规则不仅有助于维持课堂秩序，还能确保所有的健美操教学活动都能按计划执行。这种规范化的操作有利于提高课堂效率，同时也能帮助学生更好地理解和吸收教学内容，提升学习效果。

从整个学校的角度来看，制定和执行体育教育的教学规章制度是规范教师在各项体育活动中教学行为的关键措施。此外，教学规章也是校园文化建设的重要组成部分，它不仅体现在文本上，更是校园物质文化与精神文化相结合的具体表现。这种文化系统通过多种元素的综合作用，对学校的体育教育活动作出系统的支持和规范。

为了确保健美操教学的质量和效果，学校需要对体育管理和教学规章进行全面的构建和完善。这不仅包括制定具体的行为准则，还需要不断更新和完善这些规则，以适应教育需求的不断变化。通过这些制度的实施，可以有效地指导和约束师生在健美操教学及训练中的行为，以确保教学活动的系统性和科学性，从而达到优化教学成果的目的。

第二节　提高健美操课程教学效果的策略分析

一、加强师资建设

（一）重视教师综合教学素质的提高

体育教师在学校体育活动中发挥着核心作用，不仅是体育教学的组织者，也是学生学习和训练的引导者。体育教师的综合教学素质直接影响着教学质量和学生体育学习的成效。

观察当前我国学校体育教学的状况，随着素质教育改革的深入推进，体育教师的综合素质提升似乎未能跟上需求的步伐，在一定程度上降低了学生接受高质量体育教学的可能性。因此，如今存在一个迫切需要解决的问题，即如何提高体育教师的综合教学素质，以更好地满足学生的学习需求。

在健美操教学领域，教师的角色尤为重要，他们除了负责传授技能以外，也是激励学生参与和热爱体育的关键。因此，强化体育教师的专业能力和教学方法成为提升教学质量的关键策略。通过提高教师的专业知识、教学技巧及与学生互动的能力，可以有效地推动学校体育教学改革，进而促进学生在体育学习上的整体发展。

（二）强化教师健美操专项教学知识

为了提升健美操教学的专业水平，学校和教师需要共同努力以加强教师的专项教学知识。具体来说，学校应当注重开展针对性的教师培训，提供丰富的专业交流和学习机会，并通过教师的定期考核来确保教学质量的持续提升。

学校的责任在于定期组织教师参加健美操专业的培训课程，包括介绍最新的健美操技术、教学方法以及行业发展趋势。此外，学校还应鼓励教师参加更高级别的专业培训和研讨会，这不仅有助于教师提升教学技巧，还能扩展他们的专业视野。

对于教师个人而言，他们应该有计划地参与这些培训活动，针对自己的教学需求和职业发展目标，积极参加各类提升课程和专题研讨。这样可以增强他们的教学能力，并使其在职业生涯中奠定坚实的知识基础。同时，教师还应培养终身学习的意识，主动探索健美操的最新理论和实践发展，通过阅读专业书籍、浏览相关网站、参与在线课程或与同行交流等多种方式不断丰富和更新自己的知识库。

（三）提高教师的健美操教学能力

增强教师的健美操教学技能对于实现优质的教学成果至关重要。具体而言，应专注于提升教师在以下几方面的健美操教学能力。

1.教师的健美操教学组织管理能力

提升教师的健美操教学组织和管理能力对于达到高效的教学成果非常关键。，具体包括以下几个方面。

（1）健美操教学计划的制定能力。教师应能够根据健美操的专项运动教学逻辑和学生的认知发展特征，有效地制定符合教学目标的计划和策略。这包括从设定明确的学习目标到规划可实施的课程计划，每个步骤都需要教师深入理解学科内容和学生需求。

（2）健美操课程的组织管理。教师需要具备优秀的课堂管理技能，这是健美操教学成功的核心。有效的课程管理不仅涉及教学内容和形式的持续创新与传承，还包括对运动负荷的精确控制、教学场地及器材的恰当安排与使用，以及关键教学资源如教学骨干的培养和运用。

（3）课外健美操活动的管理能力。教师的职责不仅仅局限于教室内的教学。他们还需具备组织和管理课外健美操活动的能力，包括活动策划、健身指导、训练能力的提升以及校园健美操竞赛的组织和裁判工作。这些能力确保学生能在课外活动中继续发展和应用在课堂上学到的技能，同时增强他们的健身习惯和竞技能力。

通过加强这些组织管理能力，教师能够更好地实施教学计划，提高课堂及课外活动的效果，从而显著提升健美操教学的整体质量和学生的学习体验。教师的这些能力直接关联到教学效果的优化，是提升教育质量的关键所在。

2. 教师的健美操课堂教学能力

提升教师在健美操课堂上的教学能力是确保教学效果的关键因素。这包括多个方面的专业技能和能力，具体如下。

（1）学生行为理解能力。教师需要能够准确理解、分析并判断学生的行为、学习态度和思想状况，以便更好地适应学生需求并调整教学策略。

（2）教学方法的灵活运用。教师应具备在适当的时机灵活运用多样化教学方法的能力，确保教学内容既符合教学目标又能吸引学生兴趣。

（3）教学计划编制。教师应有能力制定详细的健美操教学计划，包括课程的长短期目标、内容安排和评估方式。

（4）生动的语言表达。教师的语言应清晰、生动且易于理解，以便学生能够无障碍地接收和理解教学内容。

（5）准确的动作示范。教师必须展示正确的健美操动作，为学生提供标准的动作参考。

（6）综合评估能力。教师需要对教学活动进行敏锐的观察、分析和综合评价，以持续优化教学方法和效果。

（7）有效的语言沟通。除了基本的表达能力，教师还需能通过语言有效激励和指导学生有效学习。

（8）身体语言的掌握。教师应能通过身体语言强化教学信息的传递，如姿态、表情等。

（9）科学研究技能。教师应具备基本的科学研究能力，能够进行相关的教学研究，以提升教学内容和方法的科学性。

（10）现代教育技术应用。教师应熟练掌握现代教育技术，利用各种教育工具和平台，以便丰富教学手段和体验。

通过全面提升上述能力，教师可以更有效地进行健美操教学，不仅能增进学生的学习体验，还能提高教学的整体质量和效果。这种综合能力的提升对于适应现代教育需求具有重要意义。

3. 教师的创新意识与创新能力

教师的创新意识和能力对健美操教学至关重要。在教授健美操的多个方面，如动作、音乐及编排等，创新是推动发展的关键因素。单纯重复教科书上的动作是不足以满足现代健美操教学需求的，教师需要在传授基本技能的同时，激发学生的创造力和创新精神。为实现这一目标，教师应具备将健美操知识与学生实际运动技能相结合的能力，引导学生运用所学知识在健美操运动中进行探索和创新。这种教学方式不仅加深了学生对健美操运动的理解，也促进了学生在实践中的主动学习和创新。此外，教师应持续追求教学方法的创新，例如通过融入新的技术和教学工具，为学生创造一个更加丰富和动态的学习环境。通过这种方法，教师既能传授健美操技巧，还能激励学生将健美操视为一种创造性的表达方式。教师的创新也应体现在课程设计上，能够根据学生的反馈和兴趣调整教学内容，使课程不断适应学生的发展需要。通过这种教学策略，健美操教学能够不断进步，不仅局限于技术的传授，更包括对学生全面能力的培养。因此，教师的创新意识和能力是健美操教学成功的核心。只有通过不断创新和改进，健美操教学才能真正达到科学和系统的标准水平，充分发挥其在学校体育中的教育价值。

二、重视学生特点分析

在健美操教学中，学生是教学活动的核心，因此，深入了解学生的个性和特点是教学成功的关键。教师对学生特性的精准分析不仅有助于实现目标导向的教学，也是"因材施教"原则的实践基础，极大地促进了教学效果的提升。

通过详尽的学生特点分析，教师能够科学地安排健美操教学的各个要素。例如，选择适合学生特性的健美操教学模式是非常重要的。这一选择应充分考虑学生的年龄、认知水平、兴趣和体能状况，从而确保教学活动既符合学生的发展阶段，也满足他们的学习和体育需求。

具体到不同年级层次的学生，教学模式的选择应有所不同。对于低年级学生，由于他们通常精力充沛、好奇心强，健美操教学应以游戏和情境为主，采用如快乐体育模式、情境教学模式、成功体育模式等，以增强教学的趣味性和互动性。对于高年级学生，鉴于他们已具备较好的知识基础和较成熟的逻辑思维能力，教学模式可以更多采用启发式、发现式和运动技能类教学方法，以挑战和提升他们的高级认知技能和体育技能。因此，教师在开展健美操教学时，必须将学生特点作为教学设计的出发点和落脚点，通过精准的学生分析和科学的教学模式选择，来实现教学活动的最大化效果。这种基于学生特点的教学策略不仅提高了教学的个性化和精准性，也有助于学生在健美操学习中获得更全面的发展。

对学生的特点的分析，应包括以下内容。

（一）分析学生的生理特点

在健美操教学中，课程的主要内容应围绕身体活动展开，因此，深入了解学生的生理状况是至关重要的。只有全面掌握学生的身体特点，教师才能精确设计和灵活调整教学计划，使之更贴合学生的实际情况。这样的教学安排能够有效促进学生身体的健康发展，提升他们的体能以及生理功能。通过这种有针对性的教学方法，健美操教学不仅能够满足学生的健身需求，还能促进他们全面的生理和身体素质提升。

（二）分析学生的心理特点

由于健美操教学的实践性、体验性和表现性，要求学生在心理方面也应适应这种教学模式。因此，在正式开始健美操教学之前，教师需要对学生的心理特征进行深入分析，以便更好地适应和响应学生的需求。具体来说，教师应了解学生的个性发展特征，包括他们的兴趣、性格和能力等多个方面；情感和情绪的表达方式；以及他们的注意力集中和意志力的发展水平。教师还需要关注学生的思维方式，包括他们如何处理信息和解决问题。了解这些心理特点后，教师可以根据学生的具体心理需求，选择最合适的健美操教学内容和方法。例如，针对性格外向、兴趣广泛的学生，可以设计更多集体活动和竞技性强的练习；而对于注意力不易集中的学生，则需要通过短小精悍的教学活动来保持其兴趣。

（三）分析学生的社会特点

在健美操教学中，学生不仅学习运动技能，也在通过复杂的社会互动，进行社会化学习。健美操教学为学生提供了一个模拟的社会环境，他们需要在其中扮演各种角色，这样的设置有助于促进学生的社会适应能力和社会技能的发展。在这个过程中，教师需要细致分析学生的社会特点，包括他们的人际交往能力、社会行为模式、角色沉浸意识、价值观以及团队合作和竞争意识。这种分析将帮助教师更好地理解学生在社会互动中的表现和需求。根据这些分析结果，教师可以有针对性地设计健美操课程，引入各种教学活动，如团队合作任务、角色扮演游戏和竞技比赛等，这些都是促进学生社会能力发展的有效方式。通过这些活动，学生不仅可以加强身体素质，还能在实际操作中学习如何与他人有效沟通、合作并进行健康竞争。

此外，健美操课程应鼓励学生积极表达自己的意见和感受，这样可以增强他们的自我意识和自信心，同时也促进了价值观的形成和社会角色的认同。通过这种综合性的教学策略，教师不仅提升了健美操的教学质量，还为学生的全面社会化提供了支持。

三、完善健美操教学体系及其要素

（一）创新教学方法

在我国健美操课程教学中，许多教师仍然沿用传统的教学方法，即单纯的讲解和示范。长期采取这种缺乏创新的教学方式会导致学生的学习积极性和主动性难以充分调动，特别是在当前的新时代背景下，现代大学生与以往相比有很大不同，他们对健美操教学过程中的运动乐趣和成功体验有更高的期望。因此，传统的教学方法已经无法满足新阶段健美操教学的发展需求。为了应对这一挑战，教师必须有意识地创新教学方法。健美操教学方法的创新形式多样，但核心仍在于调动学生的学习兴趣，同时确保教学任务的完成。教师可以通过引入互动性更强的教学方式，例如团队合作、情景模拟和游戏化教学等，来增强学生的参与感和投入度。此外，现代技术的运用也是创新教学方法的一部分。利用多媒体设备、虚拟现实技术等，亦可以为学生提供更加生动和直观的学习体验。这些技术不仅能够使教学内容更加丰富，还能帮助学生更好地理解和掌握健美操动作和技巧。

教师还应注重个性化教学，根据学生的兴趣和能力水平，制定差异化的教学方案。通过观察和分析学生的表现，及时调整教学策略，给予学生更多的自主学习空间和实践机会，使他们在学习过程中获得成就感和满足感。

（二）丰富教学内容

体育教学的核心内容包括体育知识和技能，这两部分是体育教师为达到教学目标而精心挑选的活动内容。在教学过程中，教学内容是连接教师与学生的桥梁，目的在于促进信息的有效交流。为了适应当代体育教育的新理念，教师应当根据学科的特定需求，设计富有创意且具有个性化特色的教学方案。以健美操为例，教师应基于运动本身的特点，精心设计课程内容，以满足学生多样化的需求。这不仅能够激发学生对健美操的学习兴趣，而且符合新时期体育教学的方针和教育创新的趋势。教学内容的设计应聚焦于学生的兴趣和发展需求，确保内容现代化且极具吸引力。

为了丰富健美操的教学内容，教师可以融入瑜伽元素，通过引入几个基础的瑜伽动作，不仅增加了课程的多样性，而且帮助学生更好地理解健美操中的美学意境。将瑜伽与健美操结合，可为学生提供一个全面的体验，促进其体能和心理健康的全面发展。[①]

（三）改革教学模式

目前，我国体育教育的实际情况显示，传统的教学方式仍然是体育课程的主流模式。大多数体育教师依然采用以教师为中心的传统教学内容和方法，这种模式往往缺乏创新，难以激发学生的学习兴趣，学生的主动性和参与度没有得到有效提升。

在健美操教学领域，情况尤为明显。多数学校的教学依旧注重技能的传授而忽略理论的重要性，常采用"填鸭式"的教学方式，这不仅没有帮助学生理解健美操的深层价值，也削弱了学生对健美操学习的热情。在这种教学模式下，学生很难体验到学习健美操的乐趣和成就感，从而影响了教学的整体效果。为了改变这一现状，教师有必要从根本上改革现有的教学模式。首先，教学应从以教师为中心转变为以学生为中

① 张青 . 提高高校健美操教学效果的策略探讨 [J]. 当代体育科技，2016，6（6）：7～12.

心，更加注重培养学生的主动性和创造性。教师应引导学生探索健美操的多样性和艺术性，通过实践和体验来深入学习。其次，教学内容的设计应更加关注学生个体的需求，结合理论与实践，使学生能够在健美操的学习过程中找到乐趣和挑战。例如，可以通过设立不同难度的技能挑战，增加互动性强的团队比赛，或者引入现代舞蹈元素来丰富课程内容，增强学生的参与感和满足感。最后，教育部门应鼓励和支持教师进行教学方法的创新，提供必要的资源和培训，帮助教师更好地适应教学改革。通过这些措施，可以有效提升健美操教学的质量，激发学生的学习热情，从而达到更好的教学效果。

（四）完善教学评价

教学评估是提升教学质量的关键环节，通过系统的反馈机制，不仅可以衡量教学成效，还能为教学方法的优化提供方向。在健美操教学中，完善评估过程至关重要，以确保教学活动能够全面而有效地促进学生的发展。为了深化健美操的教学评估，确保评估过程的全面性和多样性，可采取以下几个策略。

1. 全面评估学生的进步

评估不应仅限于学生在某一特定领域的表现，而应全面考虑学生在各方面的进步。这意味着评估应涵盖学生的身体、技能、心理等多个维度的发展，以确保教育的全人教育目标得以实现。

2. 评估内容的多样性

在健美操教学中，评估不应局限于传统的体能测试和技能展示。更应关注学生在健美操学习中的进步幅度和潜力发展。例如，除了基本技能和体能外，还应评价学生对健美操文化的理解和应用能力。

3. 多样化的评估方法

为了全面反映学生的学习态度、进度和成果，必须采用多种评估方法，可以包括自我评估、同伴评估、教师观察以及更多互动和实践的评估方式。每种方法都应针对其评估的具体内容进行选择和调整，以确保评估的准确性和公正性。

4.评估主体的多元化

评估过程中，应充分考虑不同评估主体，包括教师、同学，甚至是家长和外部专家。多元化的评估主体可以提供更全面的反馈，帮助学生从不同角度了解自己的学习状况，促进其长远发展。

四、优化教学环境

健美操教学环境的优化对于提升教学效果至关重要。健美操教学环境是一个宽泛的概念，涵盖多个方面的内容。为了提升健美操的教学质量，学校需要从以下几个方面改善教学环境（见图6-2）。

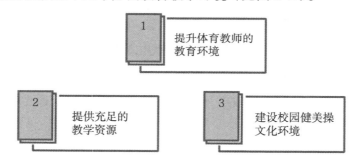

图6-2　改善教学环境的重点

（一）提升体育教师的教育环境

体育教师的教育理论素养在很大程度上受学校整体教育环境的影响。为了提高体育教师的教学理论水平，学校应当从办公条件、生活保障、工作环境以及群体文化等方面给予足够的支持。例如，为体育教师提供舒适的办公空间和必要的资源，让他们能够在一个宽松和谐的环境中进行教学和研究工作。

（二）提供充足的教学资源

学校应为健美操的教、学、训提供充分的资源保障，包括提供更多的图书资料、合适的教学实践场地以及充足的运动器材。丰富的教学资源不仅可以提高教学质量，还能激发学生对健美操的兴趣和热情。

（三）建设校园健美操文化环境

学校应重视健美操文化环境的建设，通过组织各类健美操活动和比赛，营造积极向上的校园健美操文化氛围。同时，可以通过校园宣传、健美操社团等多种形式，增强学生对健美操的了解和热爱，使健美操成为校园文化的重要组成部分。

通过这些措施，可以全面优化健美操的教学环境，促进教师的专业发展，提升学生的学习体验，从而达到更好的教学效果。

五、重视新教学技术的应用

在健美操教学中，应用新教学技术不仅是一种创新，更是丰富教学过程和完善教学效果的有效途径。教师应紧跟时代发展，充分利用现代化、多元化的教学技术，优化健美操教学，为学生创造良好的学习环境。目前，健美操课程正逐步走向信息化，多媒体教学已成为重要的教学手段。这种方式不仅能增加学生多方位、多感官的学习机会，还能帮助学生更快、更全面地认知、学习和掌握健美操技术。这种教学模式的优势显而易见，有助于提升教学质量和效果，值得在更大范围内推广应用。多媒体技术的应用，使得教学内容更生动形象，学生通过视频、动画等多种形式，可以更直观地理解动作要领和技巧。此外，教师还可以利用网络资源，进行在线教学和互动，进一步增强教学的灵活性和趣味性。为了更好地应用新教学技术，教师应积极学习和掌握这些技术，结合实际教学需求，进而设计和实施多样化的教学方案。同时，学校也应为教师提供必要的技术支持和培训，确保新技术能够有效融入教学过程中。

第三节 现代信息技术在健美操教学中的应用

一、现代信息化教学媒体技术

（一）现代教育技术媒体

教学媒体是促进教师和学生之间交流的工具，通过传递教学信息来实现教育教学目标。与传统的教学媒体相比，现代教学媒体更依赖于电力的支持，因此也被称为电化教育媒体。

现代教学媒体相较传统媒体有以下几个显著优势。

1. 即时传播教学信息

现代教学媒体能够实时传播教学信息，覆盖范围广泛，适用于远程教育，能够扩大教学规模并实现资源共享。这种即时传播能力使得教育不再受地域限制，学生可以随时随地获取所需的知识。

2. 多样化的信息传递

现代教学媒体不仅可以传递语言、文字和静态图像，还可以传送动态图像。这种多样化的信息传递方式有助于提高教学质量和效率，增强学生的学习体验和理解能力。

3. 教育信息的存储和再现

现代教学媒体作为教育信息的载体，可以记录、存储和再现各种教学内容。这使得教学资源可以被教师反复利用，这样既节约了教学成本，又提高了教学的灵活性和持续性。

总之，现代教学媒体通过其即时性、广泛性和多样化的信息传递手段大大提升了教学的质量和效率。它突破了传统教学的时间与空间限制，为教师和学生提供了更加丰富和多样的学习体验。学校和教育机构应充分利用这些技术，为学生创造更好的学习环境，推动教育事业的现代化发展。

（二）信息化教学媒体

1. 视觉媒体

视觉媒体通过作用于人的视觉器官来传递信息，主要包括投影媒体和非投影媒体两大类。投影视觉媒体包括幻灯片、投影片、实物投影（如视频展台和实物展示台）等。非投影视觉媒体包括粉笔、黑板、印刷材料、图片、图示、实物和模型教具等。

视觉媒体擅长提供静态、放大的画面，以便于学生仔细观察事物的细节。此外，视觉媒体还能有效创设问题情境，具有较强的可控性，更有助于提高教学效果。

2. 听觉媒体

听觉媒体通过作用于人的听觉器官来传递信息，具体包括以下几类。

（1）卫星广播。利用卫星技术传输声音，覆盖范围广，适用于远距离教学。

（2）录音设备。录音笔和录音机用于录制和播放声音，方便学生随时回放和学习。

（3）CD 及 CD 播放器。通过光盘存储和播放高质量音频内容。

（4）音响设备。包括话筒、麦克风和扬声器，用于放大声音，在大范围内传播声音信息。

（5）语言实验室。分为听音型、听说型、听说对比型和视听型四种，用于语言学习中的听力训练和口语练习。

听觉媒体在教学中应用广泛，能够提供真实而标准的声音刺激，便于学生感知和模仿。这些设备能够有效提升学习的效果，并增加学生在课堂上的互动性和参与度。通过听觉媒体，学生可以更清晰地理解和掌握教学内容，提高学习效率和效果。

3. 视听觉媒体

视听觉媒体通过同时作用于人的视觉和听觉器官来传递信息，其表现手法多样，不受时间和空间的限制。主要类型包括电影、电视和摄录像机等。在教学中，视听觉媒体可以生动、直观、逼真地呈现教学内容，极大地吸引学生的兴趣并集中他们的注意力。通过结合视觉和听觉的双重刺激，这些媒体工具能够提供更为丰富的信息，帮助学生更好地理解和掌握所学知识点。电影和电视作为视听觉媒体的代表，能够通过影像和声音的结合，展示复杂的概念和过程，使得教学内容更加具体和易懂。摄录像机则可以记录和回放教学过程，便于学生进行复习和教师进行教学反思。

4. 交互媒体

交互媒体是指能够在媒体与人之间建立起双向信息传递通道，使双方可以相互作用、相互影响的媒体类型。常见的交互媒体包括教学模拟机、教学游戏机和计算机辅助教学（CAI）系统等。

程序教学媒体和计算机媒体是最常见的交互媒体，它们在教学中的最大优势在于能够实现教学的交互性。通过这些媒体，学生能够接收信息，还能通过互动来反馈信息，从而形成一个动态变化的学习过程。

教学模拟机和教学游戏机通过模拟实际情境或游戏场景，使学生在参与互动的过程中掌握知识和技能。CAI 系统则利用计算机技术，为学生提供个性化的学习体验，通过互动界面，学生可以自主选择学习内容，进行练习和测试，实时获取反馈。

二、多元信息技术在健美操教学中的应用

信息化时代的到来极大地提高了学生接收和吸收新信息的能力，使他们对传统教学方法感到乏味。因此，应用多元信息技术于健美操教学可以有效激活课堂氛围，同时提升教学的效率和成效。多元信息技术在健美操教学中的应用主要体现在以下三个方面（见图 6-3）。

图 6-3　多元信息技术在健美操教学中的应用

（一）电化教学

电化教学的核心目标是丰富教学内容、优化教学环境，并提高教学和学习的效率。这种教学方式在新时代的体育教学改革中起到关键作用，它开拓了体育教学的新境界，使得教师和学生能更有效地完成教学和学习任务。

在体育课程，特别是健美操教学中，电化教学技术已经显示出其独特的优势。通过使用电教工具，可以有效地打破传统教学的单调性，调节和改善课堂氛围，使之变得更加轻松愉快。这些技术手段可以有效激发学生的学习兴趣，并通过动画和慢动作回放等形式，帮助学生从多个角度全面理解健美操中的技术动作的结构和执行顺序。

具体来说，电化教学通过提供视觉和听觉的双重刺激，使学生能够更清晰地捕捉到每一个动作的细节，从而更准确地掌握技巧。此外，这种教学方式还强化了教学效果，提高了教学质量，让学生能在享受乐趣的同时，更有效地吸收和学习新知识。

（二）多媒体教学

多媒体教学辅助技术，即 CAI 技术，以其智能性、集成性、交互性、实时性及持久储存能力等特点，在现代教学中扮演着重要角色。这种技术的应用可以使教学过程更加沉浸和互动，同时内容表现更为形象生动，帮助学生更深入地理解和记忆教学内容。

在健美操教学中，引入 CAI 系统可以极大地提升教学效果。为了有效实施多媒体教学，应考虑以下内容：

（1）建立完整的多媒体教学系统。通过集成视频、图片、Flash等多媒体元素，可以使健美操教学更加生动和形象。这种多样化的内容呈现帮助学生从不同角度理解技术动作，加深学习印象。

（2）利用多媒体建立校园网络。通过校园网，学生可以更广泛地参与健美操学习，同时促进教师与学生之间的课内外互动。这样的网络平台不仅为学生提供了学习资源的广泛接触，还为师生交流创造了便利条件。

通过这些措施，多媒体教学既能够提高教学内容的接受度，还可以激发学生的学习兴趣和主动性，使教学效果更加显著。这种教学模式的实施将健美操教学推向了一个新的高度，使学生能在互动和多感官学习的环境中更好地掌握健美操技术动作。

（三）网络教学

网络教学将计算机技术与教育相结合，通过整合文字、图形、声音和影像等多媒体信息，提供了高度沉浸和互动性的教学环境。在健美操教学中，这种方法尤为有效，因为它能扩大教学的时间和空间范围，使学习更加灵活便捷。

实现高效的健美操网络教学需要从以下几个方面着手。

（1）健美操教学网络平台的建设。首先需要建立一个校园体育教学学习网络，通过这个平台，学生可以随时随地访问教学资源，进行自主学习。

（2）教学内容的网络化制作。教师需要将健美操的教学信息通过音频和视频进行专业剪辑，制作成网络教学视频和课件。这些资源应以电子教材的形式提供，便于学生线上访问和学习。

（3）网络教学课堂的管理。教师应构建一个促进师生交流和互动的在线平台，并设计有效的反馈渠道和互动平台，以增强网络课程的交互性，包括实时答疑、互动讨论以及在线测试等多种功能，以确保学生能够积极参与并获得必要的学习支持。

通过这些措施，网络教学能有效提高健美操教学的可接触性和互动性，并促进学生的主动学习和技能掌握。此外，这种教学方式也对教师提出了更高的要求，需要他们具备一定的技术能力和创新思维，以适应教学内容的网络化和学生学习方式现代化。

参考文献

[1] 屠丽琴 . 健美操课程教学分析及效果优化研究 [M]. 北京：中国大地出版社，2020.

[2] 赵萍 . 健美操课程教学分析与实践创新 [M]. 长春：吉林大学出版社，2019.

[3] 董元卿 . 基于职业素养培育的高校健美操课程创新模式 [M]. 长春：吉林大学出版社，2023.

[4] 王姝燕 . 全民健身与健美操研究 [M]. 天津：天津科学技术出版社，2018.

[5] 王桂侠，任素卿，姜媛媛 . 高校健美操课程教学研究与训练实践 [M]. 北京：中国时代经济出版社，2014.

[6] 龚成太，雷秀红，陈丽霞 . 高校健美操课程设置与教学训练研究 [M]. 长春：吉林大学出版社，2014.

[7] 刘柳，吴卫 . 健美操 [M]. 北京：北京师范大学出版社，2020.

[8] 肖梅，赵帅，赵明 . 现代信息技术在健美操课程中的运用分析 [J]. 文体用品与科技，2024（12）：109 ～ 111.

[9] 田晓东 . 数字化转型背景下高校健美操课程改革路径分析 [J]. 当代体育科技，2024，14（17）：27 ～ 30.

[10] 柴亚萍 . 全民健身背景下高校健美操教学模式 [J]. 教育教学论坛，2024，（21）：45 ～ 48.

[11] 肖婷 . 健美操与高校体育赛事融合发展问题剖析与优化路径探索 [J]. 文体用品与科技，2023（21）：70 ～ 72.

[12] 梁晓颖 . 体教融合背景下高校健美操教学研究 [J]. 山东开放大学学报，2023（4）：50 ～ 53.

[13] 袁小芳. 健美操类体育教学中团队合作能力的培养研究 [J]. 当代体育科技，2023，13（27）：56～59.

[14] 袁小芳. 健美操教学中的动作设计与表现技巧研究 [J]. 当代体育科技，2023，13（26）：73～76.

[15] 刘婧. 综合能力素养下健美操教学优化策略分析 [J]. 运动精品，2023，42（8）：40～42.

[16] 张瑞丽. 新媒体时代高校健美操教学的创新改革探索 [J]. 吉林工程技术师范学院学报，2023，39（7）：79～82.

[17] 李萍. 健美操教学中多元化方法的应用研究 [J]. 内江科技，2023，44（6）：48～49.

[18] 付贝贝. 高校健美操教学和训练中的形体训练应用研究 [J]. 当代体育科技，2023，13（17）：43～46.

[19] 杜小娟. 高校健美操教学融入民族舞蹈元素的研究 [J]. 体育世界，2023（4）：67～69.

[20] 辛悦，李秦瑞，曹紫胭. 探究高校健美操教学的发展现状与发展策略 [J]. 体育世界，2023（4）：91～93.

[21] 沙菲. 线上线下教学模式对高校健美操选修课程的影响与应用 [J]. 当代体育科技，2023，13（10）：58～61.

[22] 李爱霞. 高校健美操实践课非言语性教学方法的运用研究 [J]. 当代体育科技，2023，13（10）：50～53.

[23] 马玉鑫，牛晓晨. 柔韧素质训练在普通高校专项健美操教学中的应用分析 [J]. 当代体育科技，2023，13（8）：184～187.

[24] 李爱霞. 高校健美操非言语教学体系构建与教学实施策略探究 [J]. 当代体育科技，2023，13（7）：118～121.

[25] 陈婷婷. 任务驱动教学法在普通高等院校公共体育健美操课程教学中的应用研究 [J]. 体育师友，2022，45（6）：10～12.

[26] 叶云飞. 融媒体技术在健美操教育中的应用研究 [J]. 科研管理，2022，43（10）：210.

[27] 刘莉，史健 . 高校健美操训练中的难度动作训练研究 [J]. 当代体育科技，2022，12（28）：52 ～ 55.

[28] 陈丽华 . 高职健美操教学中运动导向法的整合运用实践初探 [J]. 吕梁教育学院学报，2022，39（3）：193 ～ 194.

[29] 邱妍妍，南萍 . 高校健美操课堂内外一体化教学模式创新研究 [J]. 黑龙江工业学院学报，2022，22（9）：153 ～ 156.

[30] 李雅茹 . 论健美操的实用性开发与教学活动的开展 [J]. 延边教育学院学报，2022，36（4）：97 ～ 99.

[31] 段静彧 . 运用信息化教学手段提高健美操课堂教学质量的思考 [J]. 产业与科技论坛，2022，21（16）：176 ～ 177.

[32] 刘玉 . 表现性评价在体育院校健美操课程教学中的应用研究 [D]. 西安：西安体育学院，2023.

[33] 段亭宇 . 动态分层教学模式在体育院校健美操教学中的实验研究 [D]. 西安：西安体育学院，2023.

[34] 宋子微 . 对分课堂教学模式在普通高校健美操教学中的实验研究 [D]. 牡丹江：牡丹江师范学院，2023.

[35] 杜丽 . 高校健美操教学中课程思政元素融入的实践研究 [D]. 开封：河南大学，2022.

[36] 牛伟伟 . 体适能训练融入高职健美操教学的应用研究 [D]. 阜阳：阜阳师范大学，2021.

[37] 侯露露 . 动态分层合作教学模式在高校健美操选修课教学中的应用 [D]. 成都：成都体育学院，2021.

[38] 李擎 . 核心素养视角下翻转课堂在高校健美操教学中的应用研究 [D]. 济南：山东师范大学，2020.

[39] 高晓雪 . 快乐体育理念融入高职院校健美操教学中的实践研究 [D]. 成都：成都体育学院，2021.

[40] 张亚静 . 合作学习教学模式在高校体育专业健美操教学中应用的实验研究 [D]. 太原：山西师范大学，2015.